최고의 유산

우리 시대 명사 25인에게 듣는
남다른 자녀교육법과 아이에게 물려주고 싶은

# 최고의 유산

중앙일보 강남통신 팀 지음

── 책머리에

　넘어지지 않는 사람은 없습니다. 그 어떤 부모나 선생님도 넘어지지 않는 방법을 가르칠 수는 없습니다. 중요한 건 넘어져도 다시 일어서는 겁니다.
　다시 일어설 수 있는 힘을 주는 건 뭘까요. 실패를 두려워하지 않고 꿈을 위해 도전할 수 있는 힘은 어디서 나오는 걸까요.
　2015년 11월 연재를 시작한 인터뷰 시리즈 '최고의 유산'을 통해 확인할 수 있었던 것은 응원과 격려의 힘, 믿음의 힘이었습니다.
　세계적인 로봇공학자 데니스 홍에게는 TV를 고장 낸 어린 아들에게 화를 내기는커녕 TV의 원리를 알려주던 아버지가 있었고, 가수 보아에게는 밤낮없이 노래하고 춤추는 어린 딸을 위해 전원주택으로 이사가 노래방 기계를 사주던 어머니가 있었습니다. '세상을 살리는 디자이너'로 이름난 배상민 교수 뒤에는 25년간 호스피스 봉사를 한 어머니와 남몰래 이웃을 돕던 아버지가 있었고요.
　최고의 유산 시리즈를 기획한 건 우리나라 교육이 이제는 바뀌어야 한다는 생각 때문이었습니다.
　부모도 자녀도 바쁜 나라가 한국입니다. 청소년들은 공부에, 부모는 일하느라 바빠 함께할 시간이 없습니다. 부모는 자녀 양육비 부담에 노후를 준비할 여력이 없을 정도고, 자녀들은 자녀들대로 늦은 밤까지 학원에서 지내며 편의점 음식으로 끼니를 때우기 일쑤입니다.
　그러면서도 불안합니다. 많은 돈을 들여 사교육을 시키고 그 결과 좋은 대학에 간다고 해도 미래가 어떻게 될지 확신할 수 없기 때문입니다. 인공지능 시대가 되면 현재 직업의 절반 이상이 사라질 거라는 전문가들의 전망이나, 명문대를 졸업하고도 취업이 안 돼 고민하는 수많은 취업준비생들을 보면서 그 불안은 더 심해집니다. 무너지는 경제성장의 신화 속에 '헬조선'이니 '흙수저'니 하는 말들이 유행어로 회자하고 있습니다.

한국사회의 많은 문제가 교육에서 비롯된다고 합니다. 이제는 새로운 시대에 맞는 부모와 자녀의 역할을 모색해야 합니다.

현재 한국의 가정교육은 입시교육으로 변질돼 버린 듯합니다. 우리 사회의 지나친 경쟁, 학생을 일렬로 줄 세우는 학교 교육이 가정에까지 영향을 미쳐 가정에서도 인성 교육은 우선순위가 아니게 됐습니다. 하지만 가정교육은 자녀를 올바른 인격체로 성장시켜 성숙한 사회인으로 길러내는 것이 목적이어야 할 것입니다. 가정교육의 목표가 '명문대 진학'일 수는 없으며, 부모는 자녀들의 성적을 관리하는 '코치'가 돼서는 안 됩니다.

지난 8개월간 20여 명의 명사들을 만났습니다. 그들에게 부모님으로부터 받은 최고의 유산과 자신의 자녀에게 주고 싶은 최고의 유산이 뭔지를 물었습니다. 각자의 표현은 조금씩 달랐지만 공통점은 믿음, 사랑, 나눔 세 가지로 요약할 수 있었습니다. 어떤 일이 있어도 자식을 믿어주고 사랑하는 부모님이 있었고, 내가 가진 것을 소중하게 생각하고 다른 사람들과 나누며 살라는 가르침이 있었습니다. 말보다 행동으로 보여주는 삶의 태도가 자녀들에게 강한 힘을 발휘한다는 것도 알 수 있었습니다.

'수업을 따라갈 수 없는 지진아'라는 혹평을 들었던 에디슨도, '장차 어떤 일을 해도 성공할 수 없을 것으로 판단됨'이라 적힌 성적표를 받아온 아인슈타인도 잠재력을 믿어준 어머니의 교육 덕분에 자신의 역량을 펼칠 수 있었다는 이야기가 전설이 아닌 실제라는 걸 '최고의 유산'에서 확인할 수 있습니다.

"나는 너희에게 농장을 남겨줄 수 있는 벼슬은 하지 않았지만, 삶을 넉넉히 하고 가난을 구제할 수 있는 두 글자가 있어 너희에게 주노니 이를 소홀히 여기지 말아야 한다. 한 글자는 '근'(勤)이요 또 한 글자는 '검'(儉)이다. 이 두 글자는 좋은 전답이나 비옥한 토지보다도 나은 것이니 일생 동안 써도 다하지 않을 것이다."

전라도 강진에서 유배생활을 하던 조선시대 실학자 다산 정약용이 두 아들에게 보낸 편지 내용입니다. 최고의 유산 시리즈 첫 회 기사에 이 구절을 인용했습니다. 유산(遺産)이라고 하면 집이나 땅, 건물, 돈 같은 걸 먼저 떠올립니다. 하지만 최고의 유산은 생활습관이나 삶을 대하는 태도가 아닐까요. 정약용이 두 아들에게 경작할 땅 대신 근검이라는 두 글자를 남겨준 것처럼 말입니다.

 처음엔 이 시리즈가 이어질 수 있을까 반신반의했습니다. 하지만 많은 분들이 취지에 공감하고 가족 이야기를 공개해 주셨습니다. 부모님으로부터 받은 과거 편지나 자녀에게 쓴 편지를 찾아달라, 없으면 새로 써달라, 옛날 가족사진을 찾아달라는 등 다소 무리하고 귀찮았을 기자들의 요구를 들어주신 25명의 명사들께 진심으로 감사드립니다.

 그리고 무엇보다도 최고의 유산에 걸맞은 명사를 찾아 섭외하고, 인터뷰하는 이 모든 과정에 즐겁게 동참해준 동료들께 감사드립니다. 1회 기사를 시작으로 가장 많은 아이디어를 내준 전민희 기자를 비롯해서, 박형수, 송정, 윤경희, 정현진, 박미소, 이영지, 김민관 기자와 지면 디자인을 맡아준 이주호, 심수휘 기자, 사진 촬영을 담당했던 김경록 기자, 편집 담당 김중기 기자, 이제는 다른 곳에서 일하고 있는 김소엽 기자 등 모두에게 감사드립니다. 강남통신 팀을 이끌어준 김남중 선배께도 감사함을 전합니다.

 또 이 시리즈의 취지에 공감하며 기사를 모아 멋진 책으로 만들어 주신 토트출판사의 김난희 편집주간께도 감사드립니다. 더 많은 독자들이 이 책의 뜻과 의미에 공감하여 자녀교육의 지침으로 삼으신다면 그만큼 기쁜 일이 없겠습니다. 감사합니다.

2016년 여름, 중앙일보 강남통신 팀장 박혜민

— 차례

# 존중과 배려

**UCLA 기계항공공학과 교수 로봇박사 데니스 홍**　14
표현하는 사랑

**강지원 변호사와 김영란 전 대법관 부부**　30
자유롭게 살아라

**독서로 SAT 만점 아들 키워낸 국립생태원장 최재천**　44
알면 사랑한다

**간송 전형필의 유지 이어받은 간송미술문화재단 사무국장 전인건**　58
배려와 예의

**동화작가 정채봉의 맏딸, 아버지 뒤 잇는 동화작가 정리태**　70
아이처럼 맑은 동심

**5남매 모두 의대·약대 보낸 구룡포 농부 황보태조**　80
자녀와 격의 없이 대화하라

2장

# 감사와 나눔

**4대 디자인 어워드 석권한 카이스트 배상민 교수**   96
이웃과 나누는 삶을 살아라

**인구문제연구소 박은태 소장과 박유현 대표, 박미형 소장**   110
의로움을 좇아라 그리고 용감해라

**4대째 의사 가족 민치과 민병진 원장과 딸 민승기 대표**   124
헌신하는 삶을 살아라

**김영환 전 회장 뜻 이어가는 송원그룹 김해련 회장**   138
약속을 지켜라, 솔선수범해라

**삼남매를 피아니스트, 뮤직비디오 감독, 가수로 키운 '보아 엄마' 성영자**   152
다른 사람에게 베푸는 삶을 살아라

**긍정의 힘으로 가족 지키는 배우 최민수 씨 부인 강주은**   168
늘 감사하는 마음으로 살아라

## 3장

## 꿈과 도전

**4대 극한 마라톤 완주, 전북시각장애인도서관장 송경태    184**
너의 길을 스스로 찾아 나가라

**아이돌 그룹 '비스트' 손동운의 아버지 청주대 호텔경영학과 손일락 교수    200**
무슨 일을 하든 최고의 경지를 꿈꿔라

**11개국 1,200여 개 매장 운영하는 식품회사 짐킴홀딩스 김승호 회장    214**
스스로 생각하는 능력

**만화가 장차현실 작가와 다운증후군 화가 딸 정은혜    228**
스스로의 힘으로 당당하게 살아라

**패리스 힐튼이 찾는 셰프 '아키라백' 백승욱    242**
자존심을 지키는 겸손한 마음과 행동

**방황하는 남학생들의 마음을 여는 지원 인스티튜트 허지원 대표    256**
한결같이 우직하게 큰 나무 같은 사람이 되라

4장

# 정직과 성실

**2대째 새 박사, 윤무부 교수와 아들 윤종민 교수　270**
남들보다 부지런해라

**수필가 피천득 선생의 차남, 신생아의학의 대부 피수영 교수　282**
항상 정직하라, 남에게 관대하라, 작은 인연을 소중히 여겨라

**교사의 길 지킨 어머니가 멘토, '젊은 거장' 피아니스트 손열음　296**
누구와도 비교하지 말고 너만의 열매를 맺어라

**고졸 순경 출신으로 치안정감에 오른 이금형 전 부산지방경찰청장　310**
하루하루 매순간 최선을 다해라

**직영 지점 115개, 연봉 1억 직원만 200명 준오헤어 강윤선 대표　325**
먼저 연락해라

**케이무크 수강신청 누적 건수 1위 미시경제학의 권위자 서울대 이준구 교수　338**
좋은 습관을 몸에 익혀라

1장

# 존중과 배려

자녀는 통제해야 할 대상이 아니라
존중하고 이해시켜야 할 존재입니다

2015년 10월 17일, 서울대 글로벌공학교육센터에서 열린 한국공학한림원 창립 20주년 기념행사에 참석한 데니스 홍이 'Bridge to the Future'를 주제로 특강을 하고 있었다. 데니스 홍은 '로봇계의 레오나르도 다빈치'라 불리는 미국 UCLA 기계항공공학과 교수이자 로봇연구소 로멜라(RoMeLa) 소장이다.

그는 자신이 세계 재난구조 로봇 대회에 출전했던 이야기를 전했다. 온갖 고난을 뚫고 결선에 출전했지만 결국 로봇이 넘어져 부서지면서 수상권에서 탈락했던 과정을 영상으로 보여줬다. 하지만 그것이 끝이 아니라고 강조했다.

"실패가 두려워 시도조차 않는다면 아무것도 배울 수 없습니다. 모

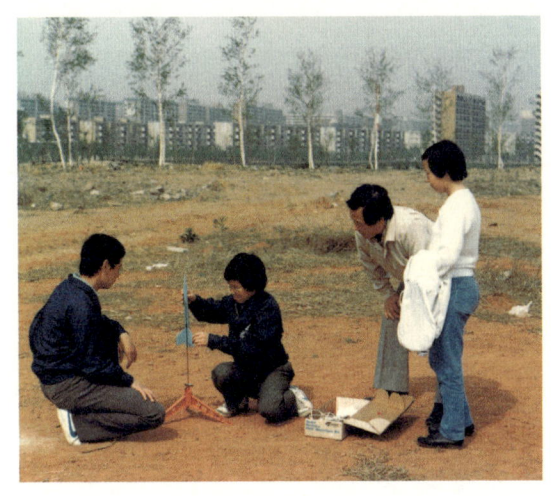

• 데니스 홍은 어릴 때부터 과학 실험을 좋아했다. 한강변에서 가족과 함께 로켓 발사 실험을 하기도 했다.

든 로봇은 넘어지고 부서집니다. 중요한 건 다시 일어서는 거죠." 'You can't always win, but you can always learn'은 탈락 후 눈물 흘리던 자신의 로봇 개발팀 동료와 미래의 과학자를 꿈꾸는 청소년들에게 던지는 그의 메시지였다.

수백 명의 청중 가운데 그 모습을 지그시 바라보고 있는 노부부가 있었다. 데니스 홍의 아버지 홍용식 씨와 어머니 민병희 씨였다. 인하대 명예교수인 그들은 이날 아들의 강의를 처음 지켜봤다. 두 사람은 '에너지 넘치는 모습이 보기 좋았다'며 '개구쟁이 데니스가 이렇게 성장했다니 감회가 새롭다'고 말했다. 은퇴 후 미국에 거주하고 있는 두 사람은 인하대 홈커밍데이를 맞아 한국에 다니러 온 길이었다.

강의가 끝난 뒤 데니스 홍과 그의 부모를 만나 데니스 홍의 어린 시절 이야기를 들었다. 개구쟁이 막내아들의 인생에 든든한 버팀목이자 사랑과 행복의 원천이 됐던 가르침이 그 속에 있었다. 이제 데니스 홍 자신도 일곱 살 이산(Ethan)의 아버지가 됐다. 부모님의 가르침은 아들을 거쳐 손자에게로 전해지고 있다.

### 아이의 눈높이에서 이해하면 혼낼 일 없어요

"와장창!" 거실에서 들려오는 날카로운 소리에 놀라 뛰어나간 어머니 민병희 씨의 눈에 산산조각이 난 거실 유리탁자가 보였다. 깨진 유리 옆에는 막내아들이 토끼 같은 눈을 하고 서 있었다. 이제 글자를 더듬더듬 읽는 네 살 데니스 홍이었다. '무슨 일이냐'고 물으니 '과학 실험을 하던 중이었다'고 했다. 그림책에서 본 지렛대의 원리를 실험해보려고 탁자에서 유리를 빼내 그 위에 올라갔다는 것이다. 민씨는 가슴을 쓸어내리며 아이를 안았다. 다치지 않은 게 천만다행이라고 생각했다.

어린 데니스 홍은 말썽꾸러기였다. 세 살 때는 마법의 약을 만들겠다며 부엌을 인스턴트커피, 설탕, 밀가루, 꿀로 난장판으로 만들었다. 유치원생 때는 땅 끝을 눈으로 확인하겠다고 자정 넘도록 흙을 판 일도 있었다. 초등학생 때는 로켓 실험을 하고 남은 폭약을 태워 큰불을 낼 뻔도 했다. 하지만 부모는 한 번도 그를 혼낸 적이 없다.

- **두 분만의 대응법이 있었나요?** (어머니 민씨) 전 아이들이 말썽을 일으키는 게 아니라 과학적 원리를 탐구하는 거라고 생각했어요. 데니스가 유치원에 다닐 때 애들 아버지는 톱, 망치, 드라이버, 펜치, 칼 같은 공구

들이 있는 공작대를 직접 만들어 줬어요. 과학적 상상력을 마음껏 펼쳐 보라는 뜻이었죠.

그 공작대는 유년시절 세 아이의 신나는 놀이터였습니다. 데니스는 틈만 나면 공작대에 앉아 이것저것 만들고 분해했어요. 집안에 있던 모든 전자제품을 뜯어봤을 거예요. 라디오, 믹서, 청소기, 세탁기 등을 다 분해했어요. 심지어는 산 지 이틀밖에 안 된, 당시엔 굉장히 고가였던 컬러 TV를 분해해 고장 내기도 했답니다.

(아버지 홍씨) 사실 컬러 TV가 고장 났을 때는 당황스러웠죠. 먼저 데니스에게 'TV를 건드렸느냐'고 물어봤어요. 겁먹은 얼굴로 자신이 그랬다고 고백하더군요. '총천연색이 어떻게 나오는지 너무 궁금해 뜯어봤다'고 말이죠. 저는 혼내는 대신 '원리를 파악했느냐'고 물었어요. '아직도 모르겠다'는 데니스를 앉혀놓고 컬러 TV의 작동원리를 차근차근 알려줬습니다.

홍씨는 자신이 과학자였기 때문에 아이들이 왜 그런 행동을 하는지 이해할 수 있었다고 한다. 그는 미국 보잉사에서 연구원으로 근무하던 중 국방과학연구소(ADD)에서 일하기 위해 1974년 귀국했다. 데니스가 세 살 때였다. 80년부터는 인하대 기계공학과 교수로 일했고, 한국항공우주학회장을 지냈다. 그는 세 자녀의 과학 실험을 적극적으로 지원했다. 데니스가 초등학생이 됐을 때는 유리 비커, 시험관, 플라스크 등을 선물했고, 마술에 관심 있는 아이를 위해 외국 출장 땐 마술 재료를 사왔다.

위험한 순간도 있었다. 질산나트륨과 숯, 황을 섞어 만든 화약이 터지면서 옥상 콘크리트가 녹아버릴 만큼 엄청난 불기둥이 솟아오른 적도 있었다. 한강 둔치에서 밤늦게까지 무선조종 비행기를 날리다 간첩으로 오해받기도 했다. 당시 초등학생이던 데니스는 경찰서 취조실로 끌려가 '누구한테 사주를 받았느냐'는 질문을 받기도 했다.

- **과학 실험 말고, 다른 문제로 꾸중한 적도 없으세요?** (어머니 민씨) 제 로션에 달린 펌프를 사용하고 싶었던 데니스가 저 몰래 화장품을 버리다가 걸린 적이 있었어요. 그때는 데니스에게 로션을 만들기 위해 들어가는 원자재와 그걸 만들기 위한 사람들의 노고에 대해 설명하며 엄마가 로션을 다 쓸 때까지 기다렸어야 한다고 혼을 냈죠.

혼을 낸 적이 없는 건 아니지만 '안 돼, 하지 마'에서 끝낸 적은 없어요. 항상 '왜냐하면'을 말해줬습니다. 아이 스스로 잘못을 뉘우치고 이해하지 못하면 부모가 아무리 귀가 닳도록 얘기해도 소용이 없으니까요. 자녀는 통제해야 할 대상이 아니라 존중하고 이해시켜야 할 존재라고 생각합니다.

- **그런 경험이 데니스 홍을 로봇과학자로 만든 걸까요?** (아버지 홍씨) 전자제품을 분해하며 기계를 이해했고, 열심히 노력하면 뭐든 할 수 있다는 자신감을 가진 게 아닐까 합니다. 어릴 때 호기심 어린 행동을 제재하거나 문제를 일으켰을 때 크게 혼냈다면 오늘의 데니스 홍은 없었을지도 모르죠. 끊임없이 도전하고 실패까지도 즐기는 사람이 되지 못했을 가능

성이 높으니까요. 로봇 하나를 개발하려면 몇 천 번의 실패와 실수를 거듭해야 하니 말입니다.

### 시간을 함께 보내며 사랑을 표현하라

"한 가지 말씀드릴 게 있습니다. 만약에 인터뷰 중에 아들한테서 영상전화가 걸려오면 전화를 받겠습니다. 이해해 주시기 바랍니다." 데니스 홍이 인터뷰 전에 구한 양해였다. 그는 아들과의 약속을 반드시 지키는데, 영상통화 연결도 그 중 하나다. 대통령이나 삼성이나 구글의 CEO와 미팅을 하고 있어도 마찬가지라고 했다.

그는 하루에 열 번도 넘게 아들에게 '사랑한다'고 말하고, 집에 있을 땐 매일 5시간씩 아이와 놀아준다. 그의 표현을 빌리면 놀아주는 게 아니라 같이 논다. 본인이 진짜 신나서 아이와 즐긴다. 부모가 자녀에게 사랑을 표현하는 게 무엇보다 중요하다는 게 그의 생각이다.

**- 아이와의 약속을 특별히 중요시하는 이유가 있나요?** 부모와 자녀 사이에는 신뢰가 무엇보다 중요합니다. 영상전화를 받는 것도 그렇습니다. 100번 전화를 받다가 한 번만 전화를 놓쳐도 부자간의 믿음이 사라질 수 있습니다. 영상통화 버튼을 누르면 반드시 아빠와 연결된다는 믿음이 있으면 제가 한국에 있든, 학교에 있든, 지구 반대편에 있든 물리적 거리는 문제가 되지 않습니다.

며칠 전에는 행사 때문에 한국에 왔다가 하룻밤 자고 바로 미국에 가

• 한국공학한림원 창립 20주년 행사에서 'Bridge to the Future'를 주제로 강연하고 있는 데니스 홍.

서 아들과 놀았습니다. 그 다음날, 다시 한국으로 오는 비행기를 탔죠. 그냥 한국에 있으면 편할 걸 왜 그렇게 무리하게 이동하는지 의아해하는 사람들이 많았습니다. 그건 아들과 보드게임을 하기로 약속했기 때문이었습니다. 짧은 시간 동안에 두 나라를 오가느라 정신없긴 했지만 결국 약속을 지켰죠.

그렇게까지 해야 하나 싶을지도 모르지만 이건 일종의 투자입니다. 지금은 '아빠가 최고'라고 생각해도 나이가 들고 사춘기를 겪으면 달라질 거 아닙니까. 저는 유년시절에 부모의 사랑을 충분히 받은 아이들은 절대로 엇나가지 않는다고 믿습니다. 혹여 나쁜 길로 빠진다고 해도 금방 제자리를 찾을 수 있습니다. 부모의 믿음을 저버리지 않기 위해서 말

• 데니스 홍이 초등학교 3학년 때 방학숙제로 작성한 '비행기의 기본 원리'. 글라이더에 빠져 색다른 비행체를 설계하고 만드는 걸 좋아했다.

입니다. 부모와 자식 간의 신뢰가 무엇보다 중요한 이유입니다.

그의 아버지 홍용식 씨도 그랬다. 아무리 일이 바빠도 주말에는 꼭 자녀와 함께 글라이더나 호버크라프트(공기부양선)를 만들며 시간을 보냈다. 그가 국방과학연구소 부소장으로 일하던 70년대에 아버지가 아이들과 놀아주는 건 드문 일이었다. 주말을 반납하고 일하는 아버지들이 대부분이었다. 홍용식 씨는 '아이들에게는 부모와 함께 보내는 시간이 무엇보다 큰 선물이라고 생각했다'고 말한다. 데니스 홍은 '당시에는 그게 얼마나 힘든 일인지 몰랐는데, 시간이 지나고 같은 입장이 돼보니 정말 어려운 일이라는 걸 알게 되었다'며 새삼 아버지께 감사한 마음이 든다고 말한다.

홍씨와 민씨 역시 '아이들이 부모의 사랑을 느낄 수 있도록 표현하는 게 중요하다'고 강조한다. 어머니 민병희 교수 역시 다양한 방법으로 아이들에 대한 사랑을 표현했다. '사랑한다' '응원한다' '자랑스럽다'는 편지를 수시로 써서 세 아이의 점심 도시락에 넣어줬다. 단 한 번도 공부 열심히 하라는 내용을 쓴 적은 없었다. 현재 큰아들 홍준서 씨는 미국 국방연구원으로, 딸 홍수진 씨는 미국 국립보건원 산하 암연구소에서 일하고 있다.

－부모님께서 학교 공부를 도와주기도 했나요？ 공부를 가르쳐주기는커녕 '공부하라'고 잔소리를 하신 적도 없습니다. 그렇다고 해서 제 성적이 좋았던 것도 아니었어요. 특히 초등학교 때는 성적이 좋지 않았어요. 과

• 어린 시절 형, 누나와 함께 무인조종 비행기를 만들고 있는 모습. 오른쪽이 데니스 홍.

목 간 편차가 심해서 성적표를 보면 '수'와 '가'뿐이었어요. 좋아하던 과학과 미술은 '수'였지만 왜 배워야 하는지 알 수 없었던 사회, 지리, 도덕 등의 과목은 모두 '가'였죠.

부모님은 공부를 직접 가르쳐주신 적은 없지만 공부를 왜 해야 하는지 깨닫게 도와주셨어요. 초등학교 저학년 때는 이런 일이 있었어요.

글라이더의 삼각날개를 만드는데 날개 안쪽 지지대의 길이를 알 수 없었습니다. 그때 아버지가 '수학 시간에 배운 비례를 이용하면 된다'고 하시더라고요. 또 큰 나무 옆을 지나갈 때 삼각함수를 이용하면 나무 그림자의 길이만으로 나무의 높이를 계산할 수 있다고 알려주셨어요. 이상한 암호 같은 기호가 실생활에 널리 이용된다는 걸 안 뒤로 그 어떤 과목보다 열심히 수학 공부를 했습니다. 교수가 된 지금도 학생들에게 왜 공부를 해야 하는지, 여러 가지 이론과 수식이 어디에 쓰이는지 알아야 한다고 강조합니다.

**- 본인의 아들에게는 무엇을 가르치나요?** 저는 아이들이 초등학교 다닐 때까지는 실컷 놀아야 한다는 생각을 갖고 있습니다. 그래야 창의력이 생긴다고 믿어요. 그래서 공부를 가르치는 대신에 다양한 실험을 함께 합니다. 이제 일곱 살 된 아들은 어릴 때의 저처럼 세상의 모든 걸 호기심 어린 눈으로 바라봅니다. '왜?'라는 질문을 입에 달고 살죠. 그럴 때면 저는 답을 알려주는 대신에 궁금증을 해결할 수 있게 돕습니다. 이를 해결하는 과정이 창의적인 사고로 이어지는 것이죠.

아이와 함께 놀 때는 별의별 실험을 다 합니다. 아들이 "낮과 밤은 왜

> 사랑하는 우리 이산이에게
> 이산아,
> 인생을 살면서 4가지를 꼭 기억하렴.
> 친절해야 하고,
> 현명해야 하고,
> 용감해야 하고,
> 건강해야 한다.
> 그럼 너는 세상을 바꿀수 있는 사람이
> 될 수 있다.
> 세상에서 너를 가장 사랑하는 아빠가.

• 아들 이산에게 쓴 데니스 홍의 편지.(영문으로 쓴 뒤 직접 한글로 옮겨 썼다.)

있는 거야?"라고 물으면 야구공과 전구를 찾아 지구와 태양을 만듭니다. 이 과정을 영상으로 찍어 '지구의 자전'에 대해 알려줍니다. 또 "냉장고 불은 언제 꺼져?"라고 물으면 "우리 함께 알아볼까?"라고 말하며 휴대전화의 동영상 녹화 버튼을 켠 채 냉장고에 집어넣습니다. 아이의 눈높이에 맞춰 스스로 원리를 깨달을 수 있게 돕는 거죠.

### 인생의 갈림길에서는 정도를 선택해라

항상 긍정 에너지가 넘치는 데니스 홍에게도 힘든 시기가 있었다. 2

년 전이었다. 버지니아공대에서 UCLA로 옮기는 과정에서 문제가 발생했다. 버지니아공대에서 11년을 근무한 그는 새로운 도전이 필요하다고 생각했다. 마침 UCLA 쪽에서 좋은 제안을 해왔고, 학교를 옮기기로 결정했다. 처음에는 대수롭지 않게 생각했다. 회사를 이직하는 것처럼 학교를 옮기는 것뿐이었다. 하지만 주변 교수들에게 이 사실을 말하자 하나같이 '개발한 로봇을 가져갈 방법을 찾아야 한다'고 입을 모았다.

데니스 홍이 그곳에서 개발한 로봇들은 버지니아공대의 소유가 아니기 때문에 미리 챙겨 놓는 게 법적으로 문제가 되지는 않았다. 하지만 썩 내키지 않았다. 윤리적으로 어긋난다는 생각이 들었다. 문득 어릴 때 부모님이 귀에 못이 박이도록 했던 얘기가 떠올랐다. '인생에서 어떤 결정을 내려야 할 때 반드시 정도(正道)를 따라야 한다'는 내용이었다. 며칠 동안 고민한 끝에 아무런 조치도 취하지 않기로 마음먹었다. 부모님 얘기처럼 정도를 따르는 게 옳다는 생각이었다. 하지만 그는 바른길을 선택한 대가로 버지니아공대에서 쌓아올렸던 많은 것을 잃었다.

**- 당시의 결정을 후회하지는 않나요?** 그때는 정말 괴로웠습니다. 로봇, 학생, 기자재, 연구비 등 11년간 쌓아온 커리어가 사라진 것보다 저를 더 힘들게 한 건 42년간 저를 지탱하고 있던 가치관이 흔들린 것입니다. 제가 옳다고 믿은 게 잘못된 길이었다는 생각을 떨쳐버릴 수가 없었습니다. 캘리포니아 태양이 없었다면 우울증에 걸렸을지도 몰라요.

얼마 후 아버지께 사실대로 털어놨습니다. 아버지의 말씀을 들어서 많은 것을 잃었다고 말이죠. 원망 아닌 원망이었습니다. 아버지는 조용

• 데니스 홍이 개발한 휴머노이드 로봇 '찰리'.

히 어깨를 두드리며 '어려운 결정 하느라 고생 많았다'고 하셨어요. 지금 당장은 후회할지 몰라도 언젠가 먼 훗날에는 옳은 결정이었다고 생각할 거라는 얘기였습니다.

2년이 지난 지금 돌이켜보니 그때 결정이 잘못되지 않았다는 생각이 듭니다. 덕분에 UCLA에서의 연구가 순항하고 있습니다. 무엇보다 떳떳한 제 자신이 자랑스럽습니다.

- **아들 이산에게 당부하는 가치관은 무엇인가요?** 항상 네 가지를 강조합니다. 친절해라(Be Kind), 현명해라(Be Smart), 용감해라(Be Brave), 건강해

라(Be Strong)입니다. 어릴 때 바른 가치관을 길러주는 게 얼마나 중요한지 알기 때문입니다.

그래서인지 이산이는 길거리에 아이들이 울고 있으면 다가가서 "괜찮아"라고 말하며 등을 쓰다듬어 줍니다. 청소부 아저씨부터 선생님까지 모든 사람에게 깍듯이 인사하는 것은 물론이고요. 얼마 전에 열린 태권도 대회에서 1등을 한 후 시무룩해져 있는 2, 3등 애들한테는 이렇게 말하더군요. "얘들아, 봐봐. 트로피의 높이는 모두 똑같아. 우리는 모두 똑같이 잘했어"라고 말이죠.

## about 데니스 홍

| | |
|---|---|
| 1971년 | 미국 캘리포니아 출생(한국명 홍원서) |
| 1977년 | 서울 반포초 입학 |
| 1983년 | 서울 방배중 입학 |
| 1986년 | 서울 서울고 입학 |
| 1989년 | 고려대 기계공학과 입학 |
| 1991~94년 | 고려대 2학년 마치고 미국 위스콘신대 메디슨 기계공학과 유학 |
| 1994~2002년 | 미국 퍼듀대 대학원 기계공학과 석·박사 |
| 2003~13년 | 미국 버지니아공대 기계공학과 교수, 로봇매커니즘연구소 로멜라 (RoMeLa) 소장 |
| 2007년 | 미국 NSF 젊은 과학자상 수상 |
| 2009년 | 미국 자동차공학회 교육상 수상 |
| 2009년 | 제8회 과학을 뒤흔드는 젊은 천재 10인 선정 |
| 2014~16년 현재 | UCLA 기계항공공학과 교수, 로봇매커니즘연구소 로멜라(RoMeLa) 소장 |

★ **인생의 롤모델** | 아버지 홍용식 인하대 명예교수

★ **내 인생을 바꾼 영화** | 〈스타워즈〉. 일곱 살 때 〈스타워즈 4〉를 보고 '로봇공학자'를 꿈꾸게 되었다.

★ **아들에게 추천해주고 싶은 영화** | 〈스타워즈〉

★ **좌우명** | 에너지는 몸이 아닌 가슴에서

**강지원 변호사와
김영란 전 대법관 부부**

# 자유롭게 살아라

## 명문대가 행복을 보장하진 않아요
## 자기 적성에 맞는 일을 하는 게 진짜 성공이죠

엘리트 코스를 밟고 모두가 선망하는 위치에 오른 부부가 있다. 강지원 변호사와 김영란 서강대 법학전문대학원 석좌교수다. 과장이 아니다. 두 사람은 누가 봐도 부러워할 만한 인생을 걸어 왔다. 강 변호사는 경기중·고를 졸업하고 서울대 정치학과에 진학해 제12회 행정고시 합격, 제18회 사법고시에 수석 합격했고, 김 교수는 경기여고를 거쳐 서울대 법학과에 진학해 제20회 사법고시에 통과하면서 법조계에 발을 들여놨다. 이후 각각 검사·변호사와 판사로 30년 넘게 일했고, 김 교수는 2004년 48세에 한국 최초 여성 대법관에 올랐다.

이들의 인생을 '실패했다'고 평할 사람은 대한민국에 없을 것이다. 하지만 정작 본인들은 '성공한 삶이 아니다'라고 말한다. 특히 강 변호사

• 강지원 변호사가 생후 5개월 때 전남 완도 군수 관사 앞에서 찍은 가족사진. 강 변호사는 아버지가 초대 완도 군수로 부임한 지 3개월 만에 태어났다.

는 자신의 인생에 대해 '후회한다'고 잘라 말한다. 성공한 사람의 배부른 투정처럼 들리는 이 말의 의미는 뭘까. 답은 두 사람의 자녀교육법에서 찾을 수 있다.

### 우린 한 번도 공부하란 말 안 했어요

"두 딸의 소속이나 이름은 밝히지 않기를 바랍니다." 강지원 변호사가 인터뷰에 응하면서 내놓은 조건이었다. '두 딸이 부모의 지위나 유명세에 의존하지 않고 독립적으로 살기를 바란다'는 게 이유였다.

두 딸도 부모와 닮았다. 2014년에 첫째 딸은 자신이 주최한 행사장에 부모님이 방문하지 말 것을 정중히 부탁했다고 한다. 사람들이 알게 되면 자신에 대해 선입견을 갖게 될까 우려해서다. 자녀의 취업을 위해 부정 인사청탁을 서슴지 않는 유명 인사들의 소식이 심심치 않게 들려오는 요즘 참 보기 드문 가족이다.

부부는 아이들을 자유롭게 키웠다. '자유'는 두 사람이 가장 중요하게 여기는 가치다. 아이들에게 한 번도 '공부해라', '서울대에 가라', '법대에 진학하라'고 한 적이 없다. 두 딸이 그런 인생을 살기를 원하지 않았기 때문이다. 두 사람은 엘리트 코스를 밟아 법조인이 됐지만, 그런 인생이 행복한지에 대해 스스로에게 끊임없이 되물었다. 결론은 '노(No)'였다. 사회적으로 인정받지 못하고 보수가 적어도 자신의 적성에 맞는 일을 찾는 게 진정한 성공이라는 생각이 들었다.

## 경기고-서울대-행정·사법고시 패스한 엘리트

'자유롭게 자라야 한다'는 건 강 변호사가 부모님에게 물려받은 교육철학이기도 하다. 그의 부모도 어린 시절부터 아이 스스로 고민하고 판단하게 했다. 하지만 딱 한 가지 예외가 있었는데, 바로 공부였다. 이는 집안 내력과 연관이 있다.

강 변호사와 그의 형제들은 조선 전기 문인이자 세종대왕의 처조카인 강희맹의 17대손이고, 조선 중기 학자이자 의병장인 강항의 12대손이다. 아버지는 보성전문학교(현 고려대)를 졸업한 후 여러 지역에서 군수 등 공직을 맡았고, 어머니는 경성사범학교(현 서울대 사범대)를 졸업하고 젊은 시절 교편을 잡은 재원이었다. 교육열이 높을 수밖에 없었다.

1949년 전남 완도에서 7남매 중 넷째이자, 삼남으로 태어난 그의 머릿속엔 어려서부터 '학생의 본분은 공부'라는 인식이 박혀 있었다. 넘치는 교육열만큼 학습에 대한 지원도 아낌없었다. 7남매 중 그를 포함해 5명이 서울대에 합격하고, 2명이 각각 이화여대와 숙명여대에 진학한 건 모두 부모의 남다른 교육열 덕분이었다.

하지만 공부를 제외하고는 자녀들의 뜻을 최대한 존중했다. 강 변호사가 부모의 바람대로 법학과나 경영학과가 아니라 정치학과를 선택했을 때는 물론, 행정고시 합격 후 세관에 근무하면서 사법고시를 준비했을 때도 최종 선택은 강 변호사가 하게 도왔다. 그는 '남자들은 판사, 의사, 검사처럼 '사' 자로 끝나는 직업을 가져야 출세했다고 인정받던 시절이었다'며 '자연스레 고시공부를 시작했고, 적성에 대해 고민할 기회도 없이 뛰어들었다'고 말했다. 대학교 4학년 때 행정고시, 2년 후 사법고시에 합격한 이후 탄탄대로를 걸을 일만 남아 있었다. 모두가 원하는 그 길이 자신의 길이 아니라는 걸 알기까지는 그리 오랜 시간이 걸리지 않았다.

### 중2병, 대학 중심 사회 때문에 생긴다

그가 자신의 적성에 대해 고민하기 시작한 건 1978년 초임검사 시절 비행 청소년 업무를 담당하면서부터다. 청소년들이 비행을 저지르는 가장 큰 이유가 하고 싶은 일을 못 하게 하고, 하기 싫은 일을 억지로 시키

• 1968년 강 변호사의 서울대 입학식 모습. 부모님과 함께 대학 교정에서 기념 촬영을 했다.

는 데서 비롯된다는 생각이 들었다. 실제로 그와 대화를 나눈 청소년 중에는 '자신의 얘기를 끝까지 들어주는 사람은 처음'이라거나 '부모는 무조건 혼내기만 한다'는 학생들이 많았다. 어른들은 자기 생각을 아이들에게 강요하고, 마음대로 휘두르려고만 했다. 1989년에 서울보호관찰소 소장이 되면서 청소년 문제에 깊이 빠져들었다.

이 과정에서 '적성 찾기'의 중요성을 깨달았다. 적성은 어떤 일을 하기에 알맞은 소질이나 성격, 적응 능력 등을 말한다. 쉽게 말하면 자신이 하고 싶고, 잘하는 일이 적성에 맞는 일이다. 그는 검사로 일하는 내내 자신에게 맞는 일이 아니라고 느꼈고, 실제로 사법연수원에서 학생들을 가르칠 때도 '적성에 맞지도 않는데 남들이 우러러봐서, 돈을 많이 벌어서 이 직업을 선택한 사람은 나가라. 나 같은 사람이 되지 마라'는 말을 서슴없이 했다. 그는 내면의 목소리에 귀를 기울일 때 행복한 삶을 살 수 있을

• 1995년 서소문 법원, 검찰청사가 서초동으로 이전하기 전에 두 딸과 함께 기념촬영을 했다. 당시 강지원 변호사는 검사로, 김영란 교수는 판사로 재직 중이었다.

거라 믿었다. 명문대에 합격하는 것은 물론, 돈, 권력, 명예, 인기를 좇는 것보다 적성을 찾는 게 훨씬 더 의미 있는 일이라는 생각을 했다.

**- 적성을 찾는 게 왜 중요한가요?** 대한민국에서 중·고등학교를 다니는 대부분 학생이 자신이 어떤 일을 하고 싶은지, 뭘 잘하는지 모른 채 대입만을 향해 달려가고 있습니다. 99%가 대학 진학을 희망하고 실제로 70% 이상이 대학에 들어가죠. 하지만 사람들은 행복하지 않습니다. 세계 1위 자살률이 이를 잘 보여주죠. 경쟁 위주의 교육부터 바뀌어야 합니다. 아이들이 자신이 하고 싶은 일을 할 수 있게 도와야 해요.

장래 희망이 축구선수, 요리사, 미용사, 가수인 사람이 굳이 대학에 갈 필요가 있을까요? 가수 '아이유'처럼 자신의 적성을 일찍 찾으면 굳이 대학에 가지 않더라도 본인의 역할을 해내는 게 충분히 가능합니다. 축구선수가 되고 싶은 학생에게 '대학부터 가라'고 하면 공부가 되겠습니까? 하기 싫은 걸 억지로 시키니 탈이 날 수밖에 없죠. 대부분의 청소년 문제나 중2병 등이 대학 중심의 사회 때문에 발생합니다. 우리나라보다 선진국으로 알려진 독일이나 영국의 대학 진학률은 30~40%밖에 안 된다는 것을 기억해야 합니다.

**- 자신의 적성을 찾는 방법은 무엇일까요?** 사람의 적성은 한 가지가 아니라 여러 가지입니다. 그래서 자신이 좋아하는 분야에 대해 객관적으로 판단할 방법이 필요합니다. 축구를 예로 들면 드리블, 경기 분석, 경기 운영, 기록 등의 목록을 만든 후 좋아하는 정도와 잘하는 정도에 대해 점수를 매겨 보는 식이죠. 높은 점수가 겹치는 부분이 흥미를 갖고 재능을 발휘할 수 있는 분야라고 할 수 있습니다. 드리블보다 경기 분석 점수가 높으면 선수보다 감독에 더 적합하다고 볼 수 있죠.

## 강요하지 않고 자유 주면 아이 스스로 적성 찾는다

두 딸을 키울 때도 이를 중요하게 여겼다. 그는 '부모가 자녀의 적성을 찾게 돕는 일은 간단하다'며 '공부하라' '대학가라'고 강요하지 않고 자유를 주면 된다고 말한다. 이는 아이들 스스로 독창적이고 발랄하고 신선한 아이디어를 샘솟게 한다. 부모의 역할은 아이들이 자신의 길을 발견할 때까지 믿고 기다려 주는 일뿐이다.

이를 위해 두 사람은 아이들을 대안학교에 보냈다. 획일화된 입시 위주의 교육보다 자유롭게 생활하는 게 아이들의 미래에 도움이 될 것이라고 여겼다. 첫째 딸이 고등학교 입학 후 학생회가 학생 자율성 없이 운영되는 데 대한 불만이 컸던 게 계기가 됐다. 보통 부모라면 '학생회가 뭐 별거냐'며 '3년만 참고 다니면 된다'고 자녀를 설득했을 것이다. 하지만 두 사람은 달랐다. 아이를 좀 더 자유로운 분위기에서 교육하자는 데 합의했고, 전남의 한 대안학교로 전학시켰다.

하지만 큰딸의 방황은 이게 끝이 아니었다. 기숙사 생활을 하면서 농사를 짓고, 지리산을 오르면서 즐겁게 학교생활을 하던 아이는 고3 때 느닷없이 "수능 시험을 포기하고 대학에 가지 않겠다"고 선언했다. 이후 서울에 올라와 청소년 단체활동에 참여하면서 시간을 보냈다.

- **정말 대학에 안 갔나요?** 고3 때는 수능 시험도 안 봤어요. 대학을 포기하라고 대안학교에 보낸 건 아니었는데, 당시 충격이 컸습니다. 하지만 아이의 뜻을 존중해줬습니다. '대학에 안 가도 좋다'고 했죠. 대신에 앞으로 계획을 물었더니 얼마 지나지 않아 서너 장짜리 계획서를 들고 오더군요. 1월에는 아르바이트를 해서 돈을 모으고, 2월에는 그 돈으로 해외여행을 하고 싶다고 했어요. 이후 일은 그때 정하겠다고요.

아이가 하고 싶은 대로 하게 내버려 뒀습니다. 한 달간의 호주 여행을 마치고 돌아온 아이는 대뜸 '미국으로 유학을 가겠다'고 하더군요. 이후 3~4개월 동안 영어 공부를 하다가 미국으로 떠났습니다. '영어도 잘 못하지 않느냐'고 했더니 '영어 공부는 한국보다 미국에서 하는 게 낫다'

고 하며 겁 없이 나서더군요. 그해 여름 미국 대학에 진학해 심리학을
공부하고, 졸업 후 일본으로 건너가 미디어아트로 석사 학위를 받았습

> 국민학교에 입학한 지가 엊그제 같은데 벌써 5학년도
> 절반이 지났으니 이제는 1년 반 밖에 안 남았구나.
> 세월이 참 빠르지? 그래서 이제는 한단계
> 더 높은, 수준을 공부들을 해야 할 때가 된 것 같다는 생각이
> 든다.
> 예컨대 항상 나 보다 남을 먼저 생각하는 법, 나자신 보다
> 항상 남을 위해 희생하고 양보하고 봉사하는 법, 어떠한
> 어려운 일이나 하기 싫은 일이 있더라도 굳센 정신으로
> 참고 견디는 법, …… 이런 것들 말이다.
>
> 보고 싶다.
> 빨리 돌아와서 여름 온 집안을 꽉 채워 주었으면
> 좋겠다. 그렇지만 지금은 캠프중이지? 그러니까 그곳
> 선생님들 말씀을 꼼꼼히 듣고 친구들과 좋은 이야기는
> 많이 나누고 다시 씩씩한 모습으로 다시 만날 시간을
> 기다려야 겠다.
> 참고 기다리는 것도 매우 훌륭한 일이니까. 그지?
>
> 그럼. 오늘은 이만.
>
> 1994. 7.
> 분당에서
> 사랑하는 아빠가.

• 강지원 변호사가 캠프에 간 큰딸에게 쓴 편지.(강 변호사의 요청에 따라 아이의 이름을 지웠다.)

니다. 이후에는 일본에서 광고회사도 다녔고, 현재 문화기획자이자 미디어아티스트로 활동 중입니다.

- **둘째는 어땠나요?** 크게 다르지 않습니다. 전혀 새로운 분야에 관심을 갖는 것까지 비슷했어요. 둘째도 대안학교에 보냈습니다. 입시 위주의 교육이 이뤄지지 않는 게 일반 학교보다 마음에 들어서죠. 둘째 때는 실무자들과 함께 학교 설립을 위해 직접 발로 뛰었습니다. 둘째도 학교에서 수박 키우고 도보여행 하면서 즐거운 학교생활을 하더니 졸업하고 '영화과에 진학하겠다'고 하는 겁니다. 처음에는 놀랐지만 아이 뜻대로 지원을 해줬습니다. 재수까지 하면서 영화과에 들어갔고, 현재는 철학으로 박사과정을 밟고 있습니다.

- **부모와는 전혀 다른 진로를 선택했네요!** 네, 그래서 처음에는 신기했습니다. 우리 부부는 정치학과 법학을 전공하고 법조계에 30년 넘게 몸담았는데 아이들의 진로는 하나부터 열까지 예측불허였어요. 아이들이 스스로 하고 싶은 일을 고민하고 적성을 찾을 수 있게 도운 덕분이죠. 물론 아이들에게 '명문대에 가야 한다'고 강요하고, 온갖 사교육을 시켰으면 서울대에 합격했을지도 모르겠습니다. 하지만 서울대 졸업장이 아이들의 인생을 행복하게 만드는 보증수표가 아니라는 사실을 우리 부부는 너무 잘 알고 있습니다. 하지만 우리 역할은 여기까지입니다. 지금까지의 경험을 토대로 앞으로 그림을 그려 나가는 것도, 책임을 지는 것도 아이들의 몫이니까요.

- **가훈 '화락당(和樂堂)'은 무슨 뜻인가요?** 중용에 보면 '희로애락지미발 위지중 발이개중절 위지화(喜怒哀樂之未發謂之中 發而皆中節 謂之和)'란 말이 있습니다. '희로애락이 나타나기 전의 상태를 중(中)이라 하고, 희로애락이 나타나서 모든 상황에 알맞게 되는 것을 화(和)라 한다'는 뜻입니다. 화(和)는 말 그대로 희로애락의 감정을 초월한 상태입니다. 부부와 형제는 물론, 부모 자녀 사이가 화락(和樂)하면 더 이상 바랄 것이 없을 겁니다. 비행 청소년 문제를 연구하다 가족의 소중함을 깨달은 후 스스로 실천하기 위해 가훈으로 정한 것입니다. 지금은 서른이 넘은 딸들이 초등학교 때 일이죠. 이후 각자의 개성을 존중하고 이해하고 공감하려고 꾸준히 노력하고 있습니다.

- **부모의 역할은 무엇일까요?** 아이들이 자연 그대로 성장하게 도와야 합니다. 부모는 아주 가끔씩 정원사가 돼 곁가지를 자르는 역할만 하면 됩니다. 큰 방향만 잡아주라는 얘기예요. 그래야 아이 스스로 자신이 뭘 좋아하는지 고민하고 자신의 인생을 설계해 나갈 힘을 기를 수 있습니다. 평생 자녀 옆에서 매니저 역할 할 거 아니잖아요? 하지만 우리 부부가 아무리 '대학 간판보다 적성을 찾는 게 중요하다'고 소리 높여 말해도 귀 기울여 듣는 사람이 얼마나 되겠습니까. 지금과 같은 경쟁 위주의 사회에서 아이가 혼자 힘으로 답을 찾을 때까지 기다려주는 부모는 몇 안 될 거예요. 부모와 자녀 모두 행복해질 수 있는 길을 찾으시길 바랍니다.

### about 강지원 변호사

| | |
|---|---|
| 1949년 | 전남 완도군 출생 |
| 1967년 | 서울 경기중·고등학교 졸업 |
| 1972년 | 서울대 정치학과 졸업. 제12회 행정고시 합격 |
| 1976년 | 제18회 사법고시 수석합격 |
| 1978~89년 | 전주·서울지방검찰청, 법무부 검사 |
| 1989~95년 | 서울보호관찰소, 법무연수원, 법무부과장 |
| 1995~97년 | 사법연수원 교수 |
| 1997~2000년 | 청소년보호위원회 초대 위원장 |
| 2000~02년 | 서울고등검찰청 검사 |
| 2002~10년 | 변호사 |
| 2005~07년 | 정보통신윤리위원 위원장 |
| 2006~12년 | 한국매니페스토실천본부 상임대표 |
| 2008~10년 | 자살예방대책추진위원회 위원장 |
| 2005~16년 현재 | 푸르메재단 대표 |
| 2015~16년 현재 | 노르딕워킹 I.K 총재 |

★ **인생의 롤모델** | 없다. 존경할 만한 인물은 있지만, 공과가 있어서 모델로 삼지 않는다.

★ **내 인생을 바꾼 책** | 마하트마 간디의 『간디 자서전』, A.S. 닐의 『서머힐』

★ **좌우명** | 신독(愼獨 혼자 있을 때 스스로 삼간다)

## about 김영란 교수

| | |
|---|---|
| 1956년 | 부산 출생 |
| 1975년 | 서울 경기여고 졸업 |
| 1979년 | 서울대 법학과 졸업 |
| 1978년 | 제20회 사법고시 합격 |
| 1981~87년 | 서울민사, 가정법원, 동부지원 판사 |
| 1987~91년 | 부산, 수원, 서울 남부지원 판사 |
| 1991~93년 | 서울고등법원 판사 |
| 1993~98년 | 대법원 재판연구관 |
| 1998~2000년 | 수원, 서울가정법원 부장판사 |
| 2000~01년 | 사법연수원 교수 |
| 2001~03년 | 서울지방법원 부장판사 |
| 2003~04년 | 대전고등법원 부장판사 |
| 2004~11년 | 대법원 대법관 |
| 2011~12년 | 국민권익위원회 위원장 |
| 2012~16년 현재 | 서강대 법학전문대학원 석좌교수 |

독서로 SAT 만점 아들 키워낸
국립생태원장 최재천

# 알면 사랑한다

백일 때부터 책 읽어주니,
나중엔 아이 혼자 수천 권 읽더군요

　소년은 자연을 벗 삼아 놀았다. 강원도 강릉에서 지낼 때는 물론 서울에 올라온 후에도 남산에 올라 개울에서 가재를 잡았고, 방학만 되면 강릉에 내려가고 싶어 몸이 근질거렸다. 중학생 때 백일장에서 장원을 한 뒤로는 시인이 되기를 희망했고, 고등학교 때는 미술가를 꿈꿨다. 이화여대 에코과학부 석좌교수이자 국립생태원 초대원장인 최재천 원장 얘기다.
　서울 경복중·고와 서울대를 졸업하고 하버드대에서 박사 학위를 받은 후, 미시간대와 서울대를 거쳐 현재 이화여대에서 교수 생활을 하는 그다. 얼핏 보면 자신의 적성을 잘 찾아 승승장구한 것 같지만 어렸을 때부터 하고 싶은 일이 많았던 탓에 적지 않게 방황했다. 하지만 그 덕

• 최재천 원장이 한 살 때 육군 장교였던 아버지(왼쪽) 어머니와 함께 찍은 가족사진.

분에 인문, 사회, 과학, 예술을 넘나드는 통섭학자가 될 수 있었고 '알면 사랑한다'는 깨달음도 얻었다.

### 자식 교육만큼은 양보가 없던 어머니

"남자는 하늘, 여자는 땅이라는 말 있죠. 딱 유년시절 우리 집 얘깁니다." 최재천 원장의 아버지는 육군사관학교 출신 직업군인이었다. 전형적인 가부장이었던 아버지 앞에서 어머니는 숨도 제대로 못 쉬었다. 완벽주의자였던 아버지는 퇴근 후에도 집에서 일할 때가 많았고, 장남이었던 최 원장을 포함한 4형제는 아버지의 심기를 건드리지 않도록 최대한 조용히 있을 수밖에 없었다. 형제끼리 치고받고 장난치는 왁자지껄

한 풍경은 그의 집에서 찾아보기 힘들었다.

"아버지가 떠먹은 밥에서 '아작' 하고 돌이라도 씹히면 아버지는 씹던 밥을 뱉고 '탁' 하고 숟가락을 내려놨어요. 어머니는 그대로 상을 물린 후 다시 쌀을 씻고, 밥을 지었죠. 당시에 어머니가 들고 나가던 상이 '달달달' 떨리던 게 아직도 기억이 납니다. 그런 날이면 어머니는 아버지한테 밤새 혼이 나셨죠. '집에서 뭘 하느라 밥도 제대로 못 하느냐. 사람이 완벽해야 한다. 실수가 있으면 안 된다'는 얘기를 들으면서요."

그런 아버지 앞에서 어머니가 자신의 고집을 꺾지 않는 건 딱 하나, 자녀 교육에 관한 일뿐이었다. 군인이라는 직업의 특성상 이사를 자주 다닐 수밖에 없는 상황이 아이들에게 좋지 않다고 판단한 최 원장의 어머니는 서울 오빠 집에 아이들을 맡겼다. 최 원장이 초등학교 입학도 하기 전이었다. '어디서 공부하는 게 무슨 상관이냐. 강원도 산골에서 사과 궤짝 엎어놓고 공부해도 잘될 놈은 다 잘된다'고 남편이 윽박질러도 물러서지 않았다. "아버지는 그럴 수밖에 없으셨을 거예요. 강원도 시골에서 농사지으면서 공부해서 고2 때 육군사관학교에 4년 장학금 받고 합격하셨거든요. 강원도 전체에서 혼자 합격해 천재 소리깨나 들으셨나 봐요. 어릴 때 시골에 가면 어른들이 다 아버지를 알 정도였죠."

### 4형제 중 3명이 대학교수로 자라

최 원장 어머니의 교육열은 어떤 상황에서도 꺾이지 않았다. '무슨 일이 있어도 4형제 뒷바라지는 확실히 하겠다'는 말을 자주 했다. 최 원장

• 최 원장이 중학교 2학년 때 나간 백일장에서 장원에 뽑힌 후 받은 메달을 목에 걸고 기념사진을 찍은 모습.

이 초등학교 6학년 때 고액 과외를 받은 것도 어머니의 뜻이었다. 당시에는 중학교 때부터 입시가 시작됐는데, 명문중에 입학해야 명문고·명문대에 진학하는 게 수월했고, 자연스레 명문중 합격생이 많은 초등학교가 인기였다.

그의 어머니는 서울 우신초에 다니던 그를 서울 교동초로 전학시킨 것도 모자라, 성적이 만족할 만큼 나오지 않자 과외 선생을 수소문해 나섰다. 당시 반 아이 중 대다수가 과외를 받고 있었기 때문이다. 하지만 최 원장의 집은 형편이 넉넉하지 않을뿐더러 동생이 심장병을 앓으면서 가세가 점점 기울고 있었다. "당시 아버지 월급으로는 동생 병원비를 내는 것도 버거웠을 거예요. 그런 상황에서 과외를 받는다는 게 어떤 의미인지, 어린 나이에도 많은 생각을 하게 했습니다."

궁하면 통한다고 했던가. 아버지의 반대에도 뜻을 굽힐 줄 모르던 어머니는 방법을 찾아냈다. 아버지 밑에서 군 복무를 했던 사람이 유명한 과외 선생이 됐다는 정보를 입수한 것이다. 그날로 어머니는 최 원장의 손을 잡고 과외 선생을 찾아갔고, 간곡하게 부탁했다. 그런데 다른 팀원 엄마들이 이구동성으로 반대하고 나섰다. "그럴 수밖에 없었던 게 함께 과외를 받는 애들이 병원장 아들, 체신부 차관 아들 등 최상위층 애들뿐이었어요. 다른 엄마들은 '서울 변두리 출신을 끼워줄 순 없다. 우리 애들까지 수준이 떨어지면 어떻게 하느냐'고 입을 모았죠."

하지만 그의 어머니는 그 자리에서 무릎을 꿇고 '우리 애는 없는 셈 쳐도 되니 제발 받아만 달라'고 애원했다. 그때 그 모습을 보면서 최 원장은 자신도 모르는 무언가가 심장에서 꿈틀거리는 걸 느꼈다. 분노와 오기 등이 복잡하게 얽힌 감정이었다. "자존심도 상했고, 공부를 열심히 해야겠다고 마음도 먹었어요. 어머니의 이런 기대는 학창시절 내내 저에게 등대 같은 역할을 했습니다. 방황하다가도 제자리를 찾아오게 했거든요. 4형제 중에 세 명이 대학교수가 된 건 모두 다 어머니의 교육열 덕분입니다."

### 몸에 밴 가부장적인 태도, 미국 유학 후 달라져

아버지의 가부장적이고 권위적인 모습을 보고 자란 탓에 닮을 수밖에 없었다. 대학교 때 여자친구가 전화를 걸어오면 '어디 감히 여자가 남자한테 먼저 전화를 하느냐'고 할 정도로 남존여비 사상이 심했다. 권위적인 아버지의 모습을 싫어했는데, 자기도 모르게 그렇게 되는 것을 어쩔 수 없었다.

하지만 미국으로 유학을 떠나 진화생물학이라는 학문을 공부하면서 180도 달라졌다. 세상을 열린 시각으로 보고 배우게 된 것이다. 지금의 아내를 만난 것도 긍정적인 영향을 끼쳤다. 장인도 교수였는데, 같은 한국에서 자랐다는 게 믿기지 않을 정도로 자유분방한 집안이었다. 그런 모습을 보면서 스스로 변하게 됐다.

- **아버지에 대한 기억은 어떤 것들인가요?** 어머니한테 모질게 대한 것만 빼면 마음속 깊이 존경합니다. 아버지는 바를 정(正)자처럼 인생을 사는 분이셨으니까요. 청렴결백 그 자체죠. 원리원칙을 벗어나는 일을 하는 걸 본 적이 없습니다.

초등학교 3학년 때 일이 인상 깊이 남아 있습니다. 학교를 마치고 돌아와 별생각 없이 방문을 열었는데, 양복 입은 신사 앞에 놓인 박스에 돈다발이 가득 담겨 있었습니다. 그렇게 많은 돈은 본 적이 없었죠. 놀라서 문을 닫고 나왔는데, 잠시 후에 따귀 때리는 소리와 함께 '네놈이 나를 어떻게 보고 이걸 가져왔느냐'는 호통이 들렸습니다.

당시 아버지는 육군 본부에서 제대반장을 하고 있었습니다. 제대를 일찍 시켜줄 수 있는 자리라 고관대작들이 청탁을 많이 해왔죠. '제대반장 6개월만 하면 집 한 채 산다'는 얘기가 있을 정도였으니 말 다했죠. 하지만 아버지는 단언컨대 단 한 번도 부정한 일을 한 적이 없으세요. 1960년대는 그런 일이 비일비재 했는데도 말입니다. 덕분에 어머니는 지금도 '청렴'이라는 단어를 가장 싫어하세요. 아버지가 조금만 덜 청렴했어도 집안 살림이 훨씬 더 넉넉할 수 있었기 때문이죠. '황금 보기를 돌같이 하라'는 말을 남긴 고려시대 무신 최영 장군의 후손답지요. 덕분에 저도 지금까지 다른 사람에게 피해 주지 않고 바른길을 가려고 노력하며 살아왔습니다.

## 아들의 SAT 만점 비결은 독서

최 원장은 자신의 아버지와 달리 아이를 자유롭게 키웠다. 아내에게 우스갯소리로 '아들놈은 무슨 복을 타고 나서 나 같은 아빠를 만났느냐'고 할 정도였다. "어릴 때 권위적이고 엄격한 아버지를 보면서 두 가지를 결심했습니다. 아버지가 밥 먹다가 돌을 씹고, 어머니가 떨면서 상을 내가고, 우리 형제들이 숨죽여 앉아 있을 때죠. 하나는 '나중에 결혼해서 아내가 해준 밥에서 돌이 나와도 아내 모르게 씹어 삼키겠다'는 거고, 또 다른 하나는 '아이에게 물렁팥죽 아빠가 돼주고 싶다'는 거였습니다."

결혼 후 9년 만에 태어난 아이는 부부에게 보배나 다름없었지만, 둘 다 먼 이국땅에서 공부하느라 육아에는 서툴렀다. 그러던 중 우연한 기회에 훌륭한 교육법을 배울 수 있었다. 음악을 전공한 아내가 교회에서 성가대 지휘를 하면서 인연을 맺은 노부부가 아이를 보고 싶다고 집에 방문한 게 계기였다. "노부부는 백일밖에 안 된 아이에게 별의별 세상 돌아가는 얘기를 다 했어요. 어제 동네에서는 무슨 일이 벌어졌고, 뉴스에서 대통령이 어떤 말을 했고, 세계가 어떻게 돌아가고 있는지 말입니다. 저희가 의아하게 쳐다보니까 할머니께서 '아이가 알아듣지 못한다고 생각하느냐. 절대 그렇지 않다. 우리가 하는 말을 다 알아듣는다'고 하더군요. 머리를 망치로 한 대 맞은 것 같았죠."

이후 육아법을 바꿨다. 잘 먹이고 재우고 '까꿍'만 하면서 하루를 보냈던 그들은 아이의 머릿속에 지식을 채워주려고 노력했다. 부부는 번갈아 가며 하루 있었던 일을 들려주고, 하루도 빠짐없이 책을 읽어줬다. 아이를 위한 책뿐 아니라 전공 책이나 논문도 아이 옆에서 소리 내 들려줬다. 부부뿐 아니라 당시 사감을 맡고 있던 하버드대 기숙사 학생들도 틈만 나면 아이에게 〈이코노미스트〉에 나온 기사와 학교 수업시간에 있었던 일에 대해 수다를 떨었다.

아이가 세 살 때는 이런 일도 있었다. 최 원장이 책을 읽어주다 피곤해진 나머지 자신도 모르게 곯아떨어졌는데, 아이가 혼자 책을 읽고 있었던 것이다. "글자를 읽는 게 아니라 책의 내용을 기억하고 있다가 소리 내 말한 거였죠. 책 한 권을 50번도 넘게 읽어줬으니 외울 만도 합니다. 어쨌거나 언어를 습득하는 능력이나 기억력이 남달랐어요. 갓난아이 때 책을 읽어주는 게 얼마나 중요한지 알 수 있었죠."

**- 아이가 꾸준히 독서를 좋아했나요?** 대학 가기 전에 이미 수천 권의 책을 읽었을 겁니다. 분야를 가리지 않고 다방면으로 좋아했어요. 외국인학교에 다닐 때 내신 성적이 형편없었는데도 미국 명문대에 합격한 걸 보면 독서의 힘을 무시할 수가 없죠. 아무런 준비 없이 미국 대학수학능력시험인 SAT를 치러도 늘 만점에 가까운 점수를 받았으니까요. 아이에게 '좋은 점수 받는 비결이 뭐냐'고 물으면 답은 늘 똑같이 "아빠,

• 여섯 살 난 아들과 미국 코네티컷주에 있는 말 농장을 찾은 최 원장.

책 속에 모든 답이 있어"였습니다. 사실 학교는 거의 놀러 다녔지요. 색칠하는 숙제도 하기 싫다고 안 할 정도였으니 말입니다.

많은 학생이 SAT에서 좋은 점수를 받으려고 사교육을 받습니다. 물론 저희 부부도 아이를 SAT 대비 학원에 보냈었죠. 하지만 작은 사건 때문에 일주일도 못 다니고 그만뒀습니다. SAT 시험 형식이 완전히 바뀌면서 학원에서 테스트를 치렀는데, 거기서 우리 애가 전 과목 만점을 받은 거예요. 놀라운 일이었습니다. 그런데 몇몇 학부모가 '처음 치러진 형식의 시험에서 100점을 받는 게 말이 되느냐, 뭔가 이상하다'고 이의를 제기하기 시작했고, 아이가 '그만 다니겠다'고 하더군요. 우리 아이의 말에 의하면 'SAT는 아이큐검사와 비슷한 시험이기 때문에 미리 준비할 필요가 없다'고 합니다.

> 사랑하는 아들에게
>
> 잘 지내고 있다니 다행이다.
> 게으른 (하하~) 네가 아침에 제일
> 일찍 사무실에 나타난다는 얘기를
> 듣고 속으로 조금 놀랐다.
> 네가 지금 하고 있는 일이 얼마나
> 최선을 다하고 있는지 알 것 같았다.
> 열심히 해라.
> 다만 엄마와 나는 네가 건강을
> 해치진 않았으면 한다. 쉴 땐
> 좀 쉬고 제발 끼니 거르지 말고.
> 운동도 잘 하고 있지?
> 바빠도 가끔 엄마 한테는 안부
> 좀 전해줘라. You know how happy
> she will be!
>
> Love, Dad

• 최재천 원장이 아들에게 쓴 편지. 대학 졸업 후 미국에서 창업을 한 아들이 몸 건강히 지내기를 바라는 마음을 담았다.

## 사랑이 넘치면 그만큼 베풀게 된다

그의 아들은 전혀 부족함이 없이 자란 '엄친아'다. 그러다 보니 성격적으로 치열함이 전혀 없다. 눈에 넣어도 안 아플 정도로 사랑하는 아들이지만 '잘못 키웠다'는 생각을 종종 했다. 그가 보기에 아이는 자신이 하고 싶은 일만 하는 이기적인 성향이었다. 이런 아이를 세상에 내놨다는 사실에 자괴감에 빠지기도 했다. 하지만 아내는 그와 생각이 달랐다.

사랑이 넘치면 그만큼 다른 사람에게 사랑을 베풀게 된다는 논리였다. 다행히도 이를 확인할 기회가 두 번 있었다.

아이가 대학 졸업을 앞두고 폭탄선언을 했다. 친구들과 함께 남아프리카공화국 요하네스버그에 가서 봉사활동을 하겠다고 말이다. 일 년 동안 그 지역 아이들에게 공부도 가르치고, 함께 농구도 하면서 아이들에게 새로운 삶의 기회를 주겠다는 계획이었다. 치안이 안 좋기로 유명한 곳이었기에 아내는 말리고 나섰다. 대만이나 말레이시아로 가라고 말이다. 하지만 아이는 '위험한 곳이기 때문에 내가 가야 한다'며 뜻을 꺾지 않았다. "그때 저는 감동의 눈물을 흘릴 뻔했습니다. 우리가 아들을 잘못 키우지는 않았다는 확신 때문이었죠. 아이는 1년 동안 남아공에 머물렀고, 지역사회에 공헌한 점을 인정받아 남아공 정부가 주는 상도 받았습니다."

또 다른 사건은 아이가 쓴 자신의 대입 자기소개서였다. 대학에 지원할 당시에는 볼 수 없었던 자기소개서를 우연히 볼 기회가 생겼는데, 뜻밖의 내용에 깜짝 놀랐다. 학교 내신 성적은 바닥이고, SAT 성적만 우수했던 아이가 자기소개서에 자신의 내신 성적이 나쁠 수밖에 없는 이유에 대해 기가 막히게 철학적으로 변명을 늘어놓은 것이다. '자신은 이미 많은 걸 누리고 있고, 가진 사람이 더 가지면 세상은 아름답지 못할 것 같다'는 내용이었다. 쉽게 말하면 자신보다 부족한 사람들에게 기회를 주기 위해 공부를 열심히 안 했다는 얘기였다. "글이 어찌나 설득력이 있는지 읽는 내내 고개가 몇 번이나 끄덕여졌습니다. 나름대로 아이의 진면목을 발견한 일이었지요."

### 알게 되면 사랑할 수밖에 없다

아버지의 큰 사랑을 알게 된 일도 있다. 아버지 사랑을 처음 느낀 건 미국으로 유학 갈 때다. "처음에 '유학 가겠다'고 했을 때 아버지는 완강하게 반대하셨어요. 아버지가 원하던 서울대 의대에도 두 번 떨어지고, 동물학과에 겨우 합격한 후에도 동아리 활동하고 노느라 공부는 뒷전이었던 아들이 '유학 가게 비용 좀 보태 달라'고 하니 나 같아도 당황스러웠을 것 같아요. 하지만 그때는 정말 절실했고, 간곡히 요청했습니다." 아들의 뜻을 알아차린 아버지는 유학 자금을 대기 위해 당시 육군본부에서 스카우트 돼 근무 중이던 포항제철을 그만두셨다. 나중에 알고 보니 돈보다 아들과 함께 시간을 보내려고 퇴직을 한 것이었다.

유학길에 오른 후 열심히 공부하는 것만이 아버지 사랑에 보답하는 길이라고 믿었다. "가족관계뿐 아니라 다른 인간관계도 그렇습니다. 상대방에 대해 알게 되면 더 사랑할 수밖에 없죠. 왕따를 시키던 아이를 우연히 만나 집까지 같이 걸어가면서 이야기를 나눴다고 생각해보세요. 그 다음에는 집에도 놀러 가고, 그 아이의 엄마한테 인사하고 난 후에도 그 아이를 따돌릴 수 있을까요? 대부분의 인간관계 문제가 서로 잘 모르는 상태에서 발생하는 오해라고 생각합니다. 자연도 마찬가지예요. 겉보기에는 징그럽고 쓸모없어 보이는 곤충이나 나무도 알고 보면 다 사랑하고 아낄 만한 요소가 있습니다. 그것이 바로 저의 좌우명이자, 학문하는 이유고, 내 아이뿐 아니라 사람들에게 전하고 싶은 삶의 가치입니다."

## about 최재천

| | |
|---|---|
| 1954년 | 강원도 강릉 출생 |
| 1972년 | 서울 경복고 졸업 |
| 1977년 | 서울대 자연과학대 동물학과 졸업 |
| 1982년 | 미국 펜실베이니아주립대 대학원 생태학 석사 학위 취득 |
| 1989년 | 미국 곤충학회 젊은과학자상 수상 |
| 1990년 | 미국 하버드대 대학원 생물학 박사 학위 취득 |
| 1990~92년 | 미국 하버드대 전임강사 |
| 1992~94년 | 미국 미시간대 교수 |
| 1994~2006년 | 서울대 생명과학부 교수 |
| 2000년 | 제1회 대한민국 과학문화상 수상 |
| 2006~16년 현재 | 이화여대 에코과학부 석좌교수 |
| 2007~09년 | 한국생태학회 회장 |
| 2013~16년 현재 | 국립생태원 원장 |
| 2013~16년 현재 | 생물다양성협약(CBD) 대체의장 |
| 2014~16년 현재 | 생물다양성과학기구(IPBES) 기술지원단장 |

★ **인생의 롤모델** | 미국 프로 농구의 전설 줄리어스 어빙(Julius Erving). 코트에서 마치 한 마리 새처럼 날아다니는 그가 멋있다. 미국 대학에 있을 때 학생들이 나를 닥터 제이라고 불러주면 가산점이라도 줄 생각이었다. 닥터 제이(Dr. J)는 줄리어스 어빙의 별명이고 내 영어 이름도 제이(Jae)다. 훗날 아들이 '아빠가 흑인이었으면 난 NBA 선수가 될 수 있었을 것'이라고 할 때 잠시 동안 '줄리어스 어빙으로 태어났으면' 하고 꿈꾸기도 했다.

★ **내 인생을 바꾼 책** | 자크 모노의 『우연과 필연』. 절망스러운 대학 생활 중에 발견한 이 책은 나에게 생물학자가 철학책을 쓸 수 있다는 희망을 줬다.

★ **좌우명** | 알면 사랑한다. 스스로 만든 말을 좌우명으로 삼는 게 쑥스럽긴 하지만, 알아야 사랑할 수 있고 자연도 아낄 수 있다. 내가 학문을 하는 이유다.

간송 전형필의 유지 이어받은
간송미술문화재단 사무국장 전인건

배려와 예의

## 다른 사람을 배려할 줄 아는 사람이야말로
## 자기 자신을 존중하는 사람입니다

　전인건 간송미술문화재단 사무국장의 할아버지는 간송 전형필이다. 간송(1906~62년)은 일제강점기 우리 문화재 보호에 앞장섰다. 물려받은 막대한 유산으로 일본으로 유출되는 서화와 도자기, 불상, 석탑 등을 수집해 보존했다. 성북동 간송미술관은 간송이 수집한 우리 문화재를 모은 개인 박물관이다.
　전 사무국장은 할아버지 간송을 빼닮았다. 외모뿐 아니라 성격도 그렇다. 내성적이고 조용하며, 남들 앞에 나서는 걸 꺼린다. 하지만 자신이 옳다고 생각하는 것을 위해 최선을 다한다. 일본 제국주의 식민 치하에서도 대한민국의 독립에 대해 신념을 잃지 않고, 전 재산을 바쳐 우리 문화유산을 지켜낸 간송의 굳은 심지를 이어받았다.

• 오른쪽부터 간송 전형필 선생, 아내 김점순 여사, 장녀 명우, 장남 성우, 그리고 유모 품에 안긴 아기는 차남 영우.

전 사무국장은 가장 존경하는 인물로 아버지 전성우 이사장을 꼽았다. '민족 문화유산의 수호신'으로 불리는 할아버지 간송이 아닌 아버지를 존경한다고 답한 이유를 그는 "더 큰 목적 위해 자신을 희생하며 묵묵히 걸어가는 아버지의 뒷모습을 보면서 저도 지금까지 왔으니까요"라고 설명한다.

미국에서 화가로 활동하던 전성우 이사장은 아버지 간송이 급성신우염으로 유명을 달리한 후 한국으로 돌아왔다. 그 후 자신의 꿈을 접고 간송미술관과 보성중고등학교를 운영하는 데 젊음을 바쳤다. 1967년 한국민족미술연구소를 시작했고, 71년부터는 간송미술관의 이름으로 매년 두 차례 주제를 정해 연구하고 그 연구 결과를 발표하는 자리도 만들었다.

전 사무국장은 아버지를 도와 10년 전부터 보성고 재단인 동성학원에서 일해 왔다. 연로한 아버지를 대신해 동성학원과 간송미술관, 한국민족미술연구소의 살림을 도맡아 하고 있다. 2013년 간송미술문화재단을 설립하고 적극적인 대중화도 꾀하는 중이다.

### 말보다 행동으로 가르친 아버지

"제 어린 시절 기억 속의 아버지는 언제나 집에서 책을 읽거나 그림을 그리고 계셨어요." 전 사무국장을 포함한 네 자녀가 자연스럽게 책을 가까이하게 된 건 언제나 책을 읽는 아버지의 모습 때문이었다. 한 번도 공부하라거나 책을 읽으라고 말한 적이 없었는데도 아이들은 아버지를 따라 했다. 그의 아버지는 언제나 말보다 실천을 통해 아이들에게 스스로 느끼게 했다. 말보다 행동으로 아이들을 가르치는 건 간송이 아들 전성우 이사장에게 했던 교육 방식이다.

"아버지가 학창시절에 유화물감으로 그림을 그리다가 공놀이를 하러 나간 적이 있었다고 해요. 그런데 유화물감과 붓, 팔레트는 바로 씻지 않으면 굳어서 못 쓰게 되거든요. 서너 시간 놀고 오니 할아버지가 깨끗이 씻어두셨더래요. 아버지는 혼날까 봐 조마조마하셨는데, 할아버지는 그냥 모르는 채 아무 말씀 안 하셨다고 해요. 그 후로 아버지는 그림을 그리고 난 후엔 붓과 팔레트를 언제나 씻어두세요. 80세가 넘으신 지금까지도 남을 시키지 않고 직접 하시죠."

격주 주말마다 전 사무국장은 외할아버지 김광균 시인과 어머니 김

은영 씨의 손을 잡고 호암미술관에 가서 그림을 봤다. 김광균은 시 '와 사등', '설야' 등으로 유명한 한국 모더니즘을 대표하는 시인이다. 어머니는 매듭 장인으로 서울시 무형문화재로 지정됐다. 막내아들이 중학교에 입학하자 대학원에 진학해 염색학을 공부했다.

"어린 제가 그림 구경을 하느라 뒤처지곤 했는데 외할아버지와 어머니는 한 번도 '빨리 걸으라'고 재촉하신 적이 없었어요. 아무리 오래 걸려도 제가 그림을 다 볼 때까지 기다려 주셨죠. 제가 묻기 전에는 그림에 대한 설명도 안 하셨어요. 스스로 그림을 감상하고 느끼라는 뜻이었죠."

## 누구에게나 인사하고 존대해라

큰소리를 내는 일이 거의 없는 아버지였지만 자녀들이 다른 사람에게 피해를 줄 때면 꾸지람을 하고 회초리를 들기도 했다. 집안에서 만난 어른들에게는 지위고하를 막론하고 먼저 인사하고, 반드시 존댓말을 쓰도록 가르쳤다.

"저희 4남매는 식당 같은 공공장소에서 시끄럽게 떠들거나 뛰어다니다가 종아리를 맞기도 하고 호통을 듣기도 했죠. 공공장소에서는 타인에게 피해가 가지 않도록 스스로 몸가짐을 조심하는 게 개인의 자유보다 중요하다고 하셨어요."

그는 할아버지 간송과 아버지 전성우 이사장으로부터 받은 최고의 유산을 '배려와 예의'라고 말했다. '다른 사람을 배려할 줄 아는 사람이야말로 자기 자신을 존중하는 사람'이기 때문이다.

• 2012년 가족 사진. 오른쪽 상단부터 시계 방향으로 전인건 사무국장, 아버지 전성우 이사장, 전 사무국장의 딸, 어머니 김은영 매듭장, 남동생 부부.

배려와 관련해서는 집안 대대로 전해 내려오는 이야기가 있다. 그의 조상은 원래 고려시대 말기의 문관 집안이었는데, 조상 중 한 명이 두 임금을 모실 수 없다고 해서 고향인 정선으로 낙향했다. 그런데 병자호란이 터지면서 먹을 것이 없어 굶어 죽을 상황이 됐다. 당시 그의 조상은 뭐든 먹을 것을 찾기 위해 산에 갔다가 동굴에 누군가 숨겨놓은 쌀 다섯 말을 발견했다. '이거면 우리 가족 살겠구나' 싶어 들고 오려다 '내가 이 쌀을 가져가면 이 쌀을 숨겨놓은 사람은 굶어야 하지 않나' 하고 다시 내려놓고 왔다. 그 이후 가문이 부를 쌓았다는 이야기다. "다른 사람 같으면 '가족을 위해 그것도 못하나' 할 수 있겠죠. 하지만 저희 가족은 그게 맞다고 생각합니다."

**- 배려심을 키우려면 어떻게 해야 할까요?** 스스로가 귀한 줄 알아야 남 귀한 줄도 압니다. 자기 자신을 사랑하는 사람이야말로 남을 사랑할 수 있습니다. 자신이 하는 일에 대해 만족하고 감사하는 힘도 여기서 나옵니다. 제가 학교 행정업무를 10년째 맡고 있는데 시간이 갈수록 아이들의 꿈이 사라지고 있다는 걸 느낍니다. 스스로를 존중할 수 있어야 미래를 향한 꿈도 꿀 수 있죠. 가정 안에서 서로 배려하고 예의를 갖춰야 합니다. 그래야 다른 사람을 배려하고 존중하게 됩니다.

**- 자신을 귀하게 여기도록 하려면 어떻게 해야 할까요?** 선택의 자유와 책임을 가르쳐야 합니다. 어린 시절 부모님은 한 번도 '이런 분야가 좋다더라, 이렇게 해봐라'는 권유를 안 하셨죠. 그저 자녀들의 선택을 인정하고 묵묵히 응원해 주셨습니다. 그렇게 스스로 선택을 하고, 실패도 해보고, 다시 일어서는 과정에서 나를 사랑하는 힘이 생긴다고 생각해요. 그런 과정에서 타인과의 동질감, 배려심, 이해와 존중도 배우게 되는 것이죠.

## 인내심을 갖고 실천으로 모범 보이는 가정교육

4남매는 각각 다른 길을 선택했다. 큰누나는 미술사를 공부해서 국립중앙박물관 학예관으로 일하고 있다. 미대를 나온 작은누나는 국민대 강사로 출강 중이고, 남동생은 미국 회계사이자 컨설턴트로 국내에서 활동하고 있다. 전 사무국장은 대학에서 역사를 전공했다.

**- 역사를 전공한 계기는 무엇인가요?** 고등학교 때 에드워드 카의 『역사란 무엇인가』를 읽고 감명을 받았습니다. 지금도 기억하는 구절이 있습니다. '역사를 공부하기 위해서는 역사책을 읽기 전에 그 책을 쓴 역사가를 공부해야 한다. 그 사람이 어떤 사람인지를 이해해야 한다. 역사는 단순한 사실의 나열이 아니라 역사가에 의해 선택된 사실의 나열이다. 어떤 것을 선택했느냐에 따라 사관이 달라지고 결국에는 사회에 강력한 영향을 끼친다'는 내용이었습니다. 역사의 힘이란 그렇게 큰 것이구나, 제대로 된 역사 교육이 그래서 필요하구나 느꼈고, 역사를 공부하기로

• 간송미술문화재단이 소장하고 있는 주요 문화재. 상단 왼쪽부터 시계 방향으로 훈민정음(국보 제70호), 김홍도의 황묘농접, 신윤복의 단오풍정, 청자상감운학문매병(국보 제68호).

딸에게

먼 길 떠나는 너에게 몇가지 들려주고 싶은
말이 있어 이렇게 오랫만에 붓을 든다.
아직은 이해하기 어려운 이야기 이겠지만
나중에 아주 가끔 꺼내어 보고
생각해 보았으면 좋겠구나.

첫째, 사람은 누구나 혼자 살수는 없는 존재란다.
어디 가든 늘 마음 터놓고 같이 이야기 할수 있는
친구를 만들렴. 진심어린 미소를 지으며 마음을 열고
다가가는 사람에게 좋은 사람들은 늘 마음을
열고 판단다. 단 아무리 가까운 친구라도 항상
기본적인 예의를 지키고 마음으로 부터의 배려를
잊지 않았으면 좋겠구나.

둘째, 세상에 공짜는 없단다. 아무런 댓가 없이
하늘에서 뚝 떨어진 것 같은 행운도
너나 네 주변 사람들의 노력이나 덕분으로 만들어지는
것이거나, 나중에 생각하지 못한 댓가를
요구 할수도 있단다. 원하는 것이 생기면 늘
노력해서 만들어 가는 것이 옳다.
늘 건강하고 자주 연락하거라.

사랑하는 아빠로부터

• 전인건 사무국장이 4년 전 딸이 미국에 갈 때 건넸던 편지.

마음먹었습니다. 간송께서도 같은 맥락에서 역사의 산물인 문화재를 지켰다고 생각합니다.

**- 가문의 유산이자 민족의 유산을 지키는 사람으로서 느끼는 부담감이 있을 것 같은데요** 압박감이 늘 있습니다. 평생 짊어지고 노력해야 할 목표이기도 하지요. 문화재는 나 개인이 받은 유산이 아니라 우리 민족의 역사입니다. 내 것도 아니고 우리의 것도 아니죠. 다음 세대에게 온전히 전해줘야 하는 것들입니다. 데카르트의 명언 '생각한다, 고로 존재한다'가 저의 좌우명입니다. 저는 이 말을 끊임없이 생각하고 노력하는 것이 그 무엇보다 중요하다는 의미로 받아들였습니다. 노력을 멈추지 않는 게 진정한 인간이라고 생각합니다.

**- 딸에게는 어떤 아버지가 되려고 노력하나요?** 할아버지가 아버지에게, 아버지가 제게 하셨던 것처럼 딸에게도 배려와 예의를 알게 하고 싶습니다. 시대가 변하고 사회가 달라져 아이들의 감수성도 제가 자랄 때와 달라졌을지 모르지만 인내심을 갖고 실천으로 보여주면 결국 이해하고 따라오는 것이 가정교육이 아닐까 생각합니다.

**- 선대로부터 물려받은 최고의 유산은 무엇이라고 생각하세요?** 자존감입니다. 간송께서 처음 문화재 수집을 시작했을 당시 '일본보다 역사적으로나 문화적으로 뛰어난 우리가 왜 일본에 점령을 당했을까' 하는 의문으로부터 시작됐다고 합니다. '뛰어난 민족인 만큼 반드시 광복은 이룰

것이고, 그렇다면 광복 이후 우리 민족이 다시 자리를 잡기까지 지식인으로서 나는 무엇을 해야 할까'를 고민하셨던 것이죠. 그 결과물이 바로 개인으로의 자존감이자 국민으로의 자존감을 지키는 우리 얼이 담긴 문화재 수집이었다고 합니다. 정신과 생각은 한 나라와 문화를 말살시킬 수도 있고, 사라진 문화를 다시 꽃피우게도 하는 힘의 근간입니다. 민족적 자존감을 배우고 간직할 수 있었던 것이야말로 제가 조상으로부터 물려받은 최고의 유산입니다.

## about 전인건

| | |
|---|---|
| 1971년 | 서울 출생 |
| 1984년 | 서울 성신여자사범대 부속초 졸업 |
| 1987년 | 서울 보성중 졸업 |
| 1990년 | 서울 보성고 졸업 |
| 1999년 | 미국 루이스앤클라크 칼리지 역사학과 졸업 |
| 2004~16년 현재 | 학교법인 동성학원 법인사무국장, 보성중고등학교 행정실장 |
| 2010~13년 | 한국민족미술연구소, 간송미술관 행정지원 실장 |
| 2013~16년 현재 | 간송미술문화재단 사무국장 |

★ **인생의 롤모델** | 아버지 전성우 이사장

★ **내 인생을 바꾼 책** | 월탄 박종화의 『삼국지』. 초등 4학년 때부터 고교 졸업 때까지 5번 이상 완독했다. 역사란 인간과 사회의 모든 것을 담아 기록하는 그릇이고 이 그릇에 무엇을 담는가에 따라 의미가 달라진다는 것을 알게 해준 책이다.

★ **딸에게 추천하고 싶은 책** | J.R.R 톨킨의 『호빗』. 문장과 스토리가 가진 힘, 철학과 사상, 역사관이 단단하게 다져진 서사를 지닌 책이다.

★ **좌우명** | 생각한다, 고로 존재한다.

## 항상 어린 딸 마음 헤아리며
## 칭찬으로 키운 큰 사랑

　아버지는 딸을 주인공 삼아 동화를 쓰곤 했다. 아이의 소소한 일상은 아빠의 펜 끝에서 예쁜 동화로 태어났다. 아버지가 쓴 이야기를 읽고 자란 딸은 자라서 아버지처럼 동화작가가 되었다. 동화작가 정리태 씨는 『오세암』으로 유명한 소설가 고 정채봉(1946~2001) 씨의 맏딸이다.
　정채봉 작가는 쉽고 일상적인 언어로 심오하고 철학적인 주제를 담담히 풀어 내려간 작품으로 '어른을 위한 동화작가'라 불린다. 딸 정리태 씨는 아버지가 간암으로 투병하던 1999년 한 일간지 신춘문예 동화부문에 『굴뚝에서 나온 무지개』를 응모해 당선됐다. 생전의 아버지는 딸에게 항상 '어른도 아이의 마음을 가져야 한다'고 했다. 이제 두 아이의 엄마가 된 딸은 아버지처럼 동심을 간직한 채 살고 있다.

• 아버지(동화작가 정채봉)와 함께 전남 목포 가는 배에 오른 어린 시절의 정리태 씨와 오빠. 정리태 씨는 '유난히 우리 남매를 사랑하셨지만, 예의범절에 어긋나는 행동을 하거나 남매가 싸우기라도 하면 회초리를 들 정도로 엄격했다'고 떠올린다.

## 딸의 일상을 동화에 담은 아버지의 사랑

"아버지는 새 책이 나오면 제일 먼저 한 권을 성모마리아 상 앞에 두고 감사 기도를 하셨어요. 그러고 나서는 '리태가 아빠의 첫 독자야'라며 제 손에 책을 쥐어주셨어요." 아버지가 건네준 책 속표지에는 언제나 '사랑하는 리태야'로 시작하는 편지가 있었다. "아버지가 좋아하는 글귀를 인용해놓고, 멋지게 사인도 해서 가장 먼저 저에게 책을 주셨어요. 어린 마음에 그게 얼마나 좋고 뿌듯했는지 몰라요."

그는 아버지가 건네준 책을 찬찬히 읽는 게 즐거웠다. 책에는 자신의 이야기도 가끔 등장했다. 정 작가가 아직도 창피하게 생각하는 '꽃팬티 사건'도 아버지의 동화책에 수록된 내용이다. "지금도 얼굴이 빨개지는 얘기인데, 초등학교 때 엄마가 맨날 저한테 흰 팬티만 입히다가 꽃무늬 팬티를 한번 사준 거예요. 너무 기분이 좋고 자랑하고 싶은데 속옷이라 누구한테 보여줄 수 있는 게 아니었죠. 짝꿍에게 화장실 같이 가자고 해서 슬쩍 보여줬는데, 짝꿍이 '리태 팬티 진짜 예쁘다'고 소문을 내서 그날 우리 반 친구의 절반 정도는 줄 서서 제 팬티를 구경하고 갔죠. 아버지는 이걸 소재로 동화를 쓰셨어요."

『물에서 나온 새』라는 책에도 정 작가의 어린 시절 이야기가 담겨 있다. 정 작가가 어린 시절 나팔꽃 씨를 주머니에 넣고 집 앞마당에서 고무줄놀이를 하다 넘어져 씨앗을 땅바닥에 흘린 적이 있다. 작은 나팔꽃 씨는 찾기가 어려웠다. "초등학교 입학하기 전이었는데 어린 마음에 행여 누가 꽃씨를 밟을까 걱정이 됐어요. 그래서 제가 넘어진 곳을 중심으로 크게 동그라미를 그려놓고 아무도 못 밟게 했죠." 아버지는 꽃씨가 다칠까 걱정하는 어린 딸의 마음을 모른 척하지 않았다. 딸의 그런 마음을 지켜주려 가족들이 그 동그라미를 지나다니지 못하게 했다. 한동안 가족 모두 동그라미가 있는 마당 한가운데를 피해 빙 둘러 다니다, 아버지는 그 동그라미 주변을 아예 꽃밭으로 만들어 줬다.

태어나서 처음으로 혼자 잠을 자게 된 날 밤 무서워서 울던 기억도, 유난히 '선생님 놀이'를 좋아해 화단의 꽃과 돌에 이름을 붙여놓고 출석을 부르던 모습도 아버지의 동화 속에 생생하게 살아 있다.

아버지가 딸에게 가장 많이 던진 질문은 "네 마음은 어떠니?"였다. 딸이 신춘문예에 당선됐다는 소식에도 아버지는 평소 시를 쓰고 싶어 했던 딸의 마음을 헤아려 "(동화작가가 된) 네 마음은 괜찮니?"라고 물었다.

"아버지는 언제나 제 마음을 먼저 살펴 주셨어요. 외면적인 그 무엇보다도 제 마음이 어떤지가 제일 중요하셨던 거죠."

'마음'은 정채봉 작가가 가장 좋아하는 단어이기도 했다. 정 작가가 대학에 입학한 후부터 키운 강아지의 이름도 아버지는 '마음이'로 지었다. "통화할 때마다 강아지 안부를 물으며 '마음이 어떠니?' '마음이 잘 있니?'라고 말할 수 있는 게 정말 좋다고 하셨죠."

**- 다정하고 따뜻한 아버지였던 것 같아요** 누구보다 저를 아끼고 사랑했지만 동시에 엄격한 분이셨어요. 예의범절을 어기거나 약속을 지키지 않으면 회초리로 맞기도 했죠. 성적이 떨어져도 혼이 났어요. 대학 다닐 땐 통금 시간이 저녁 10시였습니다. 하루는 반항심에 자정이 넘어서 집에 들어간 적이 있었는데 아버지가 노발대발하시며 엄청나게 꾸짖으셨어요. 제가 뾰로통하니까 아버지는 피천득 선생님 얘길 꺼내시더군요. 피천득 선생님은 딸 서영이랑 지하철을 타면 행여 누가 와서 부딪칠까 두 팔로 감싸 안고 다녔고, 누가 쳐다만 보면 눈을 부릅뜨고 '뭘 보냐'고 호통을 치셨다는 겁니다. 당신은 피천득 선생님에 비하면 유난스러운 게 아니니, 제발 일찍 다니라는 얘기였죠.

한 번은 출판사에 보낼 원고 마감을 하루 늦춘 적이 있었는데 편집자와의 통화 내용을 들은 아버지가 불같이 화를 내셨어요. '네가 원고를 하루 늦게 보내면, 그 출판사의 이후 일정이 너 하나 때문에 촉박해져서 편집자나 디자이너 모두가 피해를 보게 된다. 약속을 지키지 않는 건 타인의 삶을 도둑질하는 일이다'라고 하셨습니다.

• 대학 졸업식에서 아버지와 함께 찍은 사진.

**-사춘기 시절 갈등은 없었나요?** 아버지가 너무 한다 싶은 때도 있었고, 사춘기 때는 일부러 아버지와의 대화를 피해 다니기도 했어요. 하지만 아버지가 쓴 동화를 보면서 아버지의 아픔, 아버지의 힘든 삶에 대해 더 깊게 생각했던 것 같습니다. 『그대 뒷모습』이라는 책에는 할머니를 일찍 여의고 절절한 그리움으로 살아가는 아버지의 어린 시절이 고스란히 담겨 있습니다. 중학교 때 이 책을 읽으며 아버지가 가여워 눈물을 뚝뚝 떨궜던 기억이 나요. 아버지의 시 중에 '너를 생각하는 것이 나의 일생이었지'라는 작품이 있어요. 돌아가신 할머니를 딱 5분만이라도 만나고 싶어 하는 내용이죠. 마지막 구절이 '숨겨놓은 세상사 중 / 딱 한 가지 억울했던 그 일 일러바치고 / 엉엉 울겠다'인데, 지금 떠올려도 아버지의 외로움이 느껴져서 눈시울이 뜨거워집니다.

『초승달과 밤배』는 가난하고 힘들었던 아버지의 성장기가 '난나'라는

> 사랑하는 아빠 딸 리태에게
>      '99. 5. 20
> 생일 아침이다.
> 올 너의 생일은 어느때보다 감회가
> 새롭다. 그것은 네가 스물두살이 된
> 한창 꽃으로 보이기도 하지만
> 아빠에게는 한 사람의 동화작가가
> 되었다는 것, 그리고 다시 없는 아빠의
> 생명, 설계도 시대를 마감하고
> 읏이동, 놀석의 시대를 열었다는 뜻에서도
> 그렇고, 이제부터는 너의 인생을 네가 설계하고
> 네가 건축해야 한다는 의미에서도 그렇다.
>
> 사랑하는 아빠 딸 리태야!
> 인생은 바다와 같은 것이다. 고요하고 푸르고
> 평화로워 보이지만 언제 폭풍 몰아쳐
> 왼통저럼 바위로 몰아댈고, 매몰 삼켜버릴지
> 모른다. 그러니 사랑하는 아빠 딸 리태야!
> 강해져라! 이쁜 얼굴로 진중하고 열심히
> 살아줘지? 사랑한다.  아빠 정채봉

• 정리태 작가가 신춘문예에 당선된 해의 생일에 아버지가 써준 편지. 아버지 정채봉 작가는 딸의 생일마다 편지를 써주었다.

주인공을 통해 표현돼 있습니다. 선장을 꿈꾸던 어린 시절의 아버지와 속 깊은 대화를 나눈 기분이었습니다. 사람들은 아버지의 소설을 보고 '순수하고 투명하다'고 하는데, 제가 본 아버지의 현실은 별로 아름답지 않았습니다. 현실의 고통을 이겨내고 맑고 희망적인 작품을 쓰시는 게 대단하고 존경스러웠죠.

**- 동화작가가 된 건 아버지 영향인가요?** 아버지에게 혼도 많이 나고 회초리도 맞고 컸지만, 칭찬도 정말 많이 받았습니다. 제가 부모가 된 지금 생각해보면 '그게 칭찬받을 일이었나' 싶을 만큼 작은 일에, 엄청나게 칭찬을 쏟아 부어 주셨어요. 초등학교 시절 아빠에게 처음으로 편지를 써서 드렸을 때 아버지는 그 편지를 읽으시더니 '세상에, 우리 리태가 글을 이렇게 잘 쓰는구나'라며 감동 어린 표정으로 '세상에나'를 연발하셨어요. 그러고는 진지하게 '너는 작가의 감성이 있다'고 하셨죠. 그 순간이 아직도 잊히지 않습니다.

그 뒤로도 제가 써놓은 간단한 메모, 연습장에 갈겨 써놓은 낙서 같은 걸 보시고도 '아빠는 리태가 이런 표현을 할 수 있는 사람이라는 게 자랑스럽고 행복하다'고 끊임없이 칭찬해 주셨습니다. 제가 글 쓰는 사람이 된 건 아빠의 이런 칭찬과 격려 덕분이라고 생각합니다.

**- 아버지의 특별한 글쓰기 지도가 있었나요?** 아버지는 한 번도 제 글을 고쳐주시거나 어떻게 쓰라는 지침을 준 적이 없으셨어요. 다만 일기를 쓰게 하고 다양한 책을 읽게 했습니다. 집 앞을 산책하다가도 "이 꽃 이름을 아니?"라고 묻고는 꽃 이름과 유래를 알려주셨죠. 그리고 "오늘 일기에는 이 꽃에 대해 쓰면 어떻겠니?"라고 권하시는 정도였습니다. 식사하다가 "우리는 밥을 먹고 있을 때, 의자는 무슨 생각을 할까?"라고 물으셨죠. 그리고 일기로 써보라고 하셨어요. 일기를 보여 달라고 하신 적은 없지만, 생활 속에서 글감을 찾는 법을 알려주신 것 같습니다.

**- 작가님도 작품에 자녀를 등장시키나요?** 아직 많은 작품을 발표하진 못했지만, 컴퓨터에는 여러 작품이 저장돼 있습니다. 거의 모든 작품의 주인공 이름은 채호와 채인입니다(정리태 작가의 두 아이 이름이 신채호·채인이다). 이상하게 우리 아이의 이름을 쓰면 글이 줄줄 써질 때가 있습니다. 주인공을 사랑하는 마음이 생기고, 내가 잘 아는 아이 같으니까 그런 것 같습니다.

아이의 말과 행동이 저를 감동하게 하는 순간이 있습니다. 얼마 전엔 채인이가 "엄마, 웃으면 봄이 와요"라는 말을 하는데, 심장이 쿵 내려앉는 것 같았어요. "어머, 네가 어떻게 그런 표현을 하니?"라며 아이의 손을 잡고 붕어빵을 사줬습니다. 아이의 사랑스러움과 놀라움을 동화에 담아 읽게 해주고 싶습니다.

**- 동심을 가지려면 어떻게 해야 할까요?** 동심이란 아이의 마음입니다. 전남 순천에 있는 아버지의 문학관에 가보면 '동심이 세상을 구원한다'라고 쓰여 있습니다. 아버지는 살아 계실 때도 '어른도 아이의 마음을 가져야 한다'는 말씀을 자주 하셨죠. 약속을 지키지 않고, 거짓말하는 것을 가장 싫어하셨고 사람을 대할 땐 진심을 다하라고 강조하셨습니다.

고단하고 어려운 순간에도 포기하지 않고 희망과 사랑을 꿈꾸는 게 동심입니다. 현실에선 포기하는 게 타당하고 희망을 갖는 건 허황될 때가 많습니다. 이론적으로는 말이 안 되는 순수와 사랑을 유지하려면 동심이 있어야 한다는 얘기입니다. 아버지도 삶의 고통을 동심으로 이겼다고 생각해요. 저도, 제 아이들도 그 모습을 배워갈 겁니다.

## about 정리태

1978년 　　　　　서울 출생
1991년 　　　　　서울 월천초 졸업
1994년 　　　　　서울 노곡중 졸업
1997년 　　　　　서울 혜성여고 졸업
1999년 　　　　　『굴뚝에서 나온 무지개』로 동아일보 신춘문예 당선
2000년 　　　　　서울여대 국어국문학과 졸업

★ **인생의 롤모델** | 아버지 정채봉. 아빠의 문장을 닮고 싶다. 대학 때 아빠의 문체를 따라 썼더니 선배가 '이건 정채봉 선생님만이 쓸 수 있는 문체다. 아무도 따라할 수 없다'고 조언해줬다. 그 순간 아버지가 '당신만이 쓸 수 있는 문체를 가진 독보적인 작가'란 사실이 정말 자랑스러웠다.

★ **기억에 남는 영화** | 〈인생은 아름다워〉. 대학 시절 아버지와 함께 본 영화다.

★ **아버지가 권해준 책 중 인상 깊은 작품** | 『나의 라임 오렌지 나무』, 『사자왕 형제의 모험』, 『책상은 책상이다』

★ **내 아이에게 읽히고 싶은 아버지의 책** | 『초승달과 밤배』. 채호와 채인이가 고등학생쯤 됐을 때 할아버지에 대해 알려주며 함께 읽고 싶다.

★ **좌우명** | 작은 것을 소중히 여기는 사람이 되자.

5남매 모두 의대·약대 보낸
구룡포 농부 황보태조

# 자녀와 격의 없이 대화하라

아이는 칭찬을 먹고 삽니다
입장 바꿔 생각하고 잔소리는 삼키세요


　　황보태조 씨의 아내는 남편을 '자식에겐 콩고물 같은 사람'이라고 말한다. 자식에겐 콩고물처럼 달게 대한다는 뜻이다. 그가 나고 자란 포항시 구룡포의 시골 마을 어른들은 '그렇게 키우면 아이들 버릇없어진다'고 걱정했다. 하지만 태어난 지 석 달 만에 아버지를 여읜 그는 아이들에게 자상한 아빠가 되고 싶었다. 황보씨는 '아이들이 아빠와 거리감을 느끼지 않도록, 아빠라기보다 친구처럼 가깝게 느낄 수 있도록 애썼다'고 말한다.
　　그 결과, 평생 농사만 지은 그는 다섯 자녀를 모두 공부를 즐기는 수재로 키웠고 2001년 자신만의 자녀교육법을 담은 책 『꿩 새끼를 몰며 크는 아이들』를 내 화제가 됐다. 지금도 마흔 살을 넘은 자식들은 그를

"아빠~"라고 부르며 친구처럼 지낸다. 자녀를 키우며 조언을 구하는 사람도 바로 아버지다. 농사짓듯 정성을 들인 그의 자식 농사법이 자녀들에게도 인정을 받고 있는 것이다.

## 자녀들 어릴 때부터 친구처럼 대화

황보씨는 포항의 작은 시골 마을 구룡포에서 30년 동안 농사꾼으로 살았다. 물 대기는커녕 사람조차 오르기 힘든 산기슭의 밭에 지렛대와 펌프를 이용해 물을 올려 수박 농사를 지었다. 무농약 토마토 재배에 성공해 친환경 농부로 이름을 알리기도 했다.

그런 그가 성공한 게 하나 더 있다. 바로 자식 농사다. 2001년 펴낸 『꿩 새끼를 몰며 크는 아이들』에 이어 2013년엔 개정판 『가슴 높이로 공을 던져라 1』과 이후의 이야기를 담은 『가슴 높이로 공을 던져라 2』를 냈고 전국을 찾아다니며 자신의 자녀교육법을 전수했다. 휴대전화조차 안 터지는 시골 마을 평범한 농부의 5남매는 모두 의대·약대에 진학했다. 첫째 딸과 막내아들은 서울대 의대, 둘째·셋째 딸은 경북대 의대, 넷째 딸은 대구가톨릭대 약학과를 졸업해 현재 의사와 약사로 일하고 있다.

아이들은 어릴 때부터 놀이하며 한글을 깨우쳤고 친구 이름을 익히듯 한자를 익혔다. 아빠에게 수학 공식을 설명하며 수학 공부를 했다. 황보씨의 학력은 고등학교 중퇴가 전부다. 하지만 교육 방식만큼은 어느 전문가보다 뛰어나다는 평가를 받는다.

• 둘째 딸 중학교 졸업식. 왼쪽부터 황보태조 씨, 둘째 딸, 아내, 막내아들, 어머니.

## 자기도 싫은 걸 자식에게 왜 시키나

그는 자신이 싫어했던 건 자신의 아이들도 하지 않도록 했다. 학창 시절 긴 이름 때문에 놀림 받은 게 싫어 자신의 아이들 이름은 모두 외자로 지었다. 공부는 지긋지긋하고 괴로운 것이었던 과거의 경험, 체벌 때문에 학교 가는 것도 공부도 싫었던 자신의 경험 때문에 아이들에게만큼은 '공부=놀이'라는 생각을 심어주려고 노력했다.

인형놀이를 즐겨 하던 딸들이 인형의 이름을 붙여달라고 하자 황보 씨는 아이들에게 직접 이름을 붙이라고 말했다. 그리고 그렇게 붙인 이름의 글자와 같은 글자를 아이들이 좋아하는 과자 봉투에서 찾도록 했다. 처음에 그림 그리듯 글씨를 따라 쓰던 아이들은 모두 초등학교 입학

전에 한글을 뗐다. 황보씨는 '입학 전 한글 익힌 게 뭐 대수냐 싶겠지만 중요한 건 한글을 익혔다는 사실보다 공부를 어려운 일이 아니라 놀이라고 생각하게 했다는 것이다'고 강조한다.

인형놀이를 즐기지 않던 막내아들은 편지놀이를 통해 한글을 가르쳤다. 읍내에 나가는 아내에게 아들이 그날그날 먹고 싶은 것을 적은 편지를 적어 건네도록 했다. 글씨를 모르는 아들에게 과일 그림과 글씨가 같이 적힌 책을 보여주자 아이는 글씨를 따라 그리기 시작했고 그렇게 한글을 익혔다.

"어릴 때부터 아버지가 재미있게 놀이 식으로 공부하도록 도와주셔서 중학교 때까지 공부에 대한 스트레스 없이 보냈어요. 무엇보다 아버지는 우리를 인격적으로 대해주셨죠. 윽박지르거나 강압적인 부분이 전혀 없었습니다." 막내아들 율 씨의 이야기다.

한글을 익힌 아이들이 책에 재미를 붙일 수 있도록 한 달에 한 번 아이들을 데리고 시내 책방을 찾기도 했다. 아이들이 초등학교에 들어간 후에는 한자를 가르쳤다. 이때도 그만의 방법이 있었다. 난이도별로 나뉜 4권의 한자 책을 3권부터 시키는 것이다. 황보씨는 '단계가 높아질수록 어려워지면 사람은 지치게 마련'이라고 말했다. 3권을 끝낸 후 2권을 하면 쉽기 때문에 잘할 수 있다. 1권은 말할 것도 없다. 그렇게 3권을 익히고 나면 마지막 남은 4권은 자연스럽게 익히게 된다.

처음부터 한자를 쓰게 하는 것도 좋은 방법이 아니라고 말한다. 그는 한자 읽기와 쓰기를 분리했다. 사람의 얼굴을 익히듯 한자와도 안면을 트는 게 바로 읽기 단계다. 그는 '사람 얼굴을 두세 번 봐놓고 그리라고 하면 그릴 수 있겠냐. 한문도 마찬가지다. 눈으로 충분히 익히는 게 먼저다'라고 말한다.

## 잔소리를 삼키고 때를 기다려라

과거에나 통할 자녀교육법이라는 생각은 오해다. 여전히 그의 교육법은 통한다. 황보씨는 '손자·손녀를 키우며 내 교육법이 틀리지 않았다는 확신이 든다'고 말한다.

4년 전, 대전에 사는 둘째 딸이 초등학교 2학년 아들이 수학을 어려워한다며 과외 선생을 붙였다. 그 얘기를 전해들은 그는 '과외 끊고 엄마인 네가 직접 가르치라'고 했다. 엄마가 직접 가르치자 한 달 만에 외손주는 어려운 수학 문제를 척척 풀더니 학교 시험에서도 1등을 했다. 딸은 "아빠가 시키는 대로 했더니 되네. 아빠, 맹탕이 아니었네!"라며 웃었다. 아빠의 교육법에 대해 다시 한 번 인정하는 계기가 되었던 것이다.

황보씨는 '아이가 가장 잘 이해할 수 있는 게 바로 엄마의 말이기 때문'이라고 설명했다. "제 딸을 비롯해 대부분의 엄마 아빠는 아이들이 선생님의 설명을 당연히 이해할 수 있다고 생각해요. 같은 한국말인데 왜 못 알아듣느냐고 묻죠. 그런데 아니에요. 시골 사람들은 서울 사람 말을 단번에 못 알아들어요. 악센트만 달라도 이해하기 어려워요."

엄마가 수학 문제를 설명해주자 아이는 쉽게 이해하기 시작했다. 그는 지금도 강연 때마다 초등학교 저학년 수학은 엄마 아빠가 직접 가르치라고 강조한다. 물론 윽박지르는 대신 재미있게, 칭찬을 곁들여야 한다.

황보씨는 딸에게 한 가지 더 당부했다. 바로 책 읽기다. 강연 다니며 자주 듣는 얘기 중에 하나가 '우리 애는 집에선 수학 문제를 잘 푸는데 학교 시험은 못 본다'는 얘기였다. 지문을 이해하지 못하기 때문이다.

그는 늘 책을 가까이하라고 강조한다. 어릴 때부터 서점에 함께 자주 가고, 어릴 땐 부모가 책을 골라주고 아이가 크면 자기가 직접 고르도록 한다. 황보씨는 '아이들이 고르는 책이 부모의 성에 차지 않더라도 아이는 자신이 고른 책을 더 잘 읽게 마련이니 참아야 한다'고 말한다. 아무리 좋은 책이라도 아이들이 읽지 않으면 소용이 없기 때문이다.

• 셋째 딸(오른쪽), 넷째 딸과 함께 있는 황보태조 씨. 그는 아이들과 늘 친구처럼 지냈다.

**- 어떻게 하면 아이들과 친구처럼 지낼 수 있나요?** 저는 아버지 사랑을 못 받고 자랐습니다. 그래서 그런지 아이들하고 노는 게 너무 재미있었습니다. 일을 마치고 집에 들어와 피곤해도 아이들 노는 거 보면 그렇게 예쁠 수가 없었죠. 우리 시대만 해도 아버지는 가장의 권위를 내세우는 분위기였는데 저는 그런 게 없었습니다. 저나 아내나 천성이 아이들을 예뻐해요. 어릴 때부터 그렇게 친구처럼 지냈더니 지금도 아이들이 저를 편하게 대합니다. 어릴 때부터 대화가 생활화되지 않으면 커서는 더 힘듭니다. 엄마하고는 익숙한 반면 아버지하고는 틈이 있는 것도 대화가 부족하기 때문입니다. 격의 없는 대화가 자녀 문제를 해결해주는 비결입니다.

**- 대화할 시간을 따로 내야 하는 걸까요?** 무엇보다 함께하는 시간이 필요합니다. 아이들 등굣길은 항상 제가 챙겼습니다. 트럭을 몰고 학교 앞까지 태워다줬죠. 아이들이 중·고등학교에 간 후에는 포항 시내에 방을 얻어 따로 지냈는데, 30분씩 걸리더라도 자주 시내에 나가 아이들을 봤습니다. 일이 바빠 며칠 못 가는 날이 생기면 바로 아이와 사이에 틈이 생긴 게 느껴지더라고요. 그 틈을 메꾸기 위해 더 자주 가야 했죠. 크는 아이들은 일주일만 안 봐도 다른 애가 돼 있더군요. 그래서 하루걸러 하루씩은 꼭 갔습니다. 그렇게 함께 대화하는 시간이 생기니까 자연스레 학교에서 무슨 일이 있었는지 시시콜콜 얘기하게 되더군요. 다섯 남매 모두 사춘기도 무난하게 지냈는데, 그게 다 격의 없이 대화한 덕분인 것 같습니다.

**- 영어 공부는 어떻게 시켰나요?** 학교에 데려다주면서 영어 테이프를 틀어줬습니다. 영어 공부의 핵심은 듣기라고 생각했기 때문입니다. 듣기는 공부가 아닙니다. 그래서 누구나 쉽게 할 수 있는 거죠. 제가 영어를 할 줄 몰라도 들려주는 건 할 수 있잖아요. 만약 우리가 미국 사람이라면 아이들과 매일 대화함으로써 그렇게 해주겠죠. 그러나 그렇게 하지 못하니 녹음기로라도 들려준 것입니다.

**- 어떻게 하면 아이가 공부에 흥미를 느끼게 될까요?** 아이들에게 문제를 낼 땐 일부러 쉬운 문제를 냅니다. 예를 들어 한자 시험을 볼 때 획이 적거나 분량의 맨 앞이나 맨 끝 부분 걸 내는 식이죠. 그래야 아이가 문제를 즐겁게 풀 수 있고, 저는 아이를 칭찬할 수 있습니다.

칭찬은 기술입니다. 그래서 기술을 연마해야 합니다. 칭찬하는 말도 여러 경우를 가상해 미리미리 생각해둬야 합니다. 생각해둔 말은 완전히 내 것으로 소화해 둬야 적기에 쓸 수 있습니다. 한번은 손주가 감기에 걸려 사흘 넘게 고열에 시달렸는데 처음엔 잘 먹던 약을 안 먹으려 들었습니다. 과자를 주며 달래도 안 먹던 아이가 손뼉 치며 칭찬하자 약을 먹는 것이었습니다.

사람은 누구나 칭찬을 먹고 삽니다. 아침 등교 전에 듣는 부모의 칭찬 한마디에 아이들의 학교생활이 얼마나 즐거워지겠습니까. 가족이기 때문에 더 인색해지기 쉬운 게 칭찬입니다. 입장 바꿔서 매일 '공부해라', '게임 좀 그만해라' 하는 말을 내가 듣는다고 생각해보세요. 정말 짜증 나지 않겠어요? 자녀를 격려할 수 있는 말부터 떠올려 보세요.

**- 아이가 시험을 망치거나 했을 땐 어떻게 하셨어요?** 그럴 때도 아이의 기분을 띄워줘야 합니다. 저는 실수니까 신경 쓰지 말라고 말해줬습니다. 다만 다음에 어떻게 할 것인지를 생각해보라고 했죠. 자식을 키우면서 화날 때가 왜 없겠습니까. 그때 참는 저만의 비법이 있습니다. 저를 돌아보는 것입니다.

저는 학교 가기 싫어서 학교를 그만뒀습니다. 집안 형편을 핑계 삼았지만 사실 저보다 형편이 더 어려운 친구들도 무사히 졸업했습니다. 저는 그걸 못하고 핑계를 댄 겁니다. 그런 저에 비하면 우리 아이들은 정말 훌륭합니다. 제 학창시절을 떠올리면 아이들에게 언성을 높일 수가 없습니다. 그래서 아내가 늘 '당신은 애들한테 콩고물이다'고 말합니다.

또 한 가지 나만의 주문이 있습니다. 저는 성격이 정말 급한 편입니다. 한 번 화를 내기 시작하면 걷잡을 수 없어서 잘되어 가던 일도 망쳐버릴 정도입니다. 그래서 제 자신을 제어하는 방법을 생각해냈습니다. 바로 '나 같은 사람은 나밖에 없다'라는 주문입니다. 자식들이 항상 내 말을 잘 듣는다면 그들은 로봇 아니겠어요? 자식들이 내 말을 듣지 않는 것은 나와 다르다는 것을 의미하죠. 내 자식이라고 해서 꼭 내 말을 들어야 할 이유는 없잖아요. 잔소리를 삼키고 때를 기다려야 합니다. 잔소리로는 결코 아이들의 마음을 사로잡을 수 없습니다.

**- 체벌은 전혀 안 하셨나요?** 아닙니다. 몇 번 때린 적이 있습니다. 그러나 공부 못했다고 때린 적은 없습니다. 전 학교 다닐 때 맞는 게 싫었습니다. 체벌은 부모하고 자식을 원수지게 합니다. 다만 부모가 싫어하는

### 내 아들, 율이 보아라

참 오래간만에 너에게 편지를 쓰는구나.
벌써 이 아빠의 나이가 70을 넘겼으니...

요즈음 엄마와 자주 농담을 하는데
"어젯 밤 당신이 내 곁에 누울 땐 고운색시였는데 아침에
깨고 보니 웬 할머니가 누워있네." 하고 말이다.

그 만큼 세월이 빨리 지나갔다는 말이다.
어쩌면 우리 모두에게 인생이란 이처럼 하룻밤 꿈인지도 모르겠다.

사랑하는 내아들.
이같이 짧은 생에 우린 어떻게 살아야 할까?
아빠는 늘 이게 숙제였단다.
온 세상을 다 가질 것처럼 온통 욕망의 노예로 사는 건
참 어리석은 일이겠지?
너도 이제 일가를 이루었으니 먼저 네 가족인 네 아내를 사랑하며
즐겁게 살아라.
이것이 "덧 없는 삶을 사는" 모든 날에 하나님께서 네게 준
분복이란다.
그리고, 네 가까운 이웃에 불행한 사람이 있거든 외면하지
말아라.
우리가 사는 날 동안 이 보다 더 가치있는 일은 없단다.

사랑한다. 내 아들.
참 하나님이 너의 걸음걸음을 인도해 주실 것을 빈다.

2016년 1월 1일 새벽
너를 사랑하는 아빠가.

- 막내아들 율 씨에게 쓴 편지. 그는 막내뿐 아니라 자식들에게 늘 '마음이 따뜻한 사람이 되라'고 강조한다. 편지에도 가족과 이웃을 돌아보는 마음 따뜻한 사람이 되길 바라는 마음을 담았다.

건 아이에게 각인시켜줘야 하죠. 성경을 보면 '매를 아끼는 자는 그 자식을 미워함이라'는 말이 있습니다. 무분별하게 때리는 건 안 되지만 못된 짓을 하면 때려서라도 바로잡아야 합니다. 애들은 그게 못된 짓인 줄 모르고 하는 것이니까요.

**- 큰딸과 막내아들은 11년 차이가 나는데, 진로 지도는 어떻게 하셨나요?** 아이들 입시 때면 저는 각 학교, 학과별 커트라인, 전년도 경쟁률을 꿰고 있었습니다. 미리 서점에서 진학 지도서와 학원에서 나온 진학 안내표 등을 사다 익혔죠. 그러다 보면 자연스럽게 머릿속에 학교별 점수가 그려집니다. 당시 학교 선생님은 한 반에 50명씩 되는 아이들을 챙겨야 했는데, 아무래도 한 명씩 세심하게 챙기긴 어렵지 않겠나 싶었던 겁니다.

막내아들은 의대 대신 공대에 가서 교수가 되고 싶어 했습니다. 그래서 공대 학과장실로 전화해서 졸업하면 교수가 될 수 있는지를 문의했을 정도입니다. 아마 대학원생이 전화를 받은 것 같은데 힘들다고 하더라고요. 그래서 일단 의대에 가되 의사가 하기 싫으면 의공학이나 의사학 등의 교수가 될 수 있다고 책에서 본 내용을 알려줬습니다. 의대를 마치고 지금은 의사가 됐습니다.

**- 어린 자녀를 키우는 다른 부모들에게 꼭 해주고 싶은 이야기는 무엇입니까?**
저는 아이들에게 '오늘 익히고 내일 잊어버려라'고 말합니다. 아이들은 공부할 때 잊어버리면 어쩌나 걱정합니다. 그리고 잊어버리면 자신의 머리가 나쁘다며 패배감을 느낍니다. 그런데 같은 반 친구들 이름을 일부러 외우는 아이가 있는지 생각해보세요. 자주 만나고 얼굴 익히면 저절로 익혀지듯 공부도 마찬가지입니다. 너무 애쓰게 하지 마십시오. 잊어버리면 어쩌나 걱정하지 말고 잘 보기만 하면 된다, 한 번 보고 다시 보면 훨씬 익히기 쉽다고 일러주는 것으로 충분합니다.

- 『가슴 높이로 공을 던져라』로 받은 인세 2,000만 원을 모두 기부하셨죠?

공부도 중요하지만 무엇보다 사람은 가슴이 따뜻해야 합니다. 강연할 때도 마지막엔 늘 이걸 강조해요. 기부는 손자·손녀들에게 이 메시지를 주고 싶었던 마음도 있었습니다. 내가 복 받기 위한 게 아니라 아빠, 할아버지가 먼저 솔선수범해 보여주는 게 아이들에게 가장 좋은 교육이라고 생각하니까요. 기부한 걸 보고 셋째 딸이 "우리 아빠 멋있게 사네!" 그러더라고요. 뿌듯했습니다. '내가 지금 그 돈 없다고 못 사는 것도 아니고, 또 내가 살면 얼마나 살겠나' 그런 생각이었습니다. 사람이 늙어서 욕심을 부리면 안 되잖아요.

about **황보태조**

★ **인생의 롤모델** | 사도 바울, 장준하
★ **내 인생을 바꾼 습관** | 내 말을 하기 전에 남의 말을 먼저 경청하는 것
★ **자녀에게 추천하고 싶은 책** | 『성경』, 『로마인 이야기』
★ **좌우명** | 성실

2장

감사와
나눔

## 나눔이 축복이라던 어머니 뜻 이어받아
## 세상 살리는 디자인을 합니다

배상민 KAIST 산업디자인학과 교수가 2015년 레드닷 어워드에서 베스트 오브 베스트 상을 수상한 작품 '박스스쿨'은 이동식 컨테이너 교실이다. 소외된 지역 아이들에게 교육 기회를 주기 위한 작품이다. 2008년 독일 IF, 미국 IDEA, 일본 굿 디자인, 시카고 굿 디자인 등을 모두 석권한 '러브팟'은 전기가 필요 없는 친환경 가습기다. 세계 4대 디자인 어워드인 레드닷 어워드, IDEA, IF, 굿 디자인 어워드를 52차례나 수상한 세계적 산업 디자이너 배상민. 그는 돈을 벌기 위해서가 아니라 다른 이들에게 도움을 주기 위해 디자인을 한다. '소비를 끌어내는 디자인이 아니라, 세상을 살리는 디자인'을 하는 게 그의 일이다.

## 아들 석사 학위식 안 가고 호스피스 봉사 나간 어머니

그가 최고의 디자인 학교인 미국 파슨스 스쿨 교수직을 버리고 2005년 돌연 한국행을 택했을 때 사람들은 미쳤다고 했다. 코카콜라, 코닥, 3M 같은 글로벌 기업과 작업하며 명성을 날리던 때였다.

"이상하게 종일 디자인을 하고 사람들 사이에서 즐겁게 지내는데도 집에 돌아오면 공허함이 몰려왔어요. 사람들이 최고의 디자인이라고 하고 세계적인 상을 받아도 그 공허함이 사라지지 않더군요. 지금 생각하면 맹목적인 성공에서 오는 갈증이었던 것 같아요."

14년 만에 귀국하던 날 어머니 김진순 씨는 공항에 얼굴을 비치지 않았다. 호스피스 봉사하는 날이었기 때문이다. 아들은 당연하다고 생각했다. 아들이 파슨스에서 석사 학위를 받던 날도 어머니는 오지 않았다.

• 초등학교 시절의 배 교수 가족. 왼쪽부터 어머니 김진순 씨, 배 교수, 한 살 위 누나, 아버지 배능한 씨.

"어머니는 '너 석사 학위 받는 거랑 죽어가는 암 환자 돌보는 거랑 뭐가 더 중요하니?'라고 묻더군요. '암 환자요'라고 대답했더니 '역시 내 아들 맞네' 하고는 전화를 끊었어요. 전 그러려니 했죠. 늑막염으로 복수가 차서 절대 안정을 취하라는 의사의 만류에도 호스피스 병동에 가신 어머니였으니까요."

어머니는 25년째 매주 목요일과 일요일에 호스피스 봉사를 한다. 단 한 번도 빼먹은 적이 없다. 목요일은 종일, 일요일은 밤샘 봉사다. 죽어가는 환자를 간병하고, 함께하던 환자가 돌아가시면 염도 손수 한다. 돌아가신 이가 외롭지 않게 하려는 것이다.

"오랫동안 호스피스 봉사를 해왔지만 드러내기는 싫어하세요. 몇 년 전 딱 한 번 호스피스 전문 잡지에 인터뷰한 적이 있는데, 그때 기사 말미에 '사랑하는 아들 상민아, 나는 너에게 좋은 집도, 돈 많은 통장도 줄 수는 없지만 호스피스라는 축복을 유산으로 남긴다'라고 쓰셨더군요."

아버지도 마찬가지였다. 배 교수의 어린 시절, 아버지는 길 가다 노숙자를 보면 집에 데려와 며칠씩 재우곤 했다. "한 번은 노숙자 할머니가 내 방에서 안 나가겠다고 해서 실랑이가 벌어지기도 했죠."

아버지가 돌아가시던 날, 알 수 없는 손님들이 끝없이 찾아왔다. 한 중년 부인이 너무 울어서 모두 궁금해 했는데 알고 보니 어린 나이에 고아가 된 그녀를 결혼할 때까지 아버지가 남몰래 도왔던 것이었다. "그 이야기에 가족들 모두 '역시 우리 아버지' 했지요. 나누고 돕는 건 우리 가족들에게 특별하지 않은 일상이었어요."

## 남 시선 개의치 않아, 직접 옷 지어 입는 교수

1995년 뉴욕 파슨스 재학 시절부터 그는 자신을 잘 표현할 수 있는 옷을 직접 제작해 입었고, 그것은 그의 트레이드마크가 됐다. 한복 바지 저고리를 그만의 시각으로 재해석한 의상을 입고 파티에 등장하면 어김없이 그날의 패셔니스타로 꼽혔다.

"당시에는 망건이라고 하는 작은 두건까지 쓰고 다녔어요. 보는 사람마다 어디서 샀느냐고 묻더군요. 자연스럽게 한복에 대해 설명하고 제 체형의 단점도 가릴 수 있었죠. 내 이름은 기억 못 해도 이 옷을 입은 저는 누구라도 기억하더라고요. 디자이너는 스스로가 하나의 브랜드가 될 수 있어야 한다고 생각해요."

어린 시절부터 그는 남들과 다른 옷을 입었다. 한 살 위 누나의 옷을 물려받아 입어야 했으니 분홍색이나 노란색 블라우스, 레이스와 퍼프가 달린 티셔츠, 빨간 바지 등이 그가 입을 수 있는 옷의 전부였다. 그 시절 파란 옷을 입지 않는 초등학생 남자아이는 그뿐이었다. 학교에 가면 친구들에게 놀림 받기 일쑤였다.

"하루는 어머니께 파란색 남자 옷을 사달라고 했더니 '입지 마. 그거 하나를 소화를 못 하네' 하시더라고요. 그 말에 자존심이 상했죠. 그래서 다시 입었어요. 그때부터는 아이들이 놀리면 '나니까 이런 옷을 소화하는 거야. 너희는 입어도 안 어울려'라고 받아쳤지요. 그랬더니 아무도 안 놀리더군요."

그는 스스로를 남의 시선을 별로 개의치 않는 사람이라고 했다. 어찌 보면 뻔뻔하고 거칠 것 없는 성격은 아버지를 닮았다.

• 파슨스 스쿨 재학 당시의 배 교수. 그는 자신의 머리카락을 직접 잘라 파격적인 헤어스타일을 연출하곤 했다.

해군 출신인 아버지는 전역 후 해운업을 했다. 80년대 초 전 세계를 누비며 사업을 벌였다. 아버지는 긴 곱슬머리에 수염을 휘날리며 선글라스와 트렌치코트를 즐겼다. 80년대에 그런 차림의 남자는 항상 주변 사람들의 시선을 끌었다.

"고등학교에 다닐 때 아버지가 제 학년과 반을 모르는 채로 저를 만나러 오신 적이 있어요. 아들을 찾을 수 없었던 아버지는 수위 아저씨에게 확성기랑 자전거를 빌려서 운동장을 돌면서 '상민아, 아버지가 왔다' 라고 외치기 시작했어요. 긴 머리 휘날리며 트렌치코트 입고 선글라스 끼고 자전거 타는 아저씨를 상상해 보세요. 표현에 적극적이었고 남의 시선을 신경 쓰지 않는 분이셨죠."

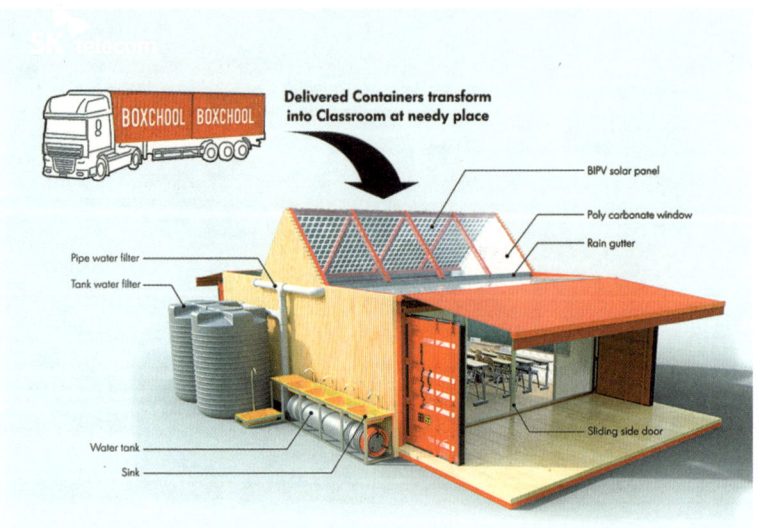

• 나눔 프로젝트 중 대표작으로 꼽히는 '박스스쿨'. 박스스쿨은 2015년 레드닷 어워드 베스트 오브 베스트를 수상한 이동식 컨테이너 스마트 교실이다.

## 전기가 필요 없는 가습기 '러브팟'

부모님은 한 번도 공부하란 말을 한 적이 없었지만 그의 성적은 늘 상위권이었다. 하지만 장난이 심해서 하루도 혼나지 않고 넘어가는 날이 없었다. "혼나면 잘못했다고 하고 무서워하고 그러면서도 또 사고를 치고 그랬죠."

고등학교 때까지는 별다른 꿈이 없었다. 그저 뭔가 표현하는 것에 대해 관심이 있는 정도였다. 그림을 그리거나, 춤을 추거나, 글을 쓰고, 말하는 일들을 즐겼다. 꿈이 뭐냐 물으면 발레리노라고 답했다. 대학은 영문과를 나왔다. "재수해서 음악이나 발레를 하겠다고 생각했는데 덜컥 영문과에 붙어버렸어요. 부모님은 '졸업만 하면 너 하고 싶은 거 해도 된다'고 하시더라고요. 그래서 일단 등록을 했는데 정말 하기 싫은 거예요. 그래서 입대를 했죠."

군대에서 자신이 하고 싶은 일을 하기 위해서는 무엇이 필요한지 적어봤다. 그러기 위해선 부모님을 설득해야 했다. 그러자니 대학 졸업장이 필요했다. 그 길로 그는 학사고시를 준비했다. 제대를 앞두고 영문학사 졸업증을 받았다. 말년 휴가에 우연히 미국 뉴욕 파슨스 학장이 조선호텔에서 학교 설명회를 연다는 소식을 들었다. "세계 1위 디자인 스쿨이라는 말에 호기심을 갖고 찾아갔더니 그간 제가 배우고 싶었던 표현하는 방법에 대한 모든 걸 가르치는 대학이더군요. 입학 과정을 문의하

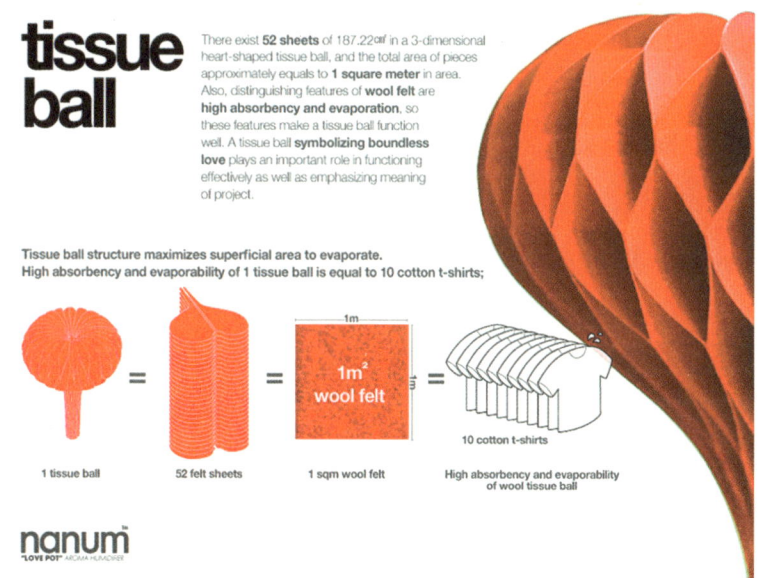

• 친환경 가습기 러브팟은 독일 iF 프로덕트 어워드, 미국 IDEA 어워드, 일본 굿 디자인, 시카고 굿 디자인, 미국 ID 매거진 애뉴얼 리뷰를 수상했다.

• KAIST에서 강의 중인 배 교수. 그는 2005년 KAIST 교수로 부임한 후 나눔 프로젝트를 시작했다.

고 편지와 포트폴리오를 냈는데, 단번에 입학 허가증을 받았어요."

뉴욕은 그야말로 신세계였다. 전 세계의 내로라하는 디자이너들을 만나 이야기를 나눌 수 있었고, 파티도 매일같이 열렸다. 14년간 한 번도 한국이 그립다는 생각이 들지 않을 정도로 하루하루가 즐거웠고 디자이너로서도 잘 나갔다.

그러던 어느 날 그는 자신이 쓰레기를 만드는 일을 하고 있다는 생각이 들었다. "기업이 요구하는 아이디어는 '돈이 될 수 있는 것'이죠. 나역시 사람들의 욕구를 자극해서 소비를 끌어 낼 수 있는 디자인, 환경이나 주변보다는 구매력 있는 소수를 위한 디자인을 하고 있더라고요. 돈을 좇는 '아름다운 쓰레기'를 만들고 있었던 거죠."

그즈음 오스트리아 출신 디자이너 빅터 파파넥의 『인간을 위한 디자인』이란 책을 읽고 욕망에 의한 디자인이 아닌 생명을 살리는 디자인을 해야겠다는 결심을 하게 됐다. 그 길로 한국행을 택했다.

"과학대학(KAIST)에 디자이너가 가겠다고 하니 사람들은 이상하게 생각했어요. 미래도 불투명했고요. 하지만 의미 있는 일을 하고 싶었어요. 내 재능을 나눌 수 있는 일, 아름다운 쓰레기가 아니라 세상을 살리는 디자인을 하는 사람이 되어야 했으니까요."

KAIST 산업디자인학과 교수로 일하기 시작한 1년 뒤 배 교수는 월드비전으로부터 나눔을 목적으로 하는 제품의 디자인을 맡아달라는 요청을 받았다. 그간의 갈증과 고민이 풀리는 순간이자 그의 첫 번째 나눔 프로젝트가 시작된 순간이었다.

세계 최초의 접이식 MP3 플레이어 '크로스큐브', 친환경 가습기 '러브팟', 빛의 밝기와 방향을 조절하는 조명 '딜라이트' 등이 그렇게 탄생했다. 특히 크로스큐브는 2007년 세계적 디자인 어워드인 IDEA에서 은상을 수상해 큰 주목을 받았다. 2006년부터 그는 상품을 개발하고 제품을 판매해 전액 기부하는 나눔 프로젝트를 진행 중이며 현재까지 매년 240명의 저소득층 아이들에게 2,000만 원씩 지원하고 있다.

**- 나눔 프로젝트를 시작한 계기는 무엇인가요?** 어머니를 따라 몇 번 호스피스 봉사를 가본 적이 있어요. 그러나 그건 제가 할 수 없는 영역의 일이었습니다. 의사들도 포기한 암 환자를 감당하는 건 아무나 할 수 있는 일이 아니더군요. 그래서 저의 재능으로 많은 사람을 도울 수 있고 어머니처럼 평생에 걸쳐 할 수 있는 일이 무얼까 고민했습니다. 그게 바

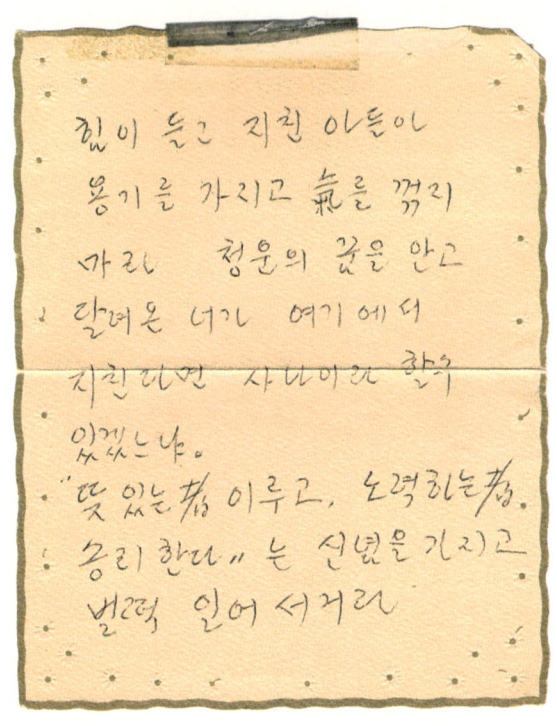

• 배 교수가 늘 지니고 다닌다는 어머니의 편지. 1999년 미국에서 유학 중에 어머니에게서 받은 편지다.

로 나눔 디자인을 시작하게 된 계기입니다. 방식만 다를 뿐 어머니가 원하는 '나누는 삶'이라는 방향과는 일치한다고 생각합니다.

**- 디자인 감각이나 창의성은 누구로부터 물려받은 건가요?** 예술적인 감각은 어머니를 닮았고, 그것을 보는 눈은 아버지를 닮은 것 같습니다. 아버지는 뭐든 최고를 고집했습니다. 외국 출장길에 사 오는 선물은 언제나 최고급으로만 골랐죠. 덕분에 우리 집에는 늘 당대 최고의 물건들이 있

었습니다. 저의 안목이 높아질 수 있었던 이유인 것 같습니다. 어머니는 알뜰하고 생활력이 강한 여성이었습니다. 아버지는 매일 어머니에게 연애편지를 썼고, 항상 '사랑하는 순아'라고 부르셨어요. 그런 표현력은 아버지를 닮은 것 같아요.

**- 자유분방한 성격이신가요?** 군인 출신인 아버지는 매일 아침 새벽 운동이 끝나면 예배를 드리고 누나와 저에게 하루 계획을 적으라고 하셨어요. 그리고는 저녁에 그 일과를 모두 지켰는지 반드시 확인하셨죠. 어릴 땐 무척 불만이었어요. 하지만 나중에 생각하니 저와 누나 모두 너무 외향적인 아이들이라 어느 정도 제제가 필요했던 것 같아요. 우리끼리도 '부모님이 그렇게 엄하지 않았다면 어떻게 됐을까'라는 얘기를 하곤 하니까요.

간섭이나 강요는 없었지만 생활 습관과 예의범절에 대해서만큼은 엄한 분들이셨어요. 저 역시도 결혼해서 저 같은 아이가 태어난다면 부모님처럼 엄하게 키울 생각입니다. 부모님의 엄한 교육이 없었다면 뉴욕의 화려한 생활에서 방탕하게 살았을지도 모르죠. 부모님의 교육 덕분에 자유를 누리면서도 방종하지 않을 수 있었습니다. 어떤 유혹 앞에서도 절제가 되더라고요. 항상 감사히 여기는 부분입니다.

**- 아이디어는 어떻게 얻으세요?** 뉴욕 파슨스에 가면서부터 나만의 노트를 썼습니다. 어떤 것을 볼 때, 느낄 때, 문제에 부닥칠 때 최소 5분씩 깊이 생각합니다. 생각할 때는 반드시 노트에 적거나 그림을 그립니다.

'나라면 어떻게 했을까' 하는 생각도 꼭 해봅니다. 나라면 이 공간을 어떻게 꾸몄을까, 나라면 저걸 어떻게 만들었을까 같은 생각이오.

디자이너는 그림을 잘 그리는 사람이 아니라 문제를 창의적으로 해결하는 사람입니다. 그러기 위해서는 끊임없이 '만약에 나라면'이라는 질문을 던지는 게 중요하죠. 사람들이 보기엔 그때그때 아이디어를 쏟아내는 것처럼 보이겠지만 저에게는 20여 년에 걸친 고민이 그 순간에 터져 나오는 거예요. 벌써 20권이 넘는 노트를 갖고 있습니다. 그리고 어떤 페이지를 펼쳐도 그때 어떤 고민을 했는지 기억할 수 있어요. 어떻게 하면 인간이 지금보다 더 나은 삶을 살 수 있는가에 대한 모든 고민이 그 안에 있습니다.

- **왜 나눔이 최고의 유산인가요?** '어떻게 사람이 저렇게까지 할 수 있지?' 하는 생각이 들 정도로 부모님 모두 나눔을 실천하셨습니다. 단 한 번도 누구를 도와라, 어떤 삶을 살아라고는 말하지 않았지만 그런 부모님을 보고 자라면서 당연히 '나는 사회에 어떤 도움을 줄 수 있는 사람이 될 것인가'에 대한 고민을 하게 되었습니다. 그리고 그분들이 해온 일들을 자식으로서 이어가야 한다고 생각했습니다. 저는 어머니처럼 호스피스를 할 자신은 없습니다. 그러니 저의 재능으로 할 수 있는 생명을 살리는 나눔 프로젝트를 계속해 나갈 것입니다.

## about 배상민

| | |
|---|---|
| 1972년 | 부산광역시 출생 |
| 1985년 | 서울 청운초 졸업 |
| 1988년 | 서울 청운중 졸업 |
| 1991년 | 서울 영동고 졸업 |
| 1994년 | 미국 파슨스 스쿨 오브 디자인 입학 |
| 1998년 | 파슨스 스쿨 오브 디자인 졸업과 동시에 최연소 교수로 임용, 디자인 회사 '데스키' 디자이너 겸 디자인 회사 '스마트 디자인' 디자이너로 활동 |
| 2003년 | 파슨스 스쿨 오브 디자인 석사 학위 취득 |
| 2005~16년 현재 | KAIST 산업디자인학과 교수 |
| 2006년 | KAIST ID+IM 디자인 랩 디렉터 |
| 2006년 | 대만국제디자인공모전 금상 외 2건 수상 |
| 2007년 | 레드닷 디자인 어워드 대상 · 최고상 외 2건 수상 |
| 2008년 | IDEA 어워드 은상(러브팟) 외 2건 수상 |
| 2010년 | 굿 디자인 어워드 제품디자인 부문 G마크 외 1건 수상 |
| 2011년 | IF 디자인 어워드 외 6건 수상 |
| 2012년 | IDEA 어워드 상업산업제품디자인 부문 동상 외 6건 수상 |
| | 서울대에서 '디자인과 테크놀로지'로 박사 학위 취득 |
| 2012년 | IDEA 어워드 사회적 영향 부문 콘셉트 어워드 외 2건 수상 |
| 2013년 | 굿 디자인 어워드 베스트 100(딜라이트) 외 1건 수상 |
| 2014년 | IF 디자인 어워드(스팀쿨러) 외 5건 수상 |
| 2015년 | 레드닷 디자인 어워드 콘셉트 디자인 부문 대상(박스스쿨) 외 5건 수상 |

인구문제연구소 박은태 소장과
인폴루션 ZERO 박유현 대표, IOM 서울사무소 박미형 소장

의로움을 좇아라 그리고 용감해라

"부와 명예보다 의로움과 용기가 더 중요하다"
아버지 뜻 따라 하버드 졸업 후
NGO활동하는 두 딸

    아버지는 고대 이집트의 핍박으로부터 이스라엘 민족을 구한 '모세' 이야기를 자주 했다. 자녀들을 위한 기도에는 언제나 "나라를 위하고, 의로움을 좇으며 용감한 아이로 크거라"라는 바람을 더했다.
    디지털 환경 운동을 펼치는 시민사회단체 '인폴루션 ZERO'의 박유현 대표와 그의 동생 박미형 국제이주기구(IOM) 서울사무소장, 그리고 아버지 박은태 인구문제연구소장 얘기다. 두 딸은 아버지에 대해 '옳다고 생각한 일이라면 어떤 역경이 와도 물러서지 않는 사람'이라고 말한다. 그런 아버지를 보며 두 딸은 자신들도 그런 사람이 되기를 원했다.

## 하버드 가는 딸에게 "돌아와 한국 위해 일해라"

"유학 끝나고 미국에 눌러 앉을 생각 말아라. 국비장학생으로 나라 돈 받고 유학을 갔으면 한국으로 돌아와서 한국 학계를 위해 일해야 한다."

아버지는 2시간 동안 "나라를 위해 일해야 한다"는 말을 반복했다. 장녀 유현 씨가 1999년 하버드대 바이오통계학 박사 과정 유학을 앞두고 있던 어느 날이었다. 유현 씨는 "아휴, 말도 마세요, 귀에 딱지가 앉을 정도였다니까요"라며 고개를 절레절레 흔든다. 그런데 얼굴엔 미소가 번져 있다. 이제야 아버지 박 소장의 그 말뜻을 이해한다는 표정이다.

유현 씨는 2011년부터 디지털 환경 운동을 하는 시민단체인 '인폴루션 ZERO'를 이끌고 있다. '인폴루션(infollution)'은 인포메이션(information 정보)과 폴루션(pollution 공해)의 합성어로 성인 음란물, 폭력 게임, 사이버 폭력, 악성 댓글(악플) 등 인터넷상의 유해한 정보를 말한다. '인폴루션 ZERO'는 어린이들에게 올바른 디지털 사용법을 교육하고 인터넷상의 유해 정보를 없애는 사회운동을 펼치고 있다. 유현 씨는 2015년 세계경제포럼이 선정한 영 글로벌 리더에 선정되는 등 혁신적인 사회적 기업가로 세계의 주목을 받고 있다. 사회운동의 교육적 가치를 인정받아 유네스코 교육상을 두 번이나 받았다.

유현 씨가 원래부터 비정부기구(NGO) 활동에 관심을 가졌던 것은 아니다. 하버드대 유학을 마치고 들어간 곳은 세계적인 경영컨설팅사인 보스턴컨설팅그룹이었다. 좋은 학벌과 든든한 직장은 그에게 안정적인 삶을 보장해주는 듯했다. 그러다 2008년 8세 초등학생을 성폭행한 조두순 사건을 접했다. "망치로 머리를 얻어맞은 느낌이었어요. 사건의 잔인

함뿐 아니라 해당 사건을 다룬 기사 하단에 음란물 광고가 실린 것을 보고 더 충격을 받았죠." 이런 현실을 바꾸기 위해 뭔가를 해야 한다는 생각이 들었다.

하지만 두려웠다. "원래의 저는 투사 같은 성격이 아니에요. 내가 할 수 있을까, 해도 될까란 걱정에 많이 망설였어요. 의롭고 용감하게 살아야 한다는 아버지의 평소 당부가 없었다면 행동으로 옮기지 못했을 거예요."

5년 동안의 보스턴컨설팅 회사 생활을 정리하고 '인폴루션 ZERO'를 시작했다. 단체를 설립한 후엔 프로그램 개발에 필요한 자금을 지원받기 위해 구두가 닳도록 기업체와 정부 관계자를 쫓아다녔다. 한 정부 기

• 박은태 소장과 어린 시절의 자녀들.

최고의 유산 113

관장의 스케줄 표를 구해서 3일 내내 따라다닌 적도 있었다. "불쑥불쑥 나타나니까 나중엔 귀신 보듯이 놀라더라고요. 결국 지원을 받는 데 성공했죠."

### 아프리카로 NGO 활동 떠나는 딸에게 격려와 응원

차녀 미형 씨는 2013년부터 국제이주기구(IOM) 서울사무소 소장을 맡고 있다. 국제 이주민과 난민들의 이주와 정착을 돕는다. 그 이전엔 5년 동안 아프리카의 20여 개국을 돌며 에이즈 퇴치와 홍수, 가뭄 같은 재난 발생 시 지원 프로그램을 개발하는 NGO에서 일했다.

아프리카 생활은 고생스러웠다. 말라리아와 풍토병에 걸려 열이 40도를 넘어간 적도 여러 번이었고, 50도가 넘는 폭염에 에어컨 없는 숙소에서 지내는 일도 많았다. 아버지의 편지는 그런 생활을 버틸 수 있게 한 힘이었다.

아버지는 편지를 자주 보내왔다. 편지 속엔 항상 "밥은 잘 먹니, 몸은 어떠니, 네가 자랑스럽다" 등 딸을 향한 사랑과 응원이 담겨 있었다. 아버지는 매일 아침 10여 개의 신문을 읽고 딸의 활동과 관련된 기사가 있으면 이메일로 보내줬다. 미형 씨는 "힘이 쭉 빠졌다가도 아버지의 편지를 읽고 나면 다시 힘이 났다"고 말했다.

미형 씨는 학창 시절 첼로를 전공했다. 미국에서 예술고등학교를 다니다가 고3 때 전공을 작곡으로 바꿨다. 대학에선 정치행정학을 전공하고 하버드대에서 국제보건학으로 석사를 받은 후 귀국해 한국보건사회

연구원에서 연구원으로 일했다. 그러다 NGO 활동을 위해 아프리카로 떠났다. 편하고 안전한 길 대신 어렵고 힘든 길을 택한 딸에게 아버지는 "네 선택이라면 믿겠다"고만 했다.

아버지는 언제나 그랬다. 2남2녀를 키우면서 자식의 등을 떠밀지도, 그렇다고 잡아끌지도 않았다. 그저 믿고 지켜봤다. 장남 원형 씨는 금융계에서 일하고 있고 막내아들 노훈 씨는 한 중견기업에서 근무 중이다. 박 소장이 생각하는 부모의 역할은 '자식이 고민 끝에 어떤 결정을 내렸을 때 자식을 믿고 기다려주는 것'이다. "세상 그 누군들 자신에게 딱 맞는 정답을 미리 알 수는 없습니다. 스스로 고민하고 찾아낸 길이 바로 정답이죠." 박 소장의 말이다.

## 할머니에게서 시작된 가르침, "의롭고 용감해라"

박 소장이 자녀들에게 해주던 '모세' 이야기는 그가 어머니 하해순 (1901~85) 씨로부터 들으며 자란 이야기다. 박 소장은 세 살 때 어머니를 따라 일본으로 건너갔다.

어머니는 일본 야마구치 지역에서 여인숙을 했다. 돈을 벌기 위한 여인숙이 아니었다. "집에는 항상 인근 탄광에서 도망친 한국인 노동자가 한두 명씩 숨어 있었어요. 어머니는 그런 분들께 숙식을 무료로 제공하고 노잣돈도 건네곤 했어요." 1940년대 일본에는 강제 징용으로 끌려간 한국인 노동자가 많았다. 야마구치 탄광 역시 마찬가지였다. 어머니는 그들에게 숙식을 제공하며 도망치는 걸 돕기 위해 그곳으로 간 것이었다.(아버지의 할머니 이야기에 유현 씨와 미형 씨는 "우리도 처음 듣는 이야기"라며 흥미로워 했다. 미형 씨는 "와~ 할머니도 국제 이주 관련 일을 하셨네. 할머니 DNA가 나한테 전해졌나 보다"라며 웃었다.)

45년 해방 후 돌아온 하씨는 개척 교회 세 곳을 짓고 평생을 종교 운동에 헌신했다. 하씨는 자녀들을 위해 매일 기도했다. "어머니는 항상 '나라를 위하고, 의로움을 알고, 용감한 아이로 자라게 해달라'고 기도했어요. 매일 그 얘기를 들으며 자랐죠. 그보다 더 큰 가르침은 그 말을 실천하는 어머니의 삶 자체였고요."

어머니는 아들에게 '부와 명예만을 좇아선 안 된다'고 입버릇처럼 말했다. 박 소장이 1970년 프랑스 소르본 대학에서 경제학 박사 학위를 받고 한국으로 돌아왔을 때의 일이다. 해외 유학이 흔치 않던 시절, 외국 박사 학위를 받고 온 그에게 대학, 기업, 연구소는 물론 청와대로부터까지 함께 일하자는 제안이 쏟아졌다. 어깨가 으쓱했다. 어머니 하씨는 그런 아들을 자랑스러워하기는커녕 호되게 꾸짖었다. "너는 강도보다 못한 놈이다. 강도가 비록 나쁜 마음을 품었지만 일을 할 때는 자기 목숨을 건다. 그런데 너는 좋은 마음을 품고 있으면서도 왜 용기를 내지 않느냐. 부와 명예를 좇아 무엇에 쓰려고 하느냐"고 했다. 어머니의 따끔한 충고에 박 소장은 의기양양했던 자신의 모습을 반성했다.

후학 양성을 위해 5년 동안 단국대, 연세대, 카이스트 등에서 상경계열 교수로 일했다. 하지만 당시의 대학 교수 생활은 그가 생각하던 것과 달랐다. "당시엔 학생들 데모 막는 게 교수들의 일이었어요. 5년 동안 그러고 있으니 내가 뭘 하고 있는 건가 싶더라고요."

그는 고민 끝에 대학 교수를 그만뒀다. 한국이 발전하기 위해선 경제 성장의 토대가 될 좋은 기업이 많아져야 한다고 생각했다. '생각만 할 게 아니라 직접 해보자'는 생각으로 무역업을 시작한 것이 1978년의 일이다. 회사는 잘됐고, 돈도 많이 벌었다. 그 즈음 인구문제연구소에서 그를 찾아와 연구소를 맡아달라고 했다. 사무용 집기를 전당포에 맡겨야 할 정도로 재정 상태가 악화된 연구소였다. 박 소장은 '나라를 위하고 의로운 일을 하라'는 어머니의 당부가 떠올랐다. 그는 연구소의 재정 문제를 모두 해결하고 이사장직을 맡았다.

기업가로 이름이 알려지면서 정부도 그를 불렀다. 1982~84년 재무

• 박 소장 가족. 2남2녀와 손주까지 3대가 모였다.

부 금융정책 자문위원을 지냈다. 84년엔 전국경제인연합회 상임이사를 맡기도 했다. 제14대 국회의원으로도 활동했다. 불미스러운 일을 겪으며 정치에서 손을 뗀 후엔 미국 브링험영대 초빙교수, 충남대 사회과학대 겸임교수 등으로 일했다. 그런 그의 가슴 한켠엔 늘 어머니 말씀이 무겁게 자리하고 있었다. "어머니의 말씀대로 살지 못한 것 같아 항상 부끄럽고 죄송스러웠어요."

2001년 브라질 살바도르에서 열린 제24회 세계인구총회는 그의 인생에 전환점이 됐다. 브라질도 세계인구총회를 개최하는데, 왜 한국은 못할까 하는 생각이 들었다. 나라를 위해서 뭔가 해보자 결심했다. 하지만 한국은 인구학 분야에선 불모지나 다름없었다. 박 소장은 2000년대 초반부터 국제인구과학연맹(IUSSP) 본부가 위치한 프랑스 파리를 12년 동안 매년 방문해 사무처를 직접 설득했다. IUSSP 관계자들을 찾아다니다가 추운 겨울 프랑스 거리에서 대동맥 파열로 쓰러져 목숨을 잃을 뻔한 적도 있었다. 그래도 포기하지 않았다. 박 소장의 뚝심과 발품은 연맹을 움직였다. 그렇게 2013년 부산에서 전 세계 인구학자 수천 명이 모인 가운데 '2013 세계인구총회'를 개최했다.

이제 과거 어머니의 나이가 된 박 소장은 자신의 길을 찾아가는 딸들에게 보내는 편지에 항상 이런 글귀를 덧붙인다. "부와 명예보다 의로움과 용기가 더 중요하단다. 어떤 일을 결정할 때 이해득실을 따지지 말고 그것이 옳은 것인지를 먼저 따지거라. 그리고 용감하게 결단하거라."

사랑하는 나의 아들, 딸, 손주들에게,

우리 가정에 함께가 바래지던 믿음의 가정으로 살아 가기를 바란다. 항상 마음의 평화를 가지고 건강 관리를 잘하며 꿈을 잃지 않고 의욕적으로 살아라. 어떤 일이든 깊게 보고 열성을 다하는 것이 나중에 좋은 열매를 거두게 된다.

우리는 할머니를 통해 많은 덕을 위해 살고 용기를 행하기를 항상 받았다. 나는 그간 시련도 많았으나 축복도 컸다. 그것은 할머니 믿음과 기도를 받아 좌절하지 않고 꾸준히 노력한 대가라 생각한다. 내가 20대 부터 지금까지 항상 많음하도 매마다 정초의 기도를 전한다.

주님, 나의 부족함을 스스로 깨달을 수 있으리 만큼 포근한 자식이 되게 하소서, 정직한 패배를 자랑스럽게 여길수 있게 하소서, 승리가는데 겸손하고 유순한 자식이 되게 하소서, 등뼈가 있어야 할 요에 창자배가 있지 않게 하시고, 폭풍우가 휘몰아 치는 요에서 일어서고, 여기서 넘어지는 자를 긍휼히 여기는 자가 되게 하소서.

미래에 나타날 것을 알고, 과거를 잊지 않게 하소서. 남에게 따뜻하게, 자신에게 냉혹하게 하소서.

참 지혜와 참 힘의 유유함과 참 위대함이 단순함을 깨닿아 알게 하여 주소서.

어려운 환경에서도 대담무쌍하게 대처하고 기운있게 행동하고, 용감하게 살자. 어느 성경의 말처럼 겉보면 다성이라 안되면 힘든다성이라고 했는데, 결국에는 더 좋은 결과가 있다는 간증이 많이 많다.

건강관리 잘하고 열심히 살자.

아빠가.

• 박은태 소장이 자식들과 손주들에게 쓴 편지. 어머니의 가르침대로 "옳은 일 앞에서 머뭇거리지 말고 용감하게 살아가라"는 당부를 담았다.(박 소장은 최근 수전증이 심해 손 편지를 쓰기 힘든 상태다. 박 소장이 내용을 불러주고 장녀 유현 씨가 종이에 받아 적었다.)

• 부산에서 열린 '2013 세계인구총회'에서 축하연설을 하고 있는 박은태 소장.

### 4대에 걸친 교육, "용렬하지 말고 담대해라"

유현 씨도 이제 두 아이의 엄마가 됐다. 아들 조현창 군과 딸 현경 양과 함께 싱가포르 난양공대 교수인 남편과 함께 싱가포르에서 살고 있다. 미형 씨는 아직 미혼이다. 유현 씨는 아이들에게 아버지와 할머니 이야기를 많이 들려준다. "용감하고 담대해야 한다"는 당부도 잊지 않는다.

아직 어리지만 두 아이는 사려 깊고 따뜻한 심성을 지녔다. 박 소장은 그런 손주를 보고 있으면 흐뭇하다. "공부는 언제든 자기 뜻을 세우면 할 수 있습니다. 저는 손주들이 따뜻하고 용감한 아이로 컸으면 좋겠습니다" 박 소장의 말이다.

　유현 씨는 아직은 아이들이 마음껏 뛰어놀았으면 좋겠다고 한다. 그는 인생에 있어 중요한 것은 공부보다 하고 싶은 일이 생겼을 때 주저하지 않고 용감하게 결단하는 것이라고 생각한다. "제가 부끄럽지 않게 살면 아이도 자연스럽게 옳은 일을 찾아 갈 것이라고 믿습니다."

## about 박은태

| | |
|---|---|
| 1938년 | 경남 진주 출생 |
| 1956년 | 부산상고 졸업 |
| 1970년 | 프랑스 소르본대 경제학 박사 학위 취득 |
| 1970~75년 | 단국대, 연세대, 카이스트 교수 |
| 1976~89년 | 미주산업 대표이사 |
| 1978~2016년 현재 | 인구문제연구소 이사장 겸 소장, 출판사 경연사 대표 |
| 1981~2016년 현재 | 미국 아이젠하워 펠로우 회원 |
| 1982~84년 | 재무부 금융정책 자문위원 |
| 1985년 | 룩셈부르크 대공국 기사 작위 |
| 1990~92년 | 미국 하버드대 객원 교수 |
| 1992~96년 | 제14대 국회의원 |
| 1998~99년 | 미국 브링험영대 초빙교수 |
| 2002~03년 | 대한석유협회 회장 |
| 2013년 | 제27회 세계인구총회 국가조직위원장, 프랑스 정부 국가 훈장 수상 |

## about 박유현

| | |
|---|---|
| 1975년 | 서울 출생 |
| 1998년 | 서울대 계산통계학과 졸업 |
| 2004년 | 하버드대 바이오통계학 박사 학위 취득 |
| 2005~10년 | 보스턴컨설팅그룹 근무 |
| 2011~13년 | 스웨덴 왕립 과학원 산하 '머레큐러 프런티어(Molecular Frontiers)' 아시아지부장 |
| 2011~16년 현재 | 디지털 환경 운동 단체 '인폴루션 ZERO' 대표 |
| 2012년 | 유네스코 ICT 교육상 수상 |
| 2013년 | 싱가포르 사회적 기업 'IZ HERO Lab' 창업, 한국 제1회 아쇼카 펠로우 선정, 미국 아이젠하워 펠로우 선정, 유네스코 웬휘 교육 혁신상 수상 |
| 2015년 | 세계경제포럼 '영 글로벌 리더' 선정 |

## about 박미형

| | |
|---|---|
| 1977년 | 서울 출생 |
| 1999년 | 미국 스미스대 졸업 |
| 2004년 | 하버드대 국제보건학 석사 학위 취득 |
| 2005~06년 | 보건사회연구원 주임연구원 |
| 2007~10년 | 국제 NGO 사마리탄스 퍼스(Samaritan's Purse) 아프리카 지역 프로그램 개발 담당관 |
| 2010년 | 옥스포드대 사회정책학 석사 학위 취득 |
| 2010~13년 | 국제 NGO 사마리탄스 퍼스 남아프리카·동남아시아 지역 프로그램 개발 및 평가 책임자 |
| 2013~16년 현재 | 국제이주기구(IOM) 서울사무소 소장 |

> 4대째 의사 가족
> 민치과 민병진 원장과 '위드 마이' 민승기 대표
>
> ## 헌신하는 삶을 살아라

## 부모의 생각 강요 말고 대화로 소통해야
## 아이 장점 발견하고 키울 수 있습니다

민병진 '민치과' 원장의 집안은 4대째 의사다. 할아버지 민영성 씨는 경성제대 의대를 졸업한 외과의사, 아버지 민건식 씨는 이비인후과의사였다. 치과의사의 길을 택한 민 원장의 뒤를 이어 외동딸 민승기 씨는 미국 존스홉킨스대를 졸업 후 미국에서 치과의사로 일하다가 한국으로 돌아와 의료 관련 사회적 기업을 운영한다.

대를 이어 의료인으로 살아가고 있는 이들에게 의사란 헌신하고 봉사하는 직업이다. 의사를 택한 이유는 '사람들에게 선한 영향력을 끼칠 수 있는 직업'이라서다. 민병진 원장은 자녀에게 물려줄 것은 돈이나 권력이 돼선 안 된다는 믿음을 갖고 있다.

## 생활 속에서 유전된 환자를 향한 마음

의사였던 할아버지와 아버지를 보며 자란 민병진 원장은 어릴 때부터 의사를 천직으로 생각했다. 할아버지와 아버지로부터 '환자를 돌보고 치료하는 일만큼 보람된 건 없다'는 말을 밥상머리에서 들으며 자랐다. '빨리 어른이 되어서 나도 아픈 사람을 돕는 의사가 돼야겠다'고 생각한 건 그에게 아주 자연스런 일이었다.

"고등학교 3학년 무렵이었습니다. 아주 추운 날이었는데 아버지의 병원에 갔다가 빌딩 입구부터 2층 병원까지 가득 찬 사람들을 보고 깜짝 놀랐습니다. '혹시 의료사고라도 발생한 게 아닐까'라는 생각이 들 정도였습니다."

알고 보니 갑작스레 유행한 겨울독감 때문에 병원을 찾은 환자들이었다. 그날 하루 동안 이곳에 몰려든 환자는 300명이 넘었다. 그날 아버지는 단 한 명의 환자도 그냥 돌려보내지 않았다. 종일 선 채로 늦은 밤까지 진료를 했다.

"외과의사였던 할아버지도 마찬가지였습니다. 환자에 대한 헌신과 정성을 항상 강조하셨죠."

의사가 귀하던 시절, 할아버지 민영성 원장의 집은 밤낮 없이 문을 두드리는 응급 환자 때문에 하루도 조용할 날이 없었다. 피를 흘리고 소리를 지르며 문 두드리는 환자가 대부분이었지만 할아버지는 불편한 기색 없이 정성껏 환자들을 맞았다. 그것이 환자에 대한 의사의 도리이자 의무라고 여겼기 때문이다.

그런 민영성 원장의 신념은 아들 민건식 원장에게 고스란히 전해졌

• 민 원장의 할아버지인 고 민영성 원장의 가족사진. 가운데 의사 가운을 입은 사람이 1대 민영성 원장. 뒷줄 맨 왼쪽이 2대 민건식 원장이다.

고, 민병진 원장은 그런 할아버지와 아버지를 보며 '사람들에게 선한 영향력을 끼칠 수 있는 의사가 되겠다'고 다짐했다.

그는 유독 피 보는 걸 싫어하는 성격이라 치과대를 선택했다. 학창시절에는 해마다 수차례 의료봉사를 떠났고, 1986년 병원 개업 이후엔 목회자들에게 치료비의 40%를 할인해 주고 있다. 해외 무료 진료도 한다. 현재 그는 비싼 의료비 때문에 병원에 잘 가지 못하는 해외 거주 한인들을 위해 통증 부위를 사진을 찍어 전송하면 무료로 진단을 해주는 시스템을 미래창조과학부와 함께 개발 중이다.

민 원장의 딸 승기 씨가 의사가 되겠다고 마음먹은 건 중학교 2학년 때였다. 부모님과 함께 선교 활동을 위해 찾은 말레이시아에서 발가벗

최고의 유산 127

은 채 본드를 흡입하고 있는 아이들을 만나고 받은 충격 때문이었다.

승기 씨는 "도대체 무엇이 이런 어린 아이들을 괴롭게 하는가 하는 의문이 생겼어요. 그리고는 이들을 위해 내가 뭘 할 수 있을까를 고민하기 시작했죠. 그 고민이 의사가 되어 가난하고 병든 사람을 치료하겠다는 구체적 다짐으로 발전했어요"라고 그때를 회상한다. 치과의사의 길은 선택한 건 어머니의 한마디 때문이었다. "치과의사가 되면 말이 통하지 않아도 어려운 사람들은 도울 수 있지 않을까?"라는 말씀에 치과대에 진학했다.

**-4대가 의사인데 집안 분위기는 어떤가요?** (민병진 원장) 겉으로 보기에는 4대가 같은 분야에 종사하니 갈등이 없을 것 같지만 그건 아닙니다. 저는 고집이 아주 센 편이었습니다. 하버드대 유학을 마치고 86년 서울 광화문에 교정치과를 개원했습니다. 아버지가 이비인후과를 운영하던 건물의 1층이었어요. 아버지는 밀려드는 환자를 보살피기 위해 야근도 마다하지 않았습니다. 아무리 많은 환자가 찾아와도 단 한 명도 그냥 돌려보내는 법이 없었어요.

하지만 저는 생각이 달랐습니다. 점심시간인 낮 12시~2시엔 병원 문을 닫았어요. 환자도 오후 5시 30분까지만 받았죠. 교정과는 이비인후과와 달리 응급환자가 없는 데다 늦게까지 병원을 운영하는 것보다 의사가 최고의 컨디션으로 환자 한 명 한 명을 정성스럽게 진료하는 게 더 중요하다고 생각했기 때문입니다. 아버지는 처음엔 제 방식을 못마땅해 했지만 오랜 대화를 통해 병원 직원들의 삶의 밸런스가 무너지면 환자들에게 집중할 수 없다는 점을 설명해 아버지를 설득했죠.

**- 딸은 조금 다른 길을 가는 것 같네요**  승기도 나 못지않게 고집 센 의사예요. 미국에서 치과의사 자격을 취득하고 하와이에서 의사로 일하던 딸은 한국에 돌아와 '진료'가 아닌 '창업'을 선택했습니다. 처음에는 사업을 택한 딸을 이해할 수 없었죠. 하지만 딸과 대화를 나누면서 결국 딸도 나도 '봉사와 헌신'이라는 공통의 가치를 공유하고 있다는 걸 깨달았습니다.

승기는 현재 사회적 기업 '위드 마이'의 대표입니다. 이 기업은 친환경 의료제품이나 위생제품을 만들고, 그 수익을 통해 어려운 사람을 돕는 '지속 가능한 기부'를 목표로 하고 있습니다. 이 회사가 만든 치약 하나를 구매하면 다른 하나는 필리핀 파야타스로 보내 기부하는 식이죠. 치과의사가 되어 환자를 돕는 것도 좋지만 의료지식을 활용해 위생상태가 열악한 곳에 의료제품을 공급하는 것도 그들을 돕는 방법이라고 생각합니다. 아버지와 저의 진료 방식이 다른 것처럼 딸이 하는 일도 새로운 시대에 의사들이 해야 하는 새로운 역할일 수 있죠. 그동안 저를 비롯한 기성 의료인들이 이루지 못한 차원의 봉사를 승기가 열어주길 바라고 있습니다.

## 삶의 향기를 음악으로 채우는 가족

'의료인으로서 헌신하는 삶'이 4대가 공유하는 가치라면 '음악'이라

• 민병진 원장의 가족사진. 앞줄 가운데가 민건식 원장. 뒷줄 맨 왼쪽이 경기고 재학 시절의 민병진 원장이다.

는 취미는 이들을 끈끈하게 이어주는 연결 고리다. 부친 민건식 원장은 병원 지하실에 밴드 연습실을 마련할 정도로 음악에 대한 애정과 열정이 남달랐다. 70년대 큰 인기를 끌었던 '어니언스'와 가수 김정호가 이곳에서 음악 연습을 하기도 했다. 집에 모아놓은 수만 장의 LP판은 KBS 라디오에서 급할 때 빌려갈 만큼 다양한 종류와 방대한 양이다. 아들 민병진 원장의 입학식 날 처음 준 선물도 'Let it be'가 수록된 그룹 비틀즈의 LP판이었다.

민병진 원장 역시 주변에서 "의사가 아니면 음악가가 됐을 것"이라고 말할 정도로 음악적 재능을 타고 났다. 대학 시절엔 현 SM엔터테인먼트의 이수만 회장과 그룹 '들개들'을 결성해 대학가요제에 출전하기도 했다. 부자는 88년 청담동의 한 호텔에서 합동 공연도 했다. 아버지 민건식 원장은 클라리넷을, 아들 민병진 원장은 베이스를 들고 'Stranger on the shore'라는 곡을 연주했다.

딸 승기 씨는 할아버지와 아버지가 좋아할 만한 노래를 틈틈이 모아 특별한 날 CD를 만들어 선물한다. 승기 씨는 "노래를 주제로 아버지와 이야기를 나누다 보면 자연스레 아버지의 취향을 알게 됩니다. 또 노래를 매개로 속 깊은 이야기도 터놓을 수 있어 음악은 우리 가족에게 윤활유 같은 존재죠"라고 말한다.

## 억압이 아닌 소통이 힘을 발휘한다

많은 부모들이 자신이 못다 이룬 꿈을 자녀들에게 강요한다. 이런 강요는 자녀와 부모 사이에 오해와 불화를 불러일으키기 마련이다. 자녀와 의견이 다르다며 대화를 단절하거나 자신의 생각을 강요해선 안 된다. 자녀를 전적으로 믿어주되 거기서 그치지 말고 서로의 생각을 나누면서 합의점을 찾아나가야 한다. 믿음이 바탕이 된 대화를 통해 부모는 자녀의 재능과 장점을 발견할 수 있고, 자녀 역시 부모의 마음을 이해할 수 있다. 자녀교육에 있어 진짜 힘을 발휘하는 것은 억압이 아닌 소통이다.

- **딸 승기 씨에게 공부하라는 잔소리는 안 했나요?** 아버지는 언제나 저를 믿어줬습니다. 대학 시절, 동기들은 시험과 실습준비 등으로 한창 정신

없던 때였는데 아버지에게 '음악이 너무 하고 싶으니 기타를 한 대만 사달라'고 부탁했어요. 아버지는 '음악 활동을 취미로 하더라도 네가 해야 할 기본적인 의학공부는 게을리 하지 않을 거라 믿는다'며 선뜻 기타를 사주셨어요. 아버지가 먼저 저에게 그런 믿음을 보여주셨기에 저 역시 딸을 전적으로 믿고 신뢰하면서 키웠습니다. 딸에게 늘 '승기는 알아서 잘할 것'이라고만 했어요. 성적은 물어본 적도 없습니다.

승기 씨는 "아버지의 그런 믿음 덕택에 학창시절 다른 친구들에 비해 '내가 진짜로 하고 싶은 게 무엇인지' 깊게 고민해볼 시간이 많았고, 고민을 통해 스스로 내린 결정에 대해선 책임감을 갖고 행동할 수 있게 됐다"고 설명했다.

"기대했던 성적이 안 나와 속상해 하면 부모님은 언제나 '네가 최선을 다했다면 낙제를 해도 괜찮다'고 하셨죠. 그럴 때마다 최선을 다하지 않은 것 같다는 생각에 말문이 닫히곤 했어요. 가끔은 제 성적에 너무 관심이 없는 것 같아 섭섭하기도 했어요. 제가 요청하기 전에는 과외 선생님도 안 구해주셨어요. 하지만 지금 생각하면 부모님이 공부하라고 끊임없이 잔소리를 했거나 과외가 일상이었다면 오히려 공부와 담을 쌓지 않았을까 싶어요."

승기 씨는 부모와 자녀의 역할에 경계선이 있어야 한다고 강조한다. 그 예로 등교 시간에 맞춰 학교에 가는 것은 자녀의 책임인데 어머니가 자신을 깨우지 않았다고 어머니 탓을 하는 경우를 들었다.

"그 경계가 애매할 경우 자녀의 책임감이 약해집니다. 모든 책임을 부모가 지고 있기 때문에 자녀는 본인의 마음대로 되지 않는 일이 생기면 부모를 탓하게 되는 거죠. 그 결과 부모는 자녀를 위해 에너지는 있는 대로 소모하고 감사는커녕 외면을 받게 되는 경우가 생깁니다. 자녀가 할 일을 부모가 대신 해주지 말고 자녀의 책임에 대해 정확히 알려주는 게 필요합니다. 그럴 때만이 자신을 돕는 부모님에 대한 고마운 마음도 생기는 거라고 생각합니다."

**- 부모가 잔소리를 안 하면 스스로 공부하게 될까요?** 매일 공부하라고 들볶는 부모 밑에서 자란 아이들 중 공부 잘하는 학생은 별로 없는 것 같아요. 억지로 공부시키려는 부모는 자녀에게 스트레스의 원인이 될 뿐이죠. 그 스트레스는 아이들의 에너지를 소모시킵니다. 부모의 잔소리가 없었다면 그 에너지가 오히려 공부나 재능 개발에 쓰이지 않을까요?

물론 한국의 교육 현실에서는 고3 때 성적에 의해 대학 진학이 결정되는 경우가 많죠. 그렇게 성적에 의해 진로가 결정되니까 공부 잘하라는 말이 맞을 수도 있습니다. 하지만 공부 잘하는 학생들이 진로 선택을 잘할까요? 그렇지 않아요. 대학 진학할 때 유명 학과가 있지요. 하지만 그들이 졸업을 하고 사회에 진출할 때는 선호 직업이 이미 바뀐 경우도 종종 있습니다. 90년대 이전까지만 해도 직업군은 많지 않았고 직업의 선호도 자주 바뀌지 않았어요. 하지만 정보화시대가 되면서 엄청난 변화가 시작됐고 직업의 세계도 바뀌었습니다. 미래에는 세상이 더욱 빠르게 변할 것이고 오늘의 유망 직업이 내일의 천덕꾸러기가 될 수도 있습니다. 그러니 자녀의 미래에 도움이 되는 길은 부모로서 자녀의

승기라는 이름만 불러도 아빠의 마음이
　　두근거리는 사랑하는 딸 승기에게……

한창 공부와 생활이 힘들던 하버드대학 유학시절
네가 태어났을때 출산실에 들어가서 엄마가 너를 낳자마자
간호사가 아빠에게 너를 안아보라고 넘겨줄때 감동이
새록새록 나는구나.
너는 미술, 악기 등 재주가 많으니 하고 싶은것도 많을 텐데
치과의사가 되어서 4대째 의료가문을 이끌어줘 고맙다.
그런데 그것보다 감사한건 너는 항상 너보다 어려운 곳을
찾아서 봉사하려는 마음이 있는거란다.
뉴욕대 치대를 졸업할때에도 캄보디아에 봉사가겠다고
자원을 한데다, 지금 '위드마이치약'을 개발하면서도
사람들의 건강을 위해서 천연재료들로 사용하고 지구환경을
위해서 포장지도 재생지를 쓰려고 여기저기 뛰어다니고
또 회사가 돌아가면 하나는 보육원에 기부하는 방식을 보면서
젊은 사랑스러운 아가씨구나 하는 생각이 들었단다.
아빠가 수직적인 삶을 살았다면 너는 수평적인 삶을 살면서
너 자신이 올라가기 보다는 많은 사람들을 품으며 사는 것도
너무 자랑스럽고 부럽구나…
앞으로 너의 지경이 넓어지면 힘들고 어려운 많은
사람들이 너를 통해서 위로 받고 힘을 얻을게 감사하고
너의 인생은 축복의 통로가 된것을 의심치 않는다.
혹시 그동안 아빠의 부족한 인격과 성품때문에
상처 받은 것이 있다면 아빠하나님 사랑으로
위로해 주기를 바란다…
예수님께서 항상 너와 함께 하시며 너의 길을
연이어주시고 더 많은 봉사의 길을 열어 주실거다.
　　승기에게 감사하며 아빠가……
　　　　　　　　　　　　2016. 늦여.

• 민병진 원장이 딸 승기 씨에게 쓴 편지. 평소 잘 표현하지 못하던 딸에 대한 애정과 고마움을 글로
  전했다.

장점을 보는 눈과 자녀의 이야기를 듣는 귀를 갖는 것이라고 할 수 있습니다.

## 의사는 선한 영향력을 미칠 수 있는 직업

민병진 원장은 의사라는 직업에 대해 '선한 영향력을 미칠 수 있는 직업'이라고 말한다. "인간은 누구나 세상에 태어나 일정 기간 살다가 사라집니다. 그가 어떤 지위에 있는 사람이든 그 사실은 변함이 없죠. 우리는 이 한정된 기간 동안 인생을 어떻게 살 것인가에 대해 생각해 봐야 합니다. 그저 평생 돈만 벌다가 사라질 것인지 아니면 세상에 선한 영향력을 끼치고, 우리가 태어나기 전보다 조금은 더 좋은 곳으로 만들고 떠날 것인지 말입니다."

민 원장은 어떤 직업을 선택하느냐보다 왜 그 직업을 선택하느냐가 더 중요하다고 강조한다. 돈을 잘 벌 것이라는 기대로 직업을 선택하는 건은 잘못된 일이라는 얘기다.

그는 의사가 갖추어야 할 덕목으로 헌신(Devotion), 정체성(Dignity) 그리고 후학 양성(Institute)을 꼽는다. 헌신이란 환자 한 명 한 명에게 시간과 정성을 조금씩 더 들이는 것에서부터 시작해 무료 진료나 해외 봉사 등으로 그 외연을 차근차근 넓혀 가는 것이고, 정체성은 말 그대로 의사란 사람의 생명을 살리는 사람이라는 걸 늘 자각해야 한다는 것이라고 설명한다. 이런 가치를 공유하는 의료인을 양성하기 위해 자신의 경험과 물질적 지원을 투자하는 것이 앞으로 자신에게 남겨진 사명이라는 얘기다. "우리 모두는 태어날 때부터 사명을 갖고 태어납니다. 그 사명을 통해 세상을 바꾸는 이들도 있죠."

- 영웅이나 위인들을 말하는 건가요? 모든 영웅이나 위인들이 어릴 때부터 스스로 모든 걸 깨닫고 천재적인 소질을 발휘하는 건 아니죠. 대부분 위인과 영웅들에게는 훌륭한 부모나 멘토가 있었습니다. 그들은 자녀가 공부 잘하고 출세하기만을 원하지 않았습니다. 자녀들의 장점을 알아내고 계발시켜서 그들이 가장 잘하는 것을 통해 이 세상을 더 나은 곳으로 만들 수 있도록 도왔죠.

일례로 에디슨은 어릴 때 학교에서 교육을 포기한 학습 저능아였습니다. 하지만 그의 어머니는 에디슨이 창의력이 뛰어나다는 걸 알고 그 창의력을 발휘할 수 있도록 지원했죠. 학교가 포기한 아이에 대해 낙담하거나 포기한 게 아니라 아들의 능력을 찾아내고 지지했던 겁니다. 그 결과 에디슨은 인류가 어두운 밤에서 벗어나도록 하는 위대한 업적을 이뤘습니다. 에디슨의 어머니가 공부하라고 잔소리만 했다면 그렇게 되지 않았겠죠?

## about 민병진

| | |
|---|---|
| 1952년 | 서울 출생 |
| 1971년 | 서울 경기고 졸업 |
| 1980년 | 서울대 치과대학 및 교정 대학원 졸업 |
| 1980~82년 | 하버드대 교정과 대학원 수료 |
| 1982~84년 | 보스턴대 대학원 박사 |
| 1985년 | 미국 치과의사 면허 취득 |
| 1985~2016년 현재 | 민치과의원 원장 |

★ **좌우명** | 정직과 성실
★ **인생을 바꾼 책** | 성경. 지식을 뛰어넘는 지혜를 주는 책이다.


## about 민승기

| | |
|---|---|
| 1982년 | 미국 출생 |
| 2004년 | 존스홉킨스대 보건학과 졸업 |
| 2008년 | 뉴욕대 치과대 졸업 |
| 2008~09년 | 하와이 보건소 레지던트 |
| 2009~10년 | 하와이 심미치과 근무 및 알로하메디컬미션 봉사활동 |
| 2010~13년 | 워싱턴 심미치과 근무 |
| 2015~16년 현재 | 사회적 기업 '위드 마이' 대표 |

★ **좌우명** | 남에게 대접을 받고자 하는 대로 남을 대접하라.
★ **인생을 바꾼 책** | C.S. 루이스의 『고통의 문제』

김영환 전 회장 뜻 이어가는
송원그룹 김해련 회장

# 약속을 지켜라
# 솔선수범해라

내 일에 최선 다하는 부모 보며
아이들도 성실을 배웁니다


　가난했던 어린 시절의 아버지는 언젠가 돈을 많이 벌면 자신처럼 어려운 처지에서 공부하는 학생들을 돕겠다고 결심했다. 회사를 창업하고 성장 가도에 오르자 회사 자본금 두 배의 돈을 모아 장학회를 설립했다. 아버지는 딸에게 항상 사사로운 이익을 좇지 말고 남과 더불어 살라고 당부했다.
　아버지가 돌아가신 후 사업을 이어받은 딸은 선친의 뜻을 이어 "나눔이 삶의 최고 가치"라고 말한다. 김해련 송원그룹 회장과 고 김영환 송원그룹 전 회장의 이야기다.

### 인생의 가장 큰 행복은 나눔이다

암 투병 중에도 '행복하다'고 말하던 사람. 김해련 송원그룹 회장은 아버지를 그렇게 기억한다.

송원김영환장학재단 30주년 기념행사에서 아버지는 자신이 학비를 지원해준 수백 명의 장학생에게 둘러싸여 감사 인사를 받았다. 아버지는 함박웃음을 지으며 "지금이 바로 내 인생에서 가장 행복한 순간"이라고 했다. 암과 싸우는 사람이라고는 믿어지지 않는 환한 얼굴이었다.

송원그룹은 창업주이자 김 회장의 부친인 고 김영환 회장이 1975년 한국전열화학(현재 태경산업)을 인수한 것이 모태가 됐다. 석회석을 원료로 한 제강정련제를 국내 최초로 개발한 것으로 유명하다. 이외에 8개 계열사에서 합금철, 중질탄산칼슘 등을 생산하는 산업용 소재 기업이다. 일반 소비자에게는 다소 생소하지만 설립 41년째, 매출 4,000억 원대의 중견 기업이다.

김 회장의 기억 속 아버지는 무남독녀 외동딸을 지극히 아끼던 '딸 바보'였다. 팔삭둥이로 태어난 김 회장은 어린 시절 내내 병을 달고 살았다. 11세 때 어느 날 밤에는 이유를 알 수 없는 고열과 구토에 시달리다 의식을 잃었다. 아버지는 딸을 들쳐업고 온 동네를 뛰어다니며 병원을 찾았다. 몇 시간 만에 발견한 한 병원에서 겨우 문을 열어줘 딸은 응급처치를 받고 목숨을 건졌다.

"나중에 어머니께 들었는데 당시 아버지는 얼마나 마음이 급했던지 신발도 신지 않고 맨발로 저를 업고 뛰었대요. 외동딸이 잘못될까 봐 애가 타셨던 거죠."

• 김해련 회장이 태어난 지 100일 됐을 무렵 당시 살던 전라북도 익산 집에서 아버지와 찍은 사진. 8개월 만에 태어나 몸이 약한 외동딸을 아버지는 극진히 아꼈다.

김 회장이 초등학생이던 때 아버지는 작은 합섬 회사에서 일했다. 새벽에 회사에 가서 한밤중에나 퇴근하니 아버지 얼굴 보기가 힘들었다. 경상도 출신으로 무뚝뚝했던 아버지는 다정한 애정 표현에는 서툴렀다. 하지만 업무 차 좋은 음식점에라도 가면 꼭 음식을 따로 포장해 가져와 딸에게 먹이는 살뜰한 아버지였다. 회사 야유회가 있을 때면 꼭 딸을 데려가곤 했다.

"제가 맛있는 걸 먹을 때면 얼마나 행복한 표정으로 절 보셨는지 몰라요. 허약하던 제가 건강해진 것도 아버지의 정성 덕분이었어요."

열심히 일해 30대에 최연소 이사로 승진했던 아버지는 김 회장이 12세가 되던 해 회사를 그만뒀다. '정도를 지켜야 한다'며 경영자에게 바른

최고의 유산 141

말을 하다가 퇴사할 수밖에 없는 상황이 된 것이다. 퇴사한 아버지는 회사를 직접 경영하겠다 결심하고 39세였던 1974년 한국전열화학을 인수했다.

### 공장에서 먹고 자던 고학생의 꿈

"믿어지지 않을지도 모르겠지만, 아버지는 장학 사업을 하기 위해 회사를 경영한 분이었어요. 창업 3년 만에 회사 매출이 손익분기점을 넘자마자 사내장학금 제도를 운용하기 시작했습니다."

회사 직원 자녀라면 누구나 중학교부터 대학교까지 학비를 지원받았다. 직원이 장학금을 학비 외의 용도를 쓸 것을 염려해 자녀를 회사로 불러 손수 장학금을 건넸다. 그리고 6년 뒤인 83년 회사가 어느 정도 기반

• 2013년 3월 열린 송원김영환장학재단 설립 30주년 기념 보은행사에 참석한 아버지와 장학생들. 당시 아버지는 "지금이 가장 행복한 순간"이라며 기쁨을 감추지 못했다.

을 잡자 아버지는 줄곧 꿈꿔오던 장학회를 설립했다. 회사 자본금 5,000만 원의 두 배인 1억 원을 출연해 송원김영환장학재단을 세웠다. "창업한 지 9년째, 회사가 채 안정되지 않은 시기였어요. 기업의 사회환원 활동에 대한 인식도 낮았죠. 하지만 아버지는 자신의 어려웠던 학창시절을 돌아보며 형편이 어려운 학생들을 돕는 걸 사명으로 생각했어요."

경남 김해 장유에서 9남매의 차남으로 태어난 아버지는 건강이 나빴던 형을 대신해 부모님과 누나, 동생들을 돌봐야 했다. 형의 투병이 길어지면서 병원비를 감당하느라 집안 형편도 어려워졌다. 공부를 잘해서 서울대 상과대학에 입학했지만 등록금이 없었다. 입주 가정교사를 하면 숙식을 해결하면서 돈을 벌 수 있었지만 등록금을 낼 정도의 돈은 마련할 수가 없었다. 결국 한 푼이라도 더 벌 수 있는 고된 공장 근무를 택했다. 낮에도 근무해야 해서 수업 듣기가 힘들었다. 친구들의 노트를 빌려 공부하고 시험 기간에만 출석해 간신히 졸업했다.

"당시 아버지는 다른 걱정 없이 공부만 하는 게 소원이었다고 해요. 차비가 없어 서울역에서 서울대까지 걸어 다니거나 며칠 동안 건빵으로 끼니를 때운 적도 있었다고 하셨고요. 공장에서 숙식할 땐 너무 추워서 한 방에서 자던 직원들을 부둥켜안고 잤대요. 그때 '나중에 돈을 많이 벌면 꼭 나 같은 고학생을 돕겠다'고 다짐하셨죠."

아버지의 장학사업에 대한 애착은 컸다. 딸의 눈에는 장학사업을 하기 위해 기업 경영을 하는 것처럼 보일 정도였다. 매년 장학회 기금 규모를 늘려 더 많은 학생을 지원해 나갔다. 1억 원으로 출발한 기금은 현재 156억 원으로 늘었다. 매해 85여 명의 학생들이 연 1,000만 원의 장학금을 받는다.

사회 저명인사도 많이 배출했다. 이제는 사회에서 자리 잡은 장학생 선배들이 자발적으로 기금을 모아 후배 돕기에 나선다. 2013년 장학회 출신들이 자발적으로 설립 30주년 기념 보은행사를 열던 날 김 회장은 아이처럼 기뻐했다. 장학생 대표로 한 학생이 김용택 시인의 '참 좋은 당신'을 낭송하고 "저희도 누군가의 사랑의 불이 되어주겠습니다"라고 말했다. 아버지는 감격한 얼굴로 "내 인생에서 가장 행복한 순간"이라며 "장학회가 내 인생에 없었다면 삶의 비전이나 사업의 목표도 없었을 것"이라고 답했다.

"아버지가 가장 아끼는 물건이 바로 장학생들의 감사편지예요. 한 자 한 자 꼼꼼히 읽고 정성껏 보관하셨죠. 아버지는 장학회를 통해 자신이 꿈꾸던 것들을 다 이뤘기 때문에 삶에 후회가 없다고 했어요. 그때 아버지의 모습을 보면서 아버지의 회고록 제목을 『이 세상에서 가장 행복했던 사람』이라고 지었죠."

## 네가 잘할 수 있는 일을 택하라

김 회장은 사사로운 이익보다는 공익을 우선했던 아버지를 가장 존경한다. 학업을 마치고 아버지 같은 사업가가 되겠다고 결심한 것도 그 때문이다.

"미국 유학을 마치고 돌아와서 아버지께 제 결심을 이야기했더니 근심 가득한 얼굴로 '지옥으로 가는 길처럼 어렵고 힘든 일이다. 그래도 하겠느냐'고 하시더군요. '그래도 하겠다'고 하니 '한번 시작한 사업은 브레이크 없는 기관차'라고 하셨어요."

김 회장은 뉴욕 페이스대학 경영전문대학원에서 석사를 취득한 뒤 뉴욕패션기술대학교(FIT)에서 패션디자인을 전공했다. 29세 되던 해인 1989년, 귀국하자마자 여성복 브랜드 '아드리안느'를 만들었다.

"백화점 바이어를 만나서 매장 좀 내게 해달라고 애걸복걸하며 돌아다녔는데 사람들이 물어봐요. 부잣집 외동딸이 왜 이러고 사냐고요. 아버지 말대로 정말 쉽지 않은 길이었죠."

김 회장의 첫 사업이었던 여성복 브랜드는 주요 백화점에 입점하며 100억 원대 매출을 올렸다. 99년에는 벤처기업 '에이다임'을 설립했다. 광통신이 깔리며 인터넷 사용이 대중화되는 시대에 발맞춰 옷도 인터넷으로 팔아 보자는 발상이었다. 그렇게 만든 기업이 의류쇼핑몰 1세대 기업이라 할 수 있는 '패션플러스'다. 당시로서는 드물게 백화점 입점 브랜드 옷 위주로 판매했다. 잘 나갈 때는 연 매출 1,000억 원까지도 기록했다. 그러나 예상과 달리 상장이 차일피일 미뤄지면서 어려움을 겪었다.

"아버지 도움을 받지 않고 창업하느라 벤처캐피탈에서 투자를 받았어요. 상장만 하면 된다고 생각했죠. 하지만 그게 생각만큼 쉽지 않았습니다. 고금리 이자를 갚느라 제 지분을 매각하고도 모자라 개인 돈까지 끌어다 갚고서 12년 만에 회사를 떠났죠."

김 회장은 이때 "세상에 공짜는 없다"던 아버지 가르침을 떠올리고 후회했다. 2006년 아버지가 암 판정을 받은 때부터 김 회장은 회사 회의에 참석하며 어깨너머로 경영을 배워왔다. 아버지의 건강이 계속 나

빠지자 2012년부터는 송원그룹에 부회장으로 합류했다. 암과 싸우면서도 꿋꿋이 회사 일에 매진하던 아버지는 2014년 1월 건강 악화로 병원에 입원했다. 김 회장은 일주일에 한 번 회의 참석을 제외하고는 병상에 머물며 아버지 곁을 지켰다. 다시 털고 일어나리라는 딸의 기대에도 불구하고 2014년 3월, 아버지는 81세의 나이로 가족이 지켜보는 가운데 임종을 맞았다.

아버지를 그리는 정과 슬픔이 깊었던 김 회장은 마음의 안정을 되찾기 위해 아버지 회고록 집필을 시작했다. 글을 쓰는 동안 아버지에 대한 생각과 감정이 정리되고 기업에 대한 비전도 다시 세우는 계기가 되었다.

- 회사 경영을 맡은 후 겪은 어려움은 무엇이었나요? 아버지 살아생전에도 회사 회의에는 자주 참석했기 때문에 실무 파악에는 어려움이 없었습니다. 하지만 분명 다른 점은 있었죠. 아버지 생전에 부회장직을 수행할 때는 제가 회사에 대해 속속들이 다 안다고 생각했는데 아버지가 돌아가시고 나서 회장으로서 일해 보니 전에 보이지 않던 부분이 보이더군요. 구성원들 간의 의사소통이 단절돼 있었습니다. 조직별로 정보가 차단되어 전체적인 현황 파악이 안 되는 것이 문제였습니다. 그런 점을 바꾸고 싶어 저부터 나서서 임직원들과 허심탄회하게 소통하려고 노력했습니다.

- 회사 경영권을 물려주며 아버지가 특별히 당부한 이야기가 있나요? '사

• 아버지와 온 가족이 모여 찍은 사진. 왼쪽 위부터 딸 수진 씨, 남편 안광호 씨, 김해련 회장, 아들 수경 씨. 아래 어머니 양부남 씨와 아버지 고 김영환 전 회장.

업은 살아 있는 식물과 같아서 조금만 그냥 놔둬도 시든다'고 강조하셨습니다. 끊임없이 변화해야 살아남는다는 의미였죠. 기업 경영은 쉬운 일이 아닙니다. 걱정하고 고민할 일이 너무 많아요. 그러니 주변에 짐을 나눠서 질 직원이 많아야 합니다. 제가 모르는 해답을 직원이 알 수 있으니까요.

아버지는 생전에 '믿지 못하는 사람은 쓰지 말고, 한 번 사람을 쓰면 100% 믿어라'라고 하셨습니다. 아버지는 또 경영자의 원칙으로 '윗물이 맑아야 아랫물이 맑다' '약속을 했으면 손해가 나더라도 지켜야 한다'는 걸 강조하셨습니다. 회장이 회사를 투명하게 경영해야 직원들도 애사심을 갖는다고 말씀하셨죠.

사랑하는 수경, 수진 나의 아이들아

할아버지께서 떠나신지 2년이 흘렀구나.
엄마는 2년 동안 할아버지는 떠나셨지만 그 자리에서 송원그룹을 가꾸고 지켜오신 그 40여년 시간속 할아버지를 만났단다. 할아버지의 그 많은 고뇌와 행복의 시간들을 더 깊이 느끼며 송원가족들을 더 많이 사랑하게 되었지.
그리고 사랑하는 할아버지를 잃은 그 슬픔 뒤에 더 크나큰 사명과 의지를 다짐하게 된단다. 받고 받고 또 받은, 공조 공병 경영을 굳건히 실천해 온 송원그룹의 사회적 가치 위에 세계로 뻗어나가는 비젼을 더해 건강한 그룹의 생명력을 더하고 싶구나.
오늘 문득 할아버지와 함께 지낸 잊고 있던 지난 어린시절 부터 송원에서 함께한 시간들과 흘러가고 한 시간들이 한꺼번에 스치며 나의 소중한 아들 너희 둘이 이전 또 다른 나를 보았단다.
엄격하셨지만 항상 인자하심 미소와 사랑과 아낌없는 신뢰를 보여주신 할배께. 지금 이 순간도, 단시도 떨어질 수 없는 엄마의 스승이시고 삶의 교훈이시고 엄마 인생의 지표란다.
사회를 향해 넓은 바다로 나간 수경, 수진아. 때로는 모든 어려움이 자기 자신과 싸움인 것을 느끼며 갈등도 하고 또 새로운 꿈을 주며 성장해 나갈 너희들을 생각하며 엄마는 더 좋은 친구이자 엄마이자 스승이 되고 싶구나.
사업으로 늘 바빴던 엄마의 우려를 뒤로하고 바르고 정직하며 따뜻한 가슴을 가진 예쁜 모습으로 잘 성장해 준 너희들에게 고맙구나.
사랑한다 나의 아이들아, 멋진 인생의 항해를 함께 나눠주나.

2016년 3월 29일 밤.

엄마가.

- 김해련 회장이 두 아이에게 보내는 편지. 아버지에 대한 추억을 회상하고, 이제는 사회인이 된 자녀들을 응원하는 내용이다.

실제로 아버지는 지인의 회사가 어려움에 부닥치자 주식을 많이 매입해서 도왔는데 그 회사 사정이 나아지면서 외국계 회사들이 지분을 비싼 가격에 사겠다고 접근했습니다. 하지만 아버지는 그 회사 회장이 원하는 가격에 다시 되팔았습니다. 아버지는 '충분한 차익을 얻은 데다 약속을 어기고 다른 회사에 팔면 송원의 신뢰를 파는 것'이라고 하셨죠.

**- 아버지와 다른 자신만의 경영 스타일이 있다면 무엇인가요?** 좀 더 도전적이고 혁신적인 기업으로 바꾸려 합니다. 그래서 2020년 '1·3·5·7'이라는 새 비전도 세웠습니다. 2020년까지 1조 원 매출을 달성하고, 신규 사업에서 3,000억 원 매출 달성, 총 5개 상장 계열사, 세계 1위 품목 7개를 확보하자는 뜻입니다. 최근 소재 생산 기업을 인수 합병하고 신재생에너지 사업에도 진출했습니다.

**- 사업 때문에 늘 바쁜 엄마였을 것 같은데 자녀들과의 관계는 어떻습니까?**
딸은 이제 대기업 입사 3년 차고, 아들은 송원그룹에 입사해 현재 단양 공장에서 근무하고 있습니다. 저희 집에는 아이들이 크는 동안 함께 살며 돌봐주신 이모님(도우미)이 있습니다. 30년을 같이한 분이라 해외로 가는 가족여행까지도 모시고 다닐 정도로 가족 같은 분이시죠. 보통 가정에서 엄마가 챙겨야 하는 온갖 일들을 이모님이 다 해주셨습니다.

대신 저는 시간이 날 때마다 아이들과 대화하기 위해 노력했습니다. 한번은 딸이 학창시절 친하게 지내던 친구들이 있었는데 한 아이가 나쁜 행동을 하고 문제를 일으켜서 고민하더라고요. 사소해 보일 수도 있는 교우 문제지만 아이 입장에서는 심각한 문제였기 때문에 시간을 들여 같이 고민했던 기억이 납니다. 그래서인지 아이들이 크고 작은 문제를 자주 상담해오는 편입니다. 진로에 관해서 고민할 때는 '네가 잘할 수 있는 일, 하면 행복해지는 일을 택하라'며 아이들의 의사를 최대한 존중했습니다.

- **자녀들이 기억하는 할아버지의 모습은 어떤가요?** 손주들이 기억하는 할아버지는 남 돕는 데는 큰돈을 써도 본인은 제대로 된 옷 한 벌이 없는 사람이었습니다. 손주들에게도 검소하게 생활해야 한다는 점을 강조하셨죠. 그래서인지 아이들이 사치하는 모습을 본 적이 없습니다. 아버지는 '사업하는 게 대단한 금수저라고 생각하면 안 된다'는 이야기를 저와 아이들에게 자주 하셨습니다. 제조업은 생존을 위해 열심히 뛰어야 하는데 이걸 특권이라 생각해서는 안 된다는 뜻이에요.

- **두 아이가 어떤 사람이 되기를 바라세요?** 사실 특별하게 바란 것은 없습니다. 성적을 잘 받아오라고 압박한 적도 없어요. 진인사대천명(盡人事待天命 인간으로서 할 일을 다 하고 하늘의 뜻을 기다린다)이라고 생각합니다. 대신 '성실해야 한다' '자기 일은 스스로 책임져야 한다'는 이야기는 자주 합니다. 뭐든 부모가 솔선수범하는 게 중요합니다. 저는 항상 제 일을 끝까지 해내는 모습을 보여주기 위해 노력했습니다. 그래서인지 아이들도 크게 삐뚤어지거나 속을 썩인 적 없이 성실한 사람으로 자라줬습니다. 아이들에게는 언제나 고마울 뿐이죠.

## about 김해련

| | |
|---|---|
| 1962년 | 경상남도 김해 출생 |
| 1984년 | 이화여대 경영학과 졸업 |
| 1986년 | 뉴욕 페이스대학 경영학 석사(MBA) |
| 1988년 | 뉴욕주립대 패션기술대학교 패션디자인 학사 졸업 |
| 1989~99년 | 아드리안느 대표 |
| 1999~2012년 | 에이다임 대표 |
| 2006년 | 이화여대 경영학과 겸임교수 |
| 2012~14년 | 송원그룹 부회장 |
| 2014~16년 현재 | 송원그룹 회장 |

★ **좌우명** | 일일신우일신(日日新又日新)
★ **인생을 바꾼 책** | 장자, 명리학 등 동양철학서
★ **존경하는 인물** | 아버지

삼남매를 피아니스트, 뮤직비디오 감독,
가수로 키운 '보아 엄마' 성영자

# 다른 사람에게 베푸는 삶을 살아라

## 스스로 선택한 길은 실패해도 후회가 적죠
## 자녀의 선택을 믿고 응원해주세요

　첫째 아들은 밤낮 가리지 않고 피아노를 쳤다. 아파트에 살 때는 이웃에서 민원이 들어올 정도였다. 둘째 아들은 시도 때도 없이 헤드스핀 춤을 췄다. 걸핏하면 밥을 먹다 말고 일어나 거실 바닥에 머리를 대고 몸을 빙글빙글 돌려댔다. 셋째 딸은 자나 깨나 노래를 불렀다. 그의 집을 방문한 친척이나 이웃들이 이 광경을 보고는 '이런 집에서 어떻게 사느냐'고 혀를 내두를 정도로 정신이 없었다.
　하지만 그는 한 번도 아이들에게 '그렇게 행동하지 마라'고 한 적이 없다. 아이들이 자신이 원하는 걸 즐기는 게 무엇보다 중요하다고 믿어서다. 그로부터 20년이 지난 지금 그의 철학은 틀리지 않았다는 게 증명됐다.

첫째는 피아니스트, 둘째는 뮤직비디오 감독, 셋째는 한국과 일본 등 아시아를 넘어 세계무대에서 인정받는 가수로 성장했으니 말이다. 권순훤 서울종합예술실용학교 겸임교수와 권순욱 메타올로지 대표, 그리고 가수 보아(본명 권보아) 삼남매와 그들의 엄마 성영자 씨 얘기다.

### 잔소리보다 칭찬의 힘이 훨씬 세다

성영자 씨는 자신의 이름보다 '보아 엄마'라는 호칭이 더 익숙하다. 삼남매를 훌륭히 키운 덕분에 전국을 다니며 자녀교육에 대한 강의도 많이 했고, TV에도 자주 나왔다. 자녀교육 분야에서는 보아 못지않게 스타가 된 셈이다.

보통 사람들은 자녀 세 명을 예술가로 키워낸 그를 보고 집안부터가 남다를 거라 기대한다. 하지만 성씨는 충북 음성에서 농사짓는 평범한 집안의 6남매 중 셋째로 태어났다. 예술가 집안은 아니었지만 그는 부모님에게 더 소중한 걸 물려받았다. 다른 사람에게 베풀면서 사는 넉넉한 마음이다.

그의 부모님은 전국을 돌아다니면서 물건을 파는 보따리장수를 집에서 재워주는 일이 허다했고, 추수가 끝나면 햅쌀로 떡을 해서 온 동네 사람들과 나눠 먹었다. 이 집, 저 집에 떡을 배달하는 게 6남매의 연례행사였다. 그의 어머니는 70세에 그 마을을 떠날 때까지 이 일을 쉰 적이 없었다. 이런 모습을 보고 자란 덕분에 그는 자신이 가진 걸 다른 사람과 나누는 일을 당연하게 여기고 살았다.

칭찬의 힘도 어머니로부터 배웠다. 그의 어머니는 사소한 일에도 '잘했다'는 칭찬을 아끼지 않았다. 초등학교 저학년 때 시장에서 사다 준 공책에 한글을 쓰면 '잘 쓴다'는 말을 쉴 새 없이 했다. 어머니한테 칭찬받고 싶은 마음에 공부도 열심히 했고, 모든 일에 적극적으로 임했다. 덕분에 초등학교에 다닐 때는 반장을 도맡아 하고, 초등학교 5학년 때는 '충청북도 교육감상'도 받았다.

중학생이 된 뒤에도 공부를 열심히 했다. 이 과정에서 깨달은 게 바로 하지 말라고 하면 더 하고 싶어지는 사람의 심리다. "중학생이 된 후에는 등불을 켜놓고 밤새워 공부할 때가 많았는데, 그때마다 어머니가 '기름 닳으니까 너무 열심히 공부하지 마라'고 했어요. 신기한 건 그런 얘기를 들을 때마다 공부가 더 하고 싶어지는 거예요. 누구에게나 '청개구리 심보'가 있다는 걸 알게 됐죠." 세 아이를 키우면서 '공부하라'거나 '이렇게 해라' '저렇게 해라' 잔소리 하지 않은 것도 모두 이런 경험에서 나왔다.

### 좋아하는 일 해야 발전도 빠르고 아이도 행복하죠

아이들을 키우면서 자신의 뜻을 강요하지 않은 이유는 또 있다. 자신의 마음이 내키지 않는 상황에서 억지로 하는 일에는 문제가 생긴다는 걸 깨닫게 된 사건이 있었다. 보아가 다섯 살 때 일이다. 당시 남편 권재철 씨가 운영하는 남양주 목장에 보아를 억지로 데려갔는데 나무 기둥이 쓰러지면서 머리를 크게 다친 일이 있었다. 그날 보아는 이마를 17바

• 성영자 씨의 가족사진. 왼쪽 위부터 시계 방향으로 남편 권재철 씨, 첫째 순훤 씨, 성영자 씨, 셋째 보아, 둘째 순욱 씨.

늘 꿰맸고, 성씨는 자신의 고집으로 상대의 뜻을 꺾으면 나쁜 결과를 낳는다고 생각하게 되었다.

이후로는 더더욱 아이들을 자유롭게 키웠다. 순훤 씨가 초등학교 때 "엄마는 왜 나한테 공부하라고 하지 않으세요?"라고 물어볼 정도였다. 당시 순훤 씨 주변에는 아침부터 밤까지 학원 순례를 시키며 아이들 스케줄을 관리하는 극성 엄마들이 많았는데, 자신의 엄마는 그렇지 않으니 어린 마음에 의아했던 것이다.

그때도 성씨는 '네가 공부하고 싶으면 공부하고, 놀고 싶은 마음이 들면 놀면 된다'며 '제일 중요한 건 뭐든 스스로 하고 싶어 하는 너의 마음과 능동적인 자세'라고 설명했다.

그가 세 자녀 모두에게 공통으로 시킨 사교육은 딱 하나, 피아노였다. 세 사람 모두 다섯 살 때부터 피아노를 배우게 했다. 성씨 자신도 대학교 다닐 때 피아노를 쳤는데, 자신이 피아노를 치면서 느낀 기쁨과 환희를 아이들도 맛보게 하고 싶었다. 피아노를 대하는 세 아이의 태도는 제각각이었다. 첫째는 피아노 치는 걸 좋아했고, 둘째는 피아노보다 만화와 게임에 더 관심이 많았다. 셋째는 피아노보다 가야금에 흥미를 보였다. 성씨는 아이가 '하기 싫다'고 할 때는 두 번 세 번 강요하지 않고 원하는 대로 해줬다.

아이들 진로를 계획할 때도 마찬가지였다. 성씨는 첫째 순훤 씨가 어렸을 때 과학자가 되길 바랐다. 과학 관련 경연대회나 라디오조립대회 같은 곳에 나가 곧잘 1등상을 타는 등 과학 분야에 재능을 보였기 때문이다. 하지만 어느 날 아이가 '매일 이렇게 피아노만 치면서 살면 너무 행복할 것 같다'고 하는 말을 듣고 마음을 바꿨다. 순훤 씨는 피아노에 이어 바이올린까지 빠른 속도로 익혀 나갔다. 특히 바이올린은 보통 아이들이 3년 동안 배우는 걸 1년 만에 끝낼 정도로 습득이 빨랐다.

"큰아이를 보면서 자기가 좋아하는 일을 하면 눈에 띄게, 급속도로 발전한다는 사실을 알게 됐어요. 만약에 저와 남편이 과학자에 대한 미련을 버리지 못하고 순훤이에게 영재교육을 시키고 과학고에 보내려고 했으면 이만큼 좋은 성과는 없었을 겁니다."

## 마음껏 피아노 치고 노래 부를 수 있는 곳으로 이사

아이들이 원하는 게 뭔지 파악한 후에는 적극적으로 지원했다. 그렇다고 해서 다른 극성 엄마들처럼 아침부터 밤까지 매니저 역할을 자처한 건 아니다. 아이가 자신이 원하는 걸 할 수 있는 환경을 만들어주는 데 집중했다. 집을 아파트에서 전원주택으로 이사한 것도 그 때문이었다.

순훤 씨가 초등학교 5학년 때 일이다. 피아노에 빠져든 순훤 씨가 밤낮없이 피아노에 매달리자 이웃집에서 불만이 이어졌다. 이때 보통 부모라면 바로 아이를 불러 '밤늦게 피아노 치지 마라'고 혼을 냈을 것이다. 하지만 성씨는 달랐다. 아이가 하고 싶어 하는 걸 주변 환경 때문에 막고 싶지가 않았다. 어떻게 해야 아이가 마음껏 피아노를 칠 수 있을지 고민했다. 고심 끝에 남양주의 전원주택으로 이사를 결정했고, 순훤 씨는 주변 눈치 안 보고 마음껏 피아노 연습을 할 수 있게 되었다.

둘째 순욱 씨와 셋째 보아를 위해서는 빔 프로젝트와 노래방 기계를 구입했다. 춤을 좋아하던 둘째는 비디오를 보면서 넓은 마루를 연습실 삼아 마음껏 춤을 췄고, 세 살 때부터 '가수가 되고 싶다'고 입버릇처럼 말하던 셋째는 밤새도록 노래를 불렀다. 집에 오는 사람마다 '정신이 없다'고 했지만 성씨는 아이들이 자신이 원하는 걸 즐기는 게 흐뭇했다.

순욱 씨가 춤에 본격적으로 흥미를 갖게 된 건 고등학교 진학 이후다. 중학교 때는 만화와 게임에 빠져 있었다. 고등학교에 입학 후 '비트'라는 그룹을 만들어 다양한 춤 대회에 출전해 1등을 놓치지 않았다. 지금이야 연예인을 꿈꾸는 청소년이 많아졌고 부모들의 생각도 긍정적으로 바뀌었지만 20년 전엔 공부 안 하고 춤이나 추러 다니는 고등학생 아들을 내버려둘 엄마는 많지 않았다. 하지만 성씨는 아들의 꿈을 응원했다. '춤 잘 춘다', '멋지다'는 칭찬을 아끼지 않았다.

순욱 씨의 춤에 대한 열정은 보아의 데뷔에 결정적인 공을 세웠다. 순욱 씨가 고2 때 경기도 구리시에 새로 문을 연 백화점에서 주최한 댄스경연대회에 나갔는데, 당시 6학년이었던 보아도 백화점 관계자들을 졸라 게스트로 출연했다. 이날 순욱 씨는 대회에서 1등을 했고, 보아는 13군데 연예기획사에서 '가수로 키워주겠다'는 제안을 받았다.

### 보아 데뷔 전, 가세 기울어 판잣집 생활

성씨는 어떤 상황에서도 아이들을 위해 최선을 다했다. 남편 권재철 씨가 시의원 선거에 두 번째로 도전했다 실패하면서 인생에 먹구름이 찾아왔을 때도 마찬가지였다. 순훤 씨가 서울대에 합격하고, 순욱 씨가 고3, 보아가 중1 때였다.

성씨는 아이들을 위해 무슨 일이든 해보자고 마음먹었다. 결혼 전에 제약회사에 근무했지만, 결혼 후 20년이 넘는 세월을 전업주부로 살아온 그가 할 수 있는 일은 많지 않았다. 결국 선택한 게 우유 판촉이었다. 아이들이 알게 될까 걱정돼 일부러 집에서 70km 떨어진 의정부로 버스를 두 번 갈아타고 다니며 일을 했다.

하지만 한번 기울어진 가세는 쉽게 만회가 안 됐다. 집이 경매로 넘어갔고, 당장 길거리에 나앉을 상황에 처했다. 집 아래쪽 밭에 급하게 집을 지었다. 말이 좋아 집이지, 기둥에 합판을 덧대 만든 판잣집 수준이었다.

급조하다 보니 보일러가 없어 겨울이면 양말을 몇 겹씩 신고, 점퍼까지 걸치고 이불 속에 들어가도 입김이 나올 정도였다.

"집안 형편은 상상도 할 수 없을 정도로 엉망이 됐지만, 무엇보다 중요한 건 아이들이 희망의 끈을 놓지 않게 만들어 주는 일이었어요. 우유 판촉에 이어 보험 영업까지 한 건 '엄마도 노력하고 있다'는 걸 아이들에게 보여주기 위해서였습니다."

초라한 집에서 생활을 시작한 지 5개월 후 보아가 가수로 데뷔했다.

- **데뷔 무대를 지켜볼 때 감동이 남달랐겠네요** 2000년, 에어컨도 없는 집에서 땀을 비 오듯 흘리며 TV로 보아의 데뷔 무대를 지켜봤어요. 집안 살림까지 기울어진 상황에서, 어린 나이로 고되고 힘든 연습생 생활을 이겨내고 데뷔한 모습을 봤을 때 기쁨은 말로 표현할 수 없었습니다. 자신이 원하는 일이었기에 어떤 시련도 스스로 이겨냈을 거라 믿어요.

보아는 세 살 때부터 가수를 꿈꿨습니다. 유치원 때는 전국노래자랑에 나가겠다고 혼자 찾아갔다가 '나이가 어리니 다음에 오라'는 얘기를 듣고 돌아온 적도 있었어요. 다행히 자신의 재능을 일찍 발견해 개발했고, 열심히 노력해 꿈을 이룰 수 있었죠.

사람은 누구나 태어날 때부터 남보다 뛰어난 능력을 적어도 한 가지씩 갖고 태어난다고 믿습니다. 그것이 무언인지 빨리 발견해 잘 키우면 누구나 자녀교육에 성공할 수 있지 않을까요?

- **불안했던 적은 없었나요?** 저도 20년 전에는 평범한 세 아이의 엄마

• 제주도 가족여행 사진. 성영자 씨와 당시 유치원생이었던 보아(오른쪽)가 함께 말을 타고 있다.

였을 뿐이에요. 세 아이가 이렇게 훌륭하게 성장할지 당시에는 몰랐죠. 특히 순욱이는 순헌이나 보아와 달리 공부에 도통 관심이 없었어요. 중학생 때도 게임을 하거나 그림을 그리면서 시간을 보내더라고요. 한번은 방학 때 20시간 내내 쉬지 않고 게임만 한 적도 있어요. 중3 때는 인문계 고등학교에 갈 수 없을 정도로 성적이 떨어져 두 달 동안 단기 과외를 붙여 겨우 인문계 고등학교에 보냈으니 말 다했죠.

제가 게임을 하지 말라고 했으면 순욱이가 안 했을까요? 100% 아니라고 확신합니다. 제가 안 보는 곳에서 몰래 했겠죠. 그렇게 자신에 대해 고민하고 원하는 걸 찾게 했더니 대입에 실패하고 재수하면서 '미술이

하고 싶다'고 하더군요. 그때부터 죽기 살기로 공부하고 실기 준비해서 1년 반 만에 홍익대 미대에 합격했답니다.

물론 당시에는 아이들이 잘될 거라는 확신이 없었으니 불안한 마음도 있었습니다. 하지만 아이들 스스로 선택한 길이기 때문에 믿고 응원할 수 있었습니다. 어떤 일이든 자신의 의지로 선택할 때는 실패하더라도 후회가 적은 법이죠.

순욱이도 중·고등학교 때 '꿈을 찾아야 한다'고 강요하거나 '대학에 가라'고 압박했으면 자신에 대해 고민할 시간도 부족했을 테고 자신이 뭘 원하는지 알 수 없었을지 모릅니다. 다양한 분야에 관심을 가지면서 자신이 진정 원하는 게 뭔지 알게 됐다고 생각해요. 순욱이가 뮤직비디오 감독이 된 후에 하는 말이 '중학교 때 만화를 그린 덕분에 콘티 짜기가 쉽고, 그때 빠져 있던 게임에서 다양한 아이디어를 얻는다'고 하더라고요.

- **아이들 키우면서 속 썩은 일은 없었나요?** 자연을 벗 삼아 전원생활을 한 덕분이지 몰라도 세 아이 모두 인성이 좋은 편입니다. 순훤이는 선화예고에 입학한 후에 등록금이 일반고보다 몇 배나 비싼 걸 알고는 학교를 그만두겠다고 한 적이 있습니다. 동생들도 교육 혜택을 보게 해야 한다는 생각 때문에 그런 결정을 했다고 하더라고요. 남편과 함께 아이를 설득해서 선화예고에 다니게 했는데, 그 마음이 너무 예쁘고 고마웠습니다.

저는 부모가 아이한테 한 행동이 그대로 부메랑이 돼 돌아온다고 믿

• 성영자(오른쪽) 씨가 첫째 아들인 피아니스트 권순훤 씨(왼쪽), 손자 성우 군과 함께 피아노 앞에서 웃고 있다.

습니다. 자녀와 사이가 나빠 고민인 엄마들 얘기를 들어보면 더욱 확신할 수 있습니다. 어떤 엄마가 '아이가 자주 소리 지르고 대든다'고 걱정을 하길래 그 엄마에게 '자녀를 키울 때 말 안 들으면 소리 지르고 혼냈느냐'고 물었더니 '그렇다'고 하더라고요.

부모가 먼저 아이에게 사랑을 줘야 합니다. 내가 좋은 마음을 주면, 아이들이 나쁜 마음을 줄 이유가 없습니다. 저는 원래 성격이 다른 사람에게 나쁜 말을 못하는 편이라서 애들한테도 모진 말을 하거나 함부로 대한 적이 없습니다. 그런 것들이 아이들에게 자연스럽게 전해진 게 아닌가 싶습니다.

최고의 유산 163

To. 내 사랑 순현·순욱·보아 에게

'나 혼자 전문가가 되는 것이 아니라 대중이 들어서 이해할 수 있고 즐길 수 있는 음악을 쓰고 연주하는 것이 꿈'이라고 말하며 Easy Classic 권순헌 이란 수식어가 붙어다니는 아들이 이젠 네트 뮤지카 디지털 음반사를 운영하며 열심히 살아가는 모습을 보니 어릴적 유난히 자립심이 강했던 맏아들 장하고 기특하구나 대학에서 경영교수로서 많은 학생들을 가르치며 바르고 늦게 사는 모습이 엄마로서 고맙기만 하단다

순욱이는 어릴때 춤추고 만화만 그리며 게임에 빠져있었어도 너는 잘될꺼라고 늘 믿었던 그 마음 아직도 변함이 없단다 그 믿음 덕분에 메타노트지 법인 회사를 10명 넘게 운영하며 매일 매일 새로운 아이디어로 창조해 나가며 축제적으로 일을 맡아 바쁘게 촬영하며 편집하느라 바쁜 일상에 얼굴 보기도 힘들어 졌지만 높아지는 소득을 보니 제법 이름도 날리며 어느덧 큰 사람이 되기 있어 고맙고 감사한 마음이란다

보아는 딸이고 연약해 보여서 뭔가를 돕고 싶었지만 원하지 않았기에 바라만 보고 있었지 당당히 오리콘차트 1위에 등극하면서도 인터뷰 중에 이제 '시작'이라고 말했던 겸손은 마음에 새기며 나는 내 딸이지만 정말 대단해 라고 입속으로만 말 할 수 있었단다

가두어서 하고자 하는 '열정', 식지않는 끓임없이 솟구치는
그 '열정'이 최고의 엄마상은 수상할수 없겠다고 믿어
매일 새로운 도전이 보아를 16년동안 보아의 자리를
지키도록 노력해온 결과라고 믿는단다
보아는 늘 자신과의 싸움이라고 말 한때가 있지.
엄마는 그 말을 가슴에 새기며 정말 큰 나무같은
사랑이 바로 보아야 하며 되새김질을 한단다
크고 작은 일속에서 하나하나 겪어내야하며 때론
고통을 느끼며 깨닫는 모습속에 나도 같이 성장했음을
세 자녀를 통해 엄마가 되었음을 감사하고 있단다
세 자녀에게 내가 바라는 것이 있다면
가장 낮은 마음으로 자신을 낮추고 세상을 사랑하며 살아갈때
더욱 기쁘고 행복한 삶을 유지하리라 믿기 때문이지
인생은 멀리서 보면 희극이고 가까이서 보면 비극이라고
항상 멀리 보고 큰 희망을 갖고 작은곳에서 기쁨을
찾고 모두에게 나누고 베푸는 삶을 살 수 있기를
바라고 희망하며 기도한단다
내 사랑 순환 순욱 보아 화이팅! 엄마가

• 성씨가 순환·순욱 씨와 보아에게 쓴 편지. 세 자녀가 스스로를 낮추고 세상을 사랑하며 살기를 바라는 마음을 담았다.

- **요즘 학부모에게 꼭 전하고 싶은 조언이 있다면……** 많은 부모가 자신의 틀에 맞춰 아이들을 키우고 있습니다. 대학교 학과와 미래의 꿈까지 정해주죠. 이는 잘못된 교육 방식입니다. 아이는 부모의 소유물이 아니잖아요. 스스로 자신의 인생을 설계해 나가는 법을 배워야 합니다.

어릴 때 다양한 경험을 쌓는 게 무엇보다 중요합니다. 그 과정에서 아이의 두 눈을 반짝거리게 만드는 일이 뭔지 발견하고 적극적으로 지원해 줘야 합니다. 모든 사람이 의사나 판사, 교수가 될 수도 없고 그럴 필요도 없잖아요. 아이의 눈에서 그들의 인생을 바라보며 눈높이를 맞춰야 자녀가 성공할 수 있습니다.

about **성영자**

★ **존경하는 인물** | 신사임당. 어릴 때부터 신사임당을 좋아했고, 그 영향을 받아 현모양처를 꿈꿨다.

★ **내 인생을 바꾼 책** | 『삼국지』. 인생의 희로애락을 배운 책이다. 모든 등장인물에게 배울 점이 있다고 생각한다.

★ **좌우명** | 하늘을 우러러 한 점 부끄럼 없이 살자.

## 진짜 기회는 시련 속에 숨어 있을지 몰라요
## 자녀에게 스스로 헤쳐 나갈 힘 키워주세요

"정말 고맙습니다. 진짜 감사합니다. 너무 영광이에요." 강주은 씨와의 만남은 그렇게 '감사'로 시작되었다.

캐나다에서 나고 자라 대학생 때까지 평범한 삶을 살았던 그다. 우연한 기회에 미스코리아 대회에 나간 게 그의 인생을 180도로 바꿔놨고, 한 예능프로그램에 출연하면서 한국을 대표하는 가모장(家母長)이 됐다. 방송에서 그는 대한민국 대표 터프가이 최민수를 돈 못 버는 실업자라고 무시하는 것은 물론, 설거지, 운전 등에 마구 부려 먹으며 "저리 꺼져!"라는 말도 서슴지 않는다. 덕분에 카리스맘, 깡주은, 갑주은 등의 별명을 얻었다. 그뿐만 아니다. 두 아들 유성, 유진이와 같은 눈높이에서 소통하는 자녀교육법도 인기다.

### 최민수와 만난 지 6개월 만에 결혼

그는 캐나다에서 나고 자란 이민 2세대다. 그의 아버지는 덴마크에서 대학을 졸업하고 캐나다 화학 회사에 취직하면서 토론토에 정착했다. 한국인으로는 40번째였다. 그의 어머니는 성심여대(현 가톨릭대) 1회 졸업생으로 아버지가 한 달 정도 한국에 머물렀을 때 운명처럼 만나 결혼에 성공했다.

그의 러브스토리도 이와 꼭 닮았다. 캐나다에서 쭉 살다가 한국에 잠깐 왔을 때 최민수를 만나 6개월 만에 결혼했기 때문이다. 결혼 과정뿐 아니다. 자녀교육 방식도 비슷한 점이 많다.

"인생은 가까이서 보면 비극이지만, 멀리서 보면 희극이라는 말 있잖아요. 저는 여섯 살 때 그걸 알았대요. 가을에 부모님과 단풍 구경하러 차를 타고 산을 지나갈 때였는데, 제가 부모님에게 '저 숲이 멀리서 보면 정말 아름다운데, 저기 안에 들어가면 흙도 있고, 벌레도 있어서 지저분한 거 아니냐. 우리 인생도 그런 것 같다'고 했대요. 나중에 어머니한테 들은 얘기에요. 어렸을 때부터 또래보다 조숙했나 봐요."

그를 정신적으로 성숙하게 하는 데는 부모의 역할이 컸다. 그의 부모님은 항상 그를 동등한 인격체로 대했고, 그의 의견을 존중했다. 부모님이 부부싸움을 할 때 중재자 역할도 늘 그의 몫이었다. "인간관계에서는 늘 갈등이 생길 수밖에 없잖아요. 부모님도 마찬가지였죠. 외동딸이었기 때문에 어느 한쪽 편을 들 수도 없고, 부모님이 싸우는 모습을 보기도 싫었어요. 상황을 객관적으로 판단하고 적극적으로 화해시키려고 노력했죠."

• 강주은 부모님의 젊은 시절 사진. 1968년 캐나다 토론토에서 여름휴가를 즐기는 모습.

그런 그에게 부모는 한 번도 '어린 게 뭘 알아?' '어른들 일에 왜 끼어들어?'라는 말을 하지 않았다. 항상 그의 얘기에 귀 기울였고, 그의 조언을 귀담아들었다. 그가 그의 두 아들과 같은 눈높이에서 소통하는 건 어떻게 보면 지극히 당연한 일이었다.

또 잔소리는 상황을 악화시킨다는 걸 알게 됐다. "어머니가 완벽주의자라 아버지의 상황을 컨트롤하려는 면이 있었어요. 쉽게 말하면 잔소리를 좀 하셨죠. 예를 들어 아버지가 주말에 골프를 치러 간다고 하면 어머니는 '왜 주말에 가족과 함께 보내지 않느냐'고 하셨어요. 제가 보기에는 아버지 상황이 충분히 이해가 됐는데 말이죠. 어머니의 잔소리가 상황을 더 안 좋게 만드는 걸 보면서 결심했어요. '나중에 커서 결혼하면 절대로 잔소리하지 말자'고요."

### 감사하고 감사하고, 또 감사하라

그의 부모는 그에게 '이렇게 하라'고 하기보다 먼저 모범을 보였다. 특히 자신보다 부족한 사람에게 따뜻하게 대했다.

그가 초등학교 6학년 때 일이다. 부모님 지인 중에 부동산과 주식으로 큰돈을 번 후 좋은 집으로 이사하고 사람들을 대하는 태도까지 달라진 가족이 있었다. 이사 간 후 전화 받는 친구 어머니 목소리가 냉랭해져 어린 나이에 상처를 받았다. 가족끼리 사이가 소원해졌는데, 그 집이 갑자기 망했다는 소식을 들었다. 주변 사람들은 대부분 등을 돌린 뒤였다. "우리 부모님도 서운한 게 많았을 텐데 집에 찾아온 그분들을 예전과 변함없이 따뜻하게 대했어요. 그런 모습을 보면서 깨달았어요. 물질이 중요한 게 아니고, 겸손해야 하고, 나보다 약한 사람들을 따뜻하게 감

• 캐나다에 살던 강주은 한국에 잠깐 나왔을 때 최민수를 만나 6개월 만에 결혼했다.

싸야 한다는 걸요."

여덟 살 때는 이런 일도 있었다. 아버지가 급할 때만 쓰라고 비상금으로 준 2달러를 준비물 살 돈이 부족한 친구에게 줘 버린 것이다. 어려움에 처한 친구를 돕는 일이었지만, 아버지와의 약속을 지키지 못했다는 생각에 걱정이 됐고, 혼날 각오를 하고 아버지에게 털어놨다. "아버지는 저를 나무라는 대신에 '잘했다'고 칭찬해주셨어요. 어려움에 처한 친구를 돕는 건 당연한 일이라는 말과 함께요. 그런 상황을 여러 번 겪으면서 남을 먼저 생각하는 마음을 갖게 됐어요."

어떤 상황에서도 늘 감사하는 마음을 갖는 습관도 생겼다. 부모님의 다툼이 자신의 힘으로도 해결이 안 될 때 어린 그가 할 수 있는 일은 별로 없었고, 그럴 때마다 방에 들어가 기도를 했다. 하지만 보통 사람들이 어려운 상황에서 하는 기도와 조금 달랐다. 대부분은 힘들 때 '도와주세요'라고 빌지만 그의 기도는 '감사합니다'로 시작했다. 하나님께 가장 먼저 배달되는 기도가 '감사기도'라는 걸 교회에서 배웠기 때문이다. '감사합니다. 지금 이 상황이 싫지만 하나님께서 언젠가 해결해 주실 거라고 믿습니다. 이 일이 해결될 걸 생각하니 감사합니다'라는 식이었다. 이런 습관은 그를 긍정적인 마음의 소유자로 만들었다.

극한 상황에서도 긍정의 힘이 발휘됐다. 2008년 4월 최민수가 노인 폭행 사건에 휘말렸을 때도 마찬가지다. 사건은 무혐의로 마무리됐지만 당시 가족이 받은 고통은 상상할 수 없을 정도다. 남편이 잘못하지 않았다는 걸 믿기에 그런 상황을 만든 게 더 화가 났다. 하지만 그는 남편에게 화를 내지 않았고, 일상생활을 유지하는 데 최선을 다했다. 그때도 감사기도를 했다. 하나님이 그가 이를 감당할 수 있다고 믿기 때문에 시련을 주는 거라 생각했다. "과정은 힘들었지만, 돌이켜보면 감사기도가 통한 거라고 생각해요."

## 갓난아기도 부모와 동등한 인격체

그가 부모에게 받은 존중과 감사, 겸손의 가치는 그의 아이들에게로 이어지고 있다. 그도 아이들을 늘 존중하려고 노력한다. 대학생과 고등학생이 된 지금은 물론, 말도 통하지 않던 갓난아기 때부터 한 인격체로 대했다. "한번은 유성이가 자신의 육아 비디오를 보고 신기해했어요. 갓난아기일 때나 지금이나 제 말투가 똑같다고요. 실제로 아이를 대하는 태도는 예전에 비해 크게 달라지지 않았어요. 늘 제 말을 알아듣는다고 생각하고, 존중하고 타협하려고 했거든요. 아이가 비행기에서 떼쓰고 울어도 기내 화장실로 데려가 나지막이 말했어요. '지금 밖에서 울면 다른 사람들에게 피해를 끼치는 거야. 여기서 울음을 그칠 때까지 함께 있어야 해'라고요. 그리고 울음 그칠 때까지 같이 기다렸어요."

지금도 마찬가지다. 둘째 유진이가 시험에서 F를 받았을 때도 아이를 혼내기보다 소통하려고 노력했다. 화를 내기 전에 아이를 소파에 앉혀 놓고 그런 성적을 받은 이유에 대해 물었다. 대화의 핵심은 '얼마 전까지 별문제 없다고 한 게 거짓말인지', '학교에서 가르치는 내용을 제대로 이해하지 못하는지', '숙제를 제 날짜에 제출하지 않았는지'였다. 이 과정에서 그는 단 한 번도 언성을 높이거나 아이를 몰아세우지 않았다.

일관된 목소리와 톤으로 대화를 나눴다.

**- 평소 교육열이 높은 편인가요?** 전혀 그렇지 않아요. 공부에 재능이 있는 애들이 아닌걸요. 학원 한 번 보낸 적이 없어요. 아이들답게 자라고 학교생활 즐겁게 하면 그걸로 만족했으니까요. 사실 첫째 때는 성적을 한 번도 확인한 적이 없어요. 부모가 인터넷으로 점수를 확인할 수 있는 시스템인데, 전교에서 유일하게 성적 확인을 안 한 엄마였죠. 아이가 '내

• 2015년 12월 크리스마스 때 찍은 가족사진. 왼쪽 위부터 시계방향으로 유성 씨, 유진 군, 최민수 씨, 강주은 씨. 터프가이 최민수도 집에서는 설거지를 도맡아 하고, 아내에게 찍 소리 못하는 착한 남편이다. 또 아들 말이라면 껌뻑 죽는 '아들 바보' 아빠다.

점수 좀 봐 달라'고 성적표를 가져와도 '이건 네가 해낸 거다. 너 스스로 만족하면 된다. 나는 너를 믿는다. 네가 괜찮다면 엄마는 무조건 네 편이다'라고 말하고 안 볼 정도였습니다.

그런데 이번에는 도움이 필요할 때 손을 내밀지 않을까 그게 우려되었습니다. 만약에 아이가 수업에서 가르치는 내용을 전혀 이해하지 못하고 있는데, 엄마에게도 털어놓을 수 없다면 학교 다니는 게 너무 고통스러울 것 같았거든요. 그래서 대화를 시도했고, 실수였다는 사실을 알고 안도했어요.

**- 아이의 대입 준비는 어떻게 돕고 있나요?** 좋은 성적을 받는 것보다 더 중요한 게 공부를 잘하려는 스스로의 의지라고 생각합니다. 누구한테 뭔가를 억지로 강요하면 제 인생이 행복하지 않을 것 같아요. 아이들이

• 첫째 아들 유성이가 태어난 해 크리스마스에 한국을 찾은 부모님과 함께 찍은 사진.

평생 행복하게 할 일을 찾는 게 중요하다고 믿습니다. 저는 어릴 때부터 '의사가 돼야 한다'는 얘기를 많이 들었습니다. 부모님의 바람을 이루려고 노력하는 걸 당연하게 여겼고, 다른 길을 생각해본 적이 없어요. 하지만 외국인 친구들은 스스로 자신의 미래를 개척해 나가더군요. 이후 자기 스스로 원하는 공부를 하는 게 중요하다는 걸 알게 되었습니다. 두 아들에게는 그런 자유를 주고 싶습니다.

-의사의 꿈은 언제 접었나요? 원래 캐나다에서 생물학과 졸업 후 의학전문대학에 진학할 계획이었어요. 독특한 스펙을 쌓으려고 미스코리아 대회 나갔다가 남편을 만나면서 인생이 전혀 다른 방향으로 흘러간 거죠. 토론토를 떠나서 살 생각을 해본 적이 없는데 어느덧 한국에 정착한 지 22년째예요. 부모님이 저를 강하게 키워주지 않았으면 한국에서 결혼생활을 하기 더 어려웠을 것 같아요. 하지만 스스로를 믿었기 때문에 여러 가지 역경을 이겨낼 수 있었습니다.

-유성이가 토론토대 정치학과에 다니고 있다면서요? 네, 기대보다 좋은 대학에 들어갔어요. 한 번도 '좋은 대학에 가야 한다'고 강요한 적은 없는데 말예요. 고3 2학기 때도 공부보다 졸업연극에 더 열중했던 아이입니다. 셰익스피어 대본 700줄을 몽땅 외워야 했는데, 연극 연습하는 유성이의 모습을 보면서 주변에서 더 난리였어요. 제정신이 아니라고 말하는 사람도 있었습니다. 유성이도 걱정됐는지 '대학 못 가면 어떻게 하느냐'고 묻더라고요. 커뮤니티칼리지(2년제 대학)도 괜찮다고 대답했죠.

아직 자신이 간절히 원하는 걸 찾지 못한 상황이니 지금 당장 집중할 수 있는 일을 열심히 하는 게 중요하다고 믿었거든요. 유성이는 늘 '다른 애들은 대입 준비하느라 새벽 3~4시에 자는데, 자신은 하고 싶은 거 다 할 수 있게 해줘서 고맙다'고 말하곤 했어요.

**-가족들이 모두 '고맙다'는 말을 자주 하는 것 같네요** 개인적으로 가장 중요하게 생각하는 삶의 가치예요. 사람은 언제 무슨 일이 생길지 모르죠. 한순간에 막대한 부를 누리거나 국내 최고의 인기를 얻을 수도 있어요. 이때 중요한 건 그런 상황을 당연하게 받아들이면 안 된다는 거예요. 어떤 순간에도 자신이 누리는 것에 대해 감사할 줄 알고 늘 겸손한 태도를 가져야 합니다.

특별한 상황이 아닐 때도 마찬가지죠. 부모님이 차려준 아침밥을 먹은 후에도 꼭 '감사합니다'라고 말할 줄 알아야 해요. 또 우리보다 상대적으로 약한 상황에 있는 사람을 배려하고 보듬을 줄 알아야 합니다. 모든 일에 감사하고, 다른 사람 존중하고, 항상 겸손한 것. 이 세 가지만 잘 갖추고 있으면 어떤 일도 훌륭히 해낼 수 있다고 믿어요. 부모로서 아이에게 해줄 수 있는 가장 중요한 교육 중 하나라고 생각합니다.

그리고는 스스로 인생을 살아갈 힘을 키워줘야 한다고 생각해요. 인생이라는 건 한 치 앞도 내다볼 수 없습니다. '이게 끝인가' 하고 장애물을 하나 넘으면 더 큰 장애물이 나타나기 마련이죠. 눈앞의 시련을 피한다고 해결되는 게 아니라는 얘기예요. 그래서 부모는 자녀에게 어떤 상황에서도 포기하지 않고 최선을 다해 헤쳐 나갈 용기를 키워줘야 합니다.

Dearest Christian and Benjamin —

It is such a privilege to have you as our sons. You are precious gifts from God and we treasure all our moments with you.

While we would hope you are equipped with some valuable life skills, the journey of life will continue to challenge you for many years to come. Mom and Dad still continue to learn and it is so important to keep your minds and hearts open as learning never stops.

As you mature and become more a part of the world, always pay attention to people, experiences and challenges, embracing all good and difficult times. These will enrich your ability to love all that life will bring your way.

Try to be humble and grateful for all you encounter. Try to make all your moments count, so you can become valuable tools of God. Thank you for reminding us of God's love to us —

We love you both so much —
Mom and Dad

- 강주은 씨가 두 아들에게 쓴 편지. 주로 그가 썼지만 중간 중간 최민수 씨에게 의견을 물어 완성했다. 두 아들이 인생을 살면서 마음에 새겼으면 하는 내용을 담았다.

요즘 부모들은 대부분 자녀의 역경을 대신 해결해 주려고 합니다. 부모라면 다 같은 마음이겠지만 그게 최선은 아니라고 생각해요. 아이들은 벽에 부딪히고 실수하면서 한 단계씩 성장합니다. 한계를 뛰어넘고, 시행착오를 겪으면서 깨달음도 얻고, 스스로 더 단단해집니다. 인생이 어떻게 펼쳐질지, 기회가 어떻게 올지 아무도 모릅니다.

예전의 위기가 얼마든지 기회가 될 수 있습니다. 사람들은 누구나 스타가 되거나 복권당첨 같은 대단한 기회를 기다리지만, 진짜 기회는 우리가 모르고 지나치는 짧은 순간이나 시련 속에 숨어 있을지도 몰라요. 그 모든 게 재산이 될 수 있습니다. 그게 좋은 대학에 가고, 남들이 선망하는 직업을 얻는 것보다 훨씬 더 중요한 일입니다.

## about 강주은

| | |
|---|---|
| 1970년 | 캐나다 토론토 출생 |
| 1980년 | 게이트웨이 초등학교 졸업 |
| 1984년 | 성바바라 가톨릭 중학교 졸업 |
| 1989년 | 카디널 뉴먼 고등학교 졸업 |
| 1993년 | 미스코리아 선발대회 캐나다 진 |
| | 웨스턴 온타리오 대학교 생물학과 졸업 |
| 1994년 | 배우 최민수와 결혼 |
| 2003~09년 | 서울외국인학교 대외협력개발이사 |
| 2005~16년 현재 | 주한 미국상공회의소 교육위원회 공동의장 |
| 2007~16년 현재 | 주한 캐나다상공회의소 이사회 이사 |
| 2010~14년 | 서울외국인학교 대외협력마케팅개발이사 |
| 2015~16년 현재 | 서울외국인학교 대외협력 부총감 |

★ **인생의 롤모델** | 부모님

★ **내 인생을 바꾼 책** | 칼릴 지브란의 『예언자』. 결혼하고 얼마 안 돼 이 책을 읽고 큰 감동을 받았다. 낯선 세계에서 살아가야 하는 부담 때문에 두려워하던 나에게 인생이 뭔지 알려준 책이다. 남녀, 부부, 자녀와 관계를 맺고 소통하는 것에 대한 지혜를 배울 수 있다.

★ **좌우명** | 겸손함이 자신의 자존심이 되게 하라.

# 3장

# 꿈과 도전

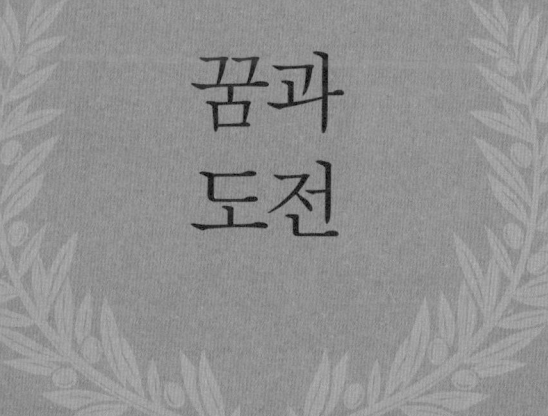

4대 극한 마라톤 완주,
전북시각장애인도서관장 송경태

# 너의 길을
# 스스로 찾아 나가라

### 부모 역할은 꾸지람 아닌 솔선수범,
### 어렵고 힘들수록 내일보다 오늘에 집중하라

그는 매년 100권의 책을 읽고, 1권의 책을 쓴다. 2005년 사하라 사막 마라톤 250km를 완주한 것을 시작으로 2007년엔 고비사막, 이듬해엔 아타카마사막과 남극대륙 마라톤을 뛰었다. 세계 4대 극한 마라톤이라 불리는 코스를 4년 만에 완주한 것이다. 학업도 이어갔다. 2000년 석사 학위에 이어 2011년엔 박사 학위까지 취득했다. 2015년엔 에베레스트산 정상을 등반하러 도전에 나섰다 네팔 대지진을 만나 다음을 기약하고 내려왔다.

그의 두 아들은 아버지의 끊임없는 도전을 보며 자랐다. 두 사람은 '학창시절, 공부하기 싫은 날이면 아버지를 떠올렸다'며 '매사에 목숨을 걸고 최선을 다하는 아버지를 생각하면 졸음이 확 달아나고 게으름

• 2005년 사하라사막 마라톤에 참가한 송경태 씨. 이때 큰아들 송민 씨가 국제봉사자로 동행했다.

을 피우는 나 자신을 채찍질하게 된다'고 말한다. 도전하는 모습을 본보기로 보이며 두 아들을 키워낸 아버지 송경태 씨. 그는 1급 시각장애인이다.

### 밥 굶는 동네 아이 거둬 먹이던 부모님

송경태 전북시각장애인도서관장은 1982년 군대에서 시력을 잃었다. 집중호우에 침수된 무기고를 정리하다 수류탄 폭발 사고가 있었고, 파편은 송 관장의 두 눈을 후볐다. 번쩍하는 섬광이 그가 마지막으로 본 빛이었다. 입대한 지 40일 만에 벌어진 비극이었다.

사고 후 6개월간 세 번의 수술을 받았다. 스물한 살, 낙천적인 청년이었던 송 관장은 '치료가 끝나면 곧 볼 수 있겠지'라고 생각했다. 현실을 직시한 건 의병제대를 하고 집에 돌아온 뒤였다. 장남인 송 관장이 눈이 멀어 돌아오자 화기애애했던 집안에 찬바람이 돌았다. "웃음이 사라지더군요. 내 밑으로 동생 넷이 있는데 시끌시끌하던 녀석들이 말을 잃고, 친구들도 찾아오지 않으니 '아, 내가 정말 장애인이 됐구나'라는 게 현실적으로 느껴졌죠."

아무것도 할 수 없다는 절망감, 자신으로 인해 집안에 어둠이 드리워졌다는 죄책감이 송 관장을 좌절하게 했다. 자살을 여섯 번 시도했다. 집 앞 저수지에 투신하기도 하고, 철길을 찾아가 누워 있기도 했다. 그때마다 동네 사람들이 달려와 목숨을 건졌다.

그를 일으킨 건 부모님이다. 송 관장이 장애를 입고 집에 돌아온 뒤, 부모님은 한 번도 그 앞에서 눈물을 보인 일이 없었다. "처음엔 '넌 눈을 뜰 수 있다'고 하셨고, 나중엔 '안 보여도 할 수 있는 일이 얼마든지 있다'고 하셨죠. 좋은 병원을 수소문해 데리고 다녔고, 제가 할 만한 일이 뭔지 알아봐 주셨어요."

그의 집은 전북 전주에서 손꼽히는 부자였다. "천석꾼이었어요. 정미소, 어물전, 석유집까지 하고 집에서 일하는 머슴만 일곱 명이었고요. 가마니에 돈을 넣어서 광에 쌓아놓고 지냈으니까요." 아침이면 동네는 물론이고 읍내에서부터 가난한 사람들이 집 앞으로 몰려와 길게 줄을 섰다. 어머니는 쌀이며 음식을 퍼서 나눠주는 게 첫 번째 일과였다. "어려서부터 부모님께 가장 많이 들은 얘기가 '흉년이면 곳간 문을 열어라'였어요. 동네 어린아이 중에 밥 굶는 아이가 있다는 소식을 들으면 어머니가 아예 거둬 먹이셨죠."

장애인이 된 송 관장에게 도움의 손길을 내민 건 그의 부모님에게 도움을 받았던 이들이었다. 어머니가 밥 차려 먹이며 키우다시피 했던 걸인 중에 목회자나 사업가로 성공한 사람이 꽤 많았다. 이들은 송 관장이 시력을 잃었단 소식을 듣고 한달음에 찾아왔다. 송 관장을 붙잡고 기도를 하고, 희망적인 얘기도 들려줬다. '자살'을 뒤집으면 '살자'가 된다며 삶을 포기해선 안 된다는 얘기가 송 관장의 가슴에 박혔다. "그분들은 저한테 정이 있는 거죠. 한마디를 해도 진심이 담겨 있으니 제가 일어설 수 있었어요. 옛 어르신들이 '부모가 덕을 쌓으면 자손이 누리고 산다'고 하던데, 그 말이 하나도 안 틀려요."

### 시각장애인용 컴퓨터 프로그램 개발

홀로서기는 쉬운 일이 아니었다. 아무것도 보이지 않으니 방문을 열고 화장실에 가는 것조차 혼자 힘으로 해결하기 어려웠다. 뭔가를 시도할수록 주변에 피해를 끼치는 것 같아 자꾸 위축됐다.

당시 세상과 소통하는 유일한 창구는 라디오였다. 그러던 어느 날 귀가 번쩍 뜨이는 사연이 들려왔다. "대학교 4학년이라는 시각장애인이 보내온 사연이 나오는 거예요. 저는 대학 3학년 휴학하고 군대 갔다 시력 잃은 뒤에 배움을 포기했거든요. 시각장애인이 대학에 다닐 수 있다는 게 믿기지 않았죠."

곧바로 방송국에 전화를 걸었다. '그 사연이 사실이냐'고 따지듯 물었다. 방송국은 사연을 보낸 사람을 송 관장과 연결해줬다. 며칠 후 그 대학생이 점자책 한 권과 흰 지팡이를 들고 송 관장의 집으로 찾아왔다. 송 관장은 오돌토돌한 점자를 처음으로 만져본 생경한 느낌을 '꼭 누에 똥 같았다'고 기억한다. 하지만 '이걸 배우면 책을 읽을 수 있다'는 그 학생의 한마디에 송 관장은 그 자리에서 점자를 모조리 외워버렸다. "점자로 책을 읽고 흰 지팡이 짚고 혼자 걸을 수 있다면 저도 다시 대학에 다닐 수 있겠다는 희망이 생겼어요. 그날부터 제 도전이 시작된 겁니다."

다음날부터 당장 흰 지팡이를 더듬으며 대문 밖을 나섰다. 마주치는 동네 사람들마다 "아서라. 혼자 다니다 구덩이에라도 빠지면 황천길 간다"며 손사래를 쳤다. 대학에 다시 다니겠다고 하자 친구들은 만류했지만 부모님은 달랐다. 장애를 극복한 사람도 많다며 그를 북돋워줬다.

• 시각장애인용 컴퓨터. 송 관장은 이 컴퓨터에 2,000권의 책 문서를 저장해놓고 1년에 100권 분량을 듣고, 지금껏 6권의 책을 썼다.

"나중에 안 사실인데, 제가 지팡이를 짚고 대문을 나서면 아버지가 발소리를 죽여 가며 저만큼 뒤에서 저를 따라오셨대요. 제가 돌부리에 걸려 넘어지거나 물구덩이에 빠질 때도 옆에 계셨대요. 만약 그때 아버지가 '거기 위험하다, 이쪽으로 가라'고 손을 잡고 이끌어주셨다면 오늘날의 저는 없었을 겁니다. 아버지가 울음을 속으로 삼키면서도 제가 혼자 설 수 있게 묵묵히 버텨주신 게 저를 온전히 성장시켜준 겁니다."

희망이 생기자 재활에 가속이 붙었다. 혼자 할 수 있는 일이 하나둘 늘어날수록 새로운 목표가 생겼다. "이때 제가 세운 3대 목표가 대학 졸업, 결혼, 컴퓨터 배우기였어요. 이 세 가지 목표를 다 이루는 데 28년이 걸렸습니다." 엄밀히 말하면 28년간 그가 이룬 건 이 세 가지 목표를 훨씬 뛰어넘는다. 대학 졸업뿐 아니라 박사 학위까지 취득했고, 컴퓨터는 단순히 배우는 수준을 넘어 아예 텍스트가 음성이나 점자로 변환되는 시각장애인용 컴퓨터 프로그램을 개발했다. 아내를 만나 결혼했고, 송민, 송원 두 아들을 훌륭하게 키워낸 아버지가 됐다.

### 사막 달리는 아버지의 눈이 돼준 두 아들

두 아들은 장교로 군 생활을 마쳤다. 송 관장이 의병제대를 하는 바람에 끝마치지 못한 군 생활을 두 아들이 대신 명예롭게 마쳐주겠다며 장교로 자원한 것이다. 둘째 아들 송원 씨는 '아버지가 군에서 시력을 잃는 엄청난 사고를 당했지만 국가를 향한 원망이나 불평의 기색은 한 번도 내비친 적이 없다'고 말한다. 오히려 국가의 소중함과 감사를 강조했다. 송 관장은 '전 세계를 돌아다녀보면 국가가 없는 민족이 얼마나 비참한 삶을 사는지, 사막이나 극지방처럼 척박한 환경에서 사는 이들이 얼마나 큰 고통 속에서 생존을 이어가는지 느낄 수 있다'며 '내가 처한 환경의 소중함과 감사를 아는 것이 삶의 근본'이라고 말한다.

사막 마라톤에 아들을 데리고 간 것도 이를 체험하게 하기 위해서였다. 송 관장이 사막 마라톤에 도전한 건 2005년 사하라사막부터다. 이때는 큰아들 송민 씨가 국제봉사자로 동행했다. 사막 마라톤은 전체 250km를 6박7일간 완주해야 한다. 매일 40km 이상을 달려 정해진 시간 안에 캠프에 도착해야 다음 날 레이스를 이어갈 수 있는 방식이다.

다른 참가자에 비해 속도가 턱없이 느린 송 관장은 매번 마감 시간에 임박해야 가까스로 캠프에 들어왔다. 캠프에서 대기하고 있던 송민 씨는 '다른 참가자가 모두 도착한 뒤에도 아버지 모습이 보이지 않으면 피가 마르는 것 같았다'며 주최 측에 아버지를 포기시켜 달라고 몰래 부탁을 한 적도 있다고 했다. 눈이 보이지 않는 아버지의 완주를 옆에서 지켜보면서 '사람은 무엇이든 마음먹으면 못할 일이 없다는 진리를 새삼 깨달았다'고도 했다.

2008년 도전한 아타카마사막 마라톤에서는 둘째 송원 씨가 함께 출전해 아버지의 눈 역할을 했다. 호기롭게 출발했지만 송원 씨는 첫째 날부터 아버지에게 포기하자고 말했다. '다른 참가자들이 모두 앞서 가버리고 사막에 아버지와 나 둘만 뒤처진 채 10여 시간을 달려야 했다'며 '내가 사막에서 아버지를 보호해야 한다고 생각했는데, 그 상황이 되니 자신이 없어져 포기하고 싶었다'는 것이다.

송 관장은 '오늘 레이스만 마치고 결정하자'며 오히려 아들을 이끌었다. 마감 시간을 5분 남기고 이들이 도착하자, 이미 캠프에서 쉬고 있던 모든 마라톤 참가자들이 밖으로 나와 갈채와 환호로 부자를 맞았다. 결국 250km를 완주한 뒤 송원 씨는 '사막에서 느낀 아버지의 자리는 이루 말할 수 없이 크고 위대했다'며 '아버지의 정신력과 의지를 진심으로 존경한다'고 말했다.

- **이렇게 엄청난 도전을 이어가는 이유는 무엇인가요?** 저에겐 집 밖을 나가 동네 한 바퀴 돌아보는 일이나, 에베레스트를 오르는 일이나 다를 바가 없습니다. 보이지 않는 사람에게는 일상을 살아가는 것 자체가 모험이죠. 또 모험에 수반되는 고독과 극한 상황이 저에게는 일상입니다. 사막도 에베레스트도 저에게는 특별한 곳이 아닙니다.

- **모험에 따르는 고독과 극한 상황을 이겨내는 방법은 무엇인가요?** 산악인들의 법칙이 있습니다. 정말 높고 힘든 산일수록 정상을 보지 않고, 내 앞사람 발만 쳐다보는 것입니다. 시선을 낮추고 한 발짝 앞만 보면서 묵묵히 전진하는 것이죠. 우보천리(牛步千里 소걸음으로 천리를 간다)라는 말처럼 묵묵히 걸음만 떼는 사람이 정상을 밟는다고 합니다. 마라토너도 그렇습니다. 42.195km를 뛰어야 한다고 생각하면 출발도 못합니다. 내 앞사람만 보면서 한 걸음씩 떼는 거죠.

사는 것도 마찬가지입니다. 저는 아이들에게도 항상 어렵고 힘들수록 내일 일은 생각하지 말고 지금 할 일만 차근차근 해나가면 된다고 말하곤 합니다. 오늘 할 일은 미루지 말고, 내일 일은 내일 하면 된다고 말입니다.

**- 자기 관리에 철저한 만큼 자녀교육도 엄격했을 것 같은데요** 지금껏 호되게 나무란 적이 없습니다. 아내가 '진짜 아빠 맞냐'고 했을 정도죠. 특히 아이들의 성적이나 진학, 취업 등에는 관여하지 않고 스스로 선택할 수 있게 했습니다. 두 아들 모두 순탄하게 대학에 들어갔고 군대에 있을 때 취업까지 확정됐죠. 교대에 다니던 큰아들은 군대에서 임용고시를 통과했고, 둘째는 최전방에 복무할 때 은행에 지원해 최종 면접까지 합격했습니다. 제 교육 철학은 아이가 시행착오를 겪더라도 스스로 선택하고 책임질 수 있게 시간을 주자는 것입니다. 아이가 미숙하게 보일 때마다 제가

• 2008년 아타카마사막을 횡단하고 있는 송경태(오른쪽) 씨와 아들 송원 씨. 사막 마라톤을 부자(父子)가 완주한 세계 최초의 기록이다.

'이래라 저래라' 하고 간섭했다면 아이들이 성장하지 못했을 것입니다.

**- 아이를 키우면서 혼내지 않는 건 쉽지 않은 일이지요** 혼내고 나무라는 그 속을 들여다보면 과잉보호인 경우가 많습니다. 아이 내면의 힘을 믿어주지 못하고, 부모 뜻대로 빨리 처리하고 싶어서 채근하는 것이죠. 저는 아들이 늦잠을 자도 한 번도 깨운 적이 없습니다. 지각을 해봐야 일찍 일어나기 위해 자기 관리를 하게 된다는 생각에서죠. 인성 교육도 강압적으로 시키지 않았습니다. 잘못을 해도 바로 혼내지 않고 생각할 수 있게 시간을 줬습니다.

둘째 아들이 초등학교 5학년 때의 일입니다. 제 손을 잡고 길을 안내하다 느닷없이 손을 놓더니 "아빠, 잠깐만!" 하고 사라졌습니다. 한참 만에 돌아와 슬그머니 손을 잡고 다시 걷기 시작하더군요. 그때 저는 속으로 '친구라도 마주쳤나 보다'라고 짐작만 했습니다. 시각장애인 아빠의 손을 잡고 걷는 모습을 친구에게 들키는 게 어린아이 입장에선 충분히 상처가 될 만하지 않나 그렇게 생각했죠. 전 아무 말 않고 아이의 손만 꼭 잡아줬습니다.

시간이 한참 지난 뒤 원이가 '어릴 때 아빠 손을 잡고 가다가 맞은편에서 친구가 오는 걸 보고 잠깐 숨었던 적이 있다'면서 '철이 없어서 그랬는데 정말 죄송하다'고 하더군요. 다그치지 않아도 시간을 주면 아이는 제대로 성장하게 되는 것 같습니다.

**- 그냥 지켜보기만 해도 될까요?** 묵묵히 지켜보되, 부모가 스스로 솔선

수범을 해야 합니다. 아이에게 '일찍 일어나서 공부하고 주변 정리도 똑바로 하라'고 잔소리하기 전에 부모가 먼저 모범을 보이는 것입니다. 저와 아내 모두 아이들에게 '공부하라'는 잔소리 대신 항상 책상 앞에서 책을 읽고 글을 쓰는 모습을 보여주었습니다. 큰아들은 '아침에 일어나 방문을 열고 나오면 아빠는 항상 책상 앞에서 점자책을 읽고 엄마는 십자가 앞에서 기도하고 있었다'고 하더군요. 부모란 이런 변함없는 모습으로 아이들의 기둥 역할을 해주면 되는 것 같습니다.

**- 부모가 너무 완벽하면 자녀들이 거리감을 느끼지 않을까요?** 아타카마사막에서 첫날 레이스를 마치고 같이 뛰어준 둘째 아들이 안쓰러워 안아주려 했습니다. 그런데 아이가 뒷걸음질을 치며 "아빠, 이상하게 왜 이래?"라고 하더라고요. 그런데 6박7일 완주를 한 뒤엔 아들이 먼저 제게 달려와 안겼습니다. 그 뒤로는 포옹이 일상이 되었죠. 몇 년 전엔 제가 먼저 아들에게 "안나푸르나는 올라가도, 나 혼자 사우나는 못 가겠다"고 했더니, 애들이 시간만 나면 "아빠, 사우나 갑시다!" 하고 찾아옵니다. 아이들도 부모에게 사랑을 표현하고 싶어 합니다. 부모가 아이를 사랑한답시고 "아이고, 나는 됐다. 네 몸이나 잘 챙겨라"라고 말하는 건 결국 아이에게 곁을 내주지 않는 셈이 되는 겁니다.

**- 막내아들의 결혼식 주례사를 직접 했다고 들었는데……** 주례사는 아니고, 주례 없이 양가 부모가 덕담을 하는 방식으로 결혼식을 진행했습니다. 저는 "너의 길을 스스로 걸어라"는 이야기를 했습니다. 부모가 아무

사랑하는 아들아!

살아가면서 우리에게 필요한 덕목들이 참 많지. 그 중에서 으뜸은 '용기'가 아닐까 싶구나.

두렵지만
그래도 해보는 용기...

아빠가 어리고 젊었을 때는
용기가 많이 부족해 손해도 많이 보았단다.

좋은 기회였는데
겁이 나서 도전해 보지 못한 것들이 너무 많았기 때문이란다.

그때 내가
조금만 용기를 냈다면
내 인생이 어떻게 변했을까.

그때 내가 그 말을 했어야 했어.
그때 내가 그것을 포기하지 말았어야 했어.
그 순간에 내가 조금만 용기를 냈으면 얼마나 좋았을까.
이제 와서 그 생각이 참 많이 든단다.

그런데
용기란 것은 하루 종일,
아니면 일 년 내내 필요한 것이 아니라
필요한 순간에 아주 짧은 그 순간에만 필요한 덕목인것 같더라

힘들어서 포기하고 싶어지는 그 순간에...
겁이 나서 그만두고 싶어지는 그 순간에...

사랑하는 아들아!

용기는 참 묘해서
그 순간에 잠깐만 힘을 내면
작은 힘으로도 아주 큰 효과를 낼 수 있는 아주 쓸모 있는 것이다.

그런데
이 짧은 순간에 필요한
이 용기를 내지 못하는 사람이 참 많다고 생각해.

아빠도 그랬거든
차마 용기가 없어서
쉽게 포기했던 것들이 너무나 많았거든.

사랑하는 사람에게
사랑한다고 말할 수 있는 용기가 없었고
도움이 필요했는데도 도움이 필요하다고 말할 수 있는 용기가 없었어.

어쩌면 이러한 용기가 인생을 바꿀 수도 있었는데...

너희들은
작은 힘으로도
큰 효과를 낼 수 있는 용기를
어떠한 경우에도 버리지 않았으면 좋겠어.

할까 말까 망설일 때 그래도 해보는 용기
'죽기야 하겠어?'하며 도전해 보는 용기
'창피하면 어때?'하며 시도해 보는 용기

이러한 용기만 간직할 수 있다면
해볼 것이 너무나 많은 세상이란다.

• 송 관장은 아들에게 "새로운 일에 도전하려면 늘 굴욕을 겪게 돼 있다. 어떤 벽에 부딪혀도 포기하지 않을 용기를 가져야 오뚝이처럼 도전을 계속할 수 있다"고 강조한다. (편지는 송경태 씨가 직접 컴퓨터로 입력해 출력한 것이다.)

리 자녀를 사랑해도 그의 길을 대신 걸어줄 순 없잖아요? 그러니 스스로 걸을 수 있게 교육해야지요. 스스로 걷기 위해서는 네 가지 지침을 지켜야 합니다. "첫째, 길을 걷기 전엔 미리 방향을 정해 놓아라. 둘째, 길을 떠날 때는 배낭을 잘 꾸려라. 셋째, 길이 안 보이면 잠시 멈춰 기다

• 송 관장은 에베레스트 등정을 시도했다가 네팔 대지진을 만나 철수했다. "산은 언제나 그곳에 있기에 곧 다시 찾을 것"이라고 포부를 밝혔다.

려라. 넷째, 안전한 길은 없다. 어떤 길도 순탄하지 않다는 걸 받아들여라." 이건 자식에게 당부하는 말이자, 제 삶의 원칙이기도 합니다.

**- 얼마 전 손자 육아 일기집을 출간했는데, 젊은 부모에게 조언 좀 해주세요**
자녀를 바꾸려 하지 말고, 부모가 먼저 자신을 갈고닦아 나가라고 말하고 싶습니다. 부모가 도전하고 노력하는 모습을 보며 자녀는 스스로 성장한다는 걸 믿으세요. 저는 지금도 1년에 책을 100권씩 읽습니다. 10년째 지켜온 습관이죠. 주변에 보면 1년에 책 10권은커녕 한 권도 제대로 읽지 않고 자녀에게 훈계를 늘어놓는 부모도 많습니다. 아무 공부 없이 자녀에게 쏟아내는 소리는 교육이 아니라 언어폭력입니다. 아이는 부모의 말이 아니라, 부모의 행동과 습관을 보고 따라온다는 사실을 기억하시길 바랍니다.

## about 송경태

| | |
|---|---|
| 1961년 | 전북 전주시 오수마을 출생 |
| 1980년 | 전북대 기계공학과 입학 |
| 1982년 | 대학 3학년 휴학 후 군입대 · 수류탄 사고로 실명 후 의병제대 |
| 1990년 | 전북 한일장신대 사회복지학과 졸업 |
| 1999년 | 미국 대륙 도보 횡단 |
| 2000년 | 전북 한일장신대 사회복지대학원 석사 학위 취득 |
| 2000~16년 현재 | 전북시각장애인도서관 관장 |
| 2004년 | 대한민국 신지식인 선정 |
| 2005년 | 사하라사막 마라톤 완주 |
| 2007년 | 고비사막 마라톤 완주 |
| 2008년 | 아타카마사막 마라톤 완주(아들 송원 씨와 함께), 남극 마라톤 완주 |
| 2009년 | 나미브사막 마라톤 완주 |
| 2010년 | 타클라마칸사막 마라톤 완주 |
| 2011년 | 전북 서남대 일반대학원 사회복지학 박사 학위 취득 |
| 2012년 | 히말라야 안나푸르나 ABC 등정, 미국 그랜드캐니언 울트라 완주 |
| 2014년 | 히말라야 아일랜드피크 6,189m 등정, 아프리카 킬리만자로 5,895m 등정 |
| 2015년 | 에베레스트 캠프1 6,400m 등정(정상 도전 중 네팔 대지진으로 철수) |
| 2016년 | 엄홍길휴먼재단 도전상 수상 |

★ **인생의 롤모델** | 기다림과 지켜보는 교육의 자세를 알려준 아버지, 흉년이면 곳간 문을 열고 나눔과 봉사를 실천한 어머니

★ **내 인생을 바꾼 책** | 앨빈 토플러의 『제3의 물결』. 시력을 잃기 전 이 책을 읽고 앞으로 컴퓨터의 시대가 올 것이라 생각했다. 시력을 잃은 뒤에도 컴퓨터를 배우기 위해 부단히 노력했고 세상과의 소통의 끈을 놓지 않을 수 있었다.

★ **교육 철학** | 부모는 자녀의 본보기다. 아이를 나무라기 전에 부모가 먼저 모범을 보여라.

아이돌 그룹 '비스트' 손동운의 아버지
청주대 호텔경영학과 손일락 교수

# 무슨 일을 하든
# 최고의 경지를 꿈꿔라

## 아이의 꿈, 부모 기준으로 재단하지 말고
## 도전과 좌절을 곁에서 지켜봐 주세요

손일락 청주대 교수는 스스로를 '울보 아빠'라 불렀다. "저는 지금껏 아버지가 우는 모습을 한 번도 본 일이 없어요. 그런데 저는 애들 앞에서 엉엉 운 것만 다섯 번도 넘는 것 같습니다." 그를 울린 아들은 아이돌 그룹 '비스트'의 멤버 손동운이다.

네 살 터울 형과 다투는 일 한 번 없이 얌전하게 자라던 아들이 중학생 때 가수가 되겠다고 선언한 날부터 손 교수는 아들과 함께 사춘기의 한복판에 다시 섰다. 아들의 손을 잡고 오디션을 보러 뛰어다녔고, 질풍노도 시기의 혼돈을 함께 겪었다. 아들은 데뷔 후 처음으로 음악 방송 1위에 오른 날, 가장 먼저 아빠에게 전화를 걸었다. "아빠, 1등 먹었어!" 수화기 너머로 울먹이는 아들의 목소리에 울보 아빠는 또다시 눈시울이 뜨거워져 한동안 말을 잇지 못했다.

### 뜻밖의 꿈, 충격받았지만 '꿈 이루라' 지원

손 교수는 자녀를 연예인으로 키우겠다는 생각은 한 번도 해본 일이 없었다. 그에게 연예계는 너무 생소한 곳이고, 매스컴을 통해 접하는 연예계 생활이란 것이 상당히 척박해 보였다.

둘째 아들은 어려서부터 유난히 '예쁘다'는 소리를 많이 듣고 자랐다. 아이 외모가 남의 눈에 띄는 것이 신기하긴 했지만, 얌전하고 차분한 성품이니 착실히 공부해서 대학에 진학하고 취업하는 평범한 삶을 살 것으로 생각했다.

아들의 꿈이 가수라는 사실을 알게 됐을 때 그래서 더 충격을 받았다. 아이가 중학교 1학년 때 일이다. 지인의 소개로 아들이 뮤직비디오에 출

• 어린 시절 손동운(왼쪽)과 네 살 위 형.

연하게 돼서 감독을 만난 자리였다. "감독이 동운이더러 '꿈이 뭐냐'고 묻는데, 이 녀석이 대뜸 '가수'라고 하는 거예요. 처음 듣는 얘기라 깜짝 놀랐어요."

예상치 못한 얘기였지만 손 교수는 반대부터 하진 않았다. 아무리 허황되고 엉뚱해 보이는 꿈이라도 그걸 부모가 '시시하다'거나 '그건 안 된다'고 재단하는 건 옳지 않다고 생각했다. 마음을 가라앉히고 아이와 대화를 했다. 그 꿈을 언제부터 갖게 됐는지, 이루기 위해 어떤 노력을 하고 있는지를 물었다. 아들은 중학교 들어가자마자 밴드를 결성해 보컬을 맡아 노래를 해왔다고 했다. 손 교수도 기억을 더듬어보니 아들이 네댓 살 무렵부터 동요 대신 발라드 가요만 부르던 게 떠올랐다. 아이의 꿈이 확고하다면 말릴 일이 아니라고 판단했다.

아이를 돕기 위해 무엇을 어떻게 해야 할지 정리하기 시작했다. 아이에게 재능이 있는지부터 확인해야 했다. 어떤 회사에서 오디션을 봐야 할지, 연습생으로 들어가면 계약 시 어떤 항목을 확인해야 하는지조차 감이 오지 않았다.

"연예인 전문 변호사를 찾아가 상담하고, 지인 가운데 연예계와 관련 있는 이들을 만나 묻고 또 물었죠. 어린 아들을 이끌기 위해선 제가 먼저 그 분야를 알아야 하니까요. 정보를 수집한 뒤부터 오디션을 직접 데리고 다녔고요."

연예기획사의 훈련 과정은 생각보다 혹독했다. 숙소 생활을 하며 하루에 10시간가량 노래하고 춤을 추는 생활이었다. 연습생 생활이 6개월쯤 지났을 때의 일이다. 오랜만에 집에 온 아이가 씻지도 못하고 자기

• 어린 손동운 씨를 목말 태워주고 있는 손 교수. 손 교수는 아들이 어릴 때부터 '예쁘다'는 소리를 자주 들었지만 연예인이 될 거라는 생각은 해본 적이 없다고 말한다.

방에 들어가 쓰러지듯 잠이 들었다. 손 교수는 잠든 아이의 양말을 벗겨주다 눈물을 쏟았다.

"동운이가 원래 몸치거든요. 얼마나 춤 연습을 했는지 발톱이 성한 게 없고 여기저기 찍혀 피가 잔뜩 맺혀 있고…… 하여튼 엉망이었어요. 밤새 아이 다리를 주물러주면서 마음속으로 '이만큼 노력하는 걸 배웠으면 됐다. 네가 스타가 되지 못해도 평생 이 길을 갈 수 있게 아빠가 밀어주겠다'고 결심을 했죠."

가끔 아들의 숙소에 들러 보면 다른 연습생들의 노력도 엄청났다. "연습생 때 기광이의 운동화를 본 적 있는데, 열 켤레나 밑창이 닳아서 없더군요. 발바닥에 있는 족문까지도 다 닳아버렸고요. 지금 데뷔한 연예인들, 쉽게 된 게 아닙니다. 엄청난 노력파들이에요."

### 아들 마음 이해하려 명상센터서 수행

사춘기 아이를 키우는 과정은 매순간이 예측불허다. 아이의 변덕은 죽 끓듯 하고 그때마다 부모의 감정선도 롤러코스터를 탄다. 손 교수도 이 같은 과정을 겪었다. 연습생 생활 1년이 넘어, 데뷔가 임박해 오던 시기에 아이가 갑자기 그만두겠다고 포기 선언을 한 것이다. "그때가 중3 때였어요. 연습생이라는 게 학교 공부와 대학 진학을 다 포기한 채 데뷔만 목표로 달려온 건데, 그 시점에 포기한다는 걸 받아들일 수 없었죠."

아무리 설득해도 아이는 요지부동이었다. 손 교수는 아들과 의절을 선언할 정도로 갈등이 심했다. 동운 씨는 '연습생 생활이 너무나 힘들었기 때문에 친구들과 놀기도 하고 게임도 하는 평범한 학교생활이 그리웠다'며 '그 마음을 몰라주는 아버지가 야속했다'고 그때를 떠올렸다.

손 교수는 아이를 키우면서 한 번도 매를 댄 적이 없다. "매를 들면 아이가 눈앞에서 무릎을 꿇을 순 있겠죠. 하지만 마음 깊이 설득되고 수긍하지 못한 채 겉으로만 하는 순종이 무슨 가치가 있을까요. 또 제가 매를 때릴 때, 완벽하게 이성적인 상태를 유지할 수 있을 거란 자신도 없어요. 때리면서 오히려 제 분노가 팽창될 거 같아 아예 매를 들지 않죠."

대신 산속에 있는 명상센터를 찾았다. 자신부터 마음을 잡아야겠다고 생각했다. 일주일간 명상을 통해 생각을 정리하며 '내 마음속에 정말 아이를 위한 생각뿐인가', '내 욕심은 없었나' 되짚었다. "결론은 아이의 인생에서 실제로 발걸음을 떼는 건 결국 아이 자신의 몫이란 사실이었어요. 조언을 해주고 방향을 잡아줄 수 있겠지만 걸음을 떼는 건 아이가 직접 할 수 있게 지켜보는 게 부모의 몫이더군요."

그렇게 마음을 정리한 뒤 온 가족이 일본 여행을 떠났다. 손 교수는 여행하며 아이에게 '고생했다'며 어깨를 두드려줬다. 동운 씨는 '이때 처음으로 아버지가 건네준 맥주를 마셔봤다'며 '일본어를 잘하는 아버지를 따라 도쿄 여기저기를 다니면서 든든한 아버지의 사랑을 진심으로 느꼈다'고 말했다. 이 여행 이후 가족 중 누구도 '연예인'이나 '가수'란 말을 두 번 다시 꺼내지 않았다.

얼마 지나지 않아 2PM, 원더걸스가 데뷔해 순식간에 스타덤에 올랐다. "원더걸스 소희는 동운이랑 같은 날 연습생 계약을 체결했던 아이고, 다른 친구들도 전부 같은 숙소에서 연습하던 아이들이라 씁쓸했어요. 그러니 동운이 마음은 오죽했겠어요."

2년간 차분히 공부하던 아이가 어느 날 휴대전화 메시지를 보내왔다. "아빠, 한 번 사는 인생인데 다시 한 번 도전해보고 싶어요"라는 짤막한 내용이었다. 짧은 메시지를 통해 손 교수는 아들의 의지를 느꼈고 마지막으로 한 번 더 도와주기로 마음을 먹었다.

"지금 소속사인 큐브엔터테인먼트가 다른 기획사에서 겉돌던 우리 동운이를 비롯해서 현아, 기광이 이런 애들을 받아줬어요. 비스트 멤버 6명은 전원이 한 번씩 실패를 겪었던 아이들이에요. 현승이는 YG에서 빅뱅 멤버를 선발할 때 마지막 순간에 떨어졌죠. 두준이는 2PM 멤버를 선발하는 '열혈남아'라는 프로그램에서 1위를 했는데 탈락했고요. 어린 나이에 얼마나 세상이 무너지는 듯한 절망을 느꼈겠습니까. 데뷔를 준비하는 모습을 지켜볼 때도 하나같이 너무 안쓰러웠어요."

## 바쁜 아들에게 편지로 마음 전해

지금은 어엿한 인기 아이돌이지만, 비스트 데뷔 직후 팬은 300명, 안티는 1만 명이 넘었다. 당시 인기를 모았던 개그콘서트의 '봉숭아학당' 코너의 '왕비호'가 비스트 멤버를 "재활용 쓰레기"라 소개했을 정도였다. 각종 비방과 악성 댓글도 넘쳐났다.

손 교수는 아들의 데뷔 초부터 지금까지 수많은 편지를 썼다. "아빠가 네 왕팬인 건, 네가 속한 그룹이 실패와 역경을 이겨낸 가상한 친구들이기 때문이야. 무자비하고 혹독한 비난과 날 선 시선만이 전부가 아니다. 너희를 사랑하는 사람이 훨씬 많다는 걸 기억해"라는 격려부터 "너는 프로 가수다. 아무리 정신적으로 힘들고 고통스러워도 담배는 절대 손대선 안 된다. 담배는 성대와 폐활량에 악영향을 미치니 네가 그토록 되고 싶어 하던 가수로서의 삶을 단축할 뿐이다"라는 훈계까지 편지에 담았다.

동운 씨는 아버지의 편지에서 힘을 얻는다고 말한다. "아버지의 말씀은 늘 한결같아요. 가끔 흘려듣기도 하지만 느슨해지는 나를 다잡는 데 더없이 큰 힘이 됩니다. 연예인은 무대 위에선 엄청난 함성과 박수를 받지만, 팬들이 돌아간 순간 적막과 공허함을 견디기 힘듭니다. 그때마다 아버지의 편지가 내 안의 공허함을 채워주고 다시 앞으로 전진할 수 있는 에너지를 줍니다."

손 교수는 자신의 편지를 '잔소리를 글로 쓴 것'이라며 웃는다. "집에서 얼굴 마주볼 시간이 많다면 말로 잔소리를 했겠지요. 그런데 동운이는 중학교 1학년 때 연습생 생활을 시작했고, 이후엔 뒤처진 공부 따라잡느라 정신이 없었어요. 데뷔한 다음부턴 너무 바빠 통 얼굴 볼 수가 없고요. 지금도 편지를 써서 책상에 올려두거나 SNS로 장문의 메시지를 보냅니다. 동운이도 가끔 답장을 써서 제 책상 위에 올려놓지요."

아이돌 그룹 비스트가 처음으로 음악 프로그램에서 1위에 오른 날, 동운 씨는 아버지에게 가장 먼저 전화를 걸었다. "중학교 1학년 때 연습생이 됐을 때부터 힘들어서 포기하고 좌절했던 시간, 다시 도전한 순간이 한꺼번에 떠올랐어요. 그때마다 항상 제 옆에 있어준 사람이 바로 아버지였거든요. 제가 꿈을 이룰 수 있도록 옆에서 격려하고 같이 아파해주셨던 아버지가 보고 싶어 울면서 전화를 걸었죠. 아버지는 '장하다'는 한마디 하시곤 목이 메어 더 이상 말씀을 잇지 못했고 저도 아무 말 못하고 한참을 같이 울기만 했어요."

**- 아들과 갈등하다 명상센터에 들어갔다는 게 인상적이네요** 그러게요. 부모가 아니라 아들을 명상센터에 보내야 하는 거 아니냐는 질문을 받을 때가 있습니다. 그런데 우리 동운이는 이미 마음을 굳힌 상태였습니다. 생각을 바꿔야 할 사람은 저였죠. 자식의 선택이 안타깝고 화가 나도, 부모가 그의 삶을 대신 살아줄 수는 없는 노릇이잖습니까. 아이의 선택을 인정할 수 있게 저의 혼란한 마음을 정리하고 다듬을 시간이 필요했습니다. 제 마음이 차분해졌을 때, 아이와 집사람에게도 가보라고 권했고 그 두 사람도 다녀왔습니다. 그 과정을 통해 모두가 마음을 깨끗하게 정리했습니다.

**- 대화를 많이 하는 친구 같은 아빠이신 듯합니다** 전혀 아닙니다. 오히려

엄한 편이죠. 제가 대학에서 글로벌 매너를 가르치는데, 집에서도 아이들에게 매너 교육을 철저하게 시켰습니다. 교육은 아침식사 시간에 주로 했습니다. 동운이가 연습생으로 숙소 생활을 할 때를 제외하면 거의 항상 아침식사 시간은 함께했습니다. '밥상머리 교육'을 하는 거죠. 맛있는 반찬 집어서 아이 숟가락 위에 올려주며 짤막한 우화 같은 걸 한 토막 들려주는 식이죠.

제가 자주 하는 이야기는 '빈 항아리론'입니다. '어린 시절은 빈 항아리를 채우는 시기다. 누군가는 그 안에 구정물을 담기도 하고, 누군가는 맑은 물을 담는다. 또 누군가는 물을 반도 못 담고 그만두는데, 누군가는 넘치도록 붓고 또 부어 항상 신선한 물이 넘실거린다. 너희는 지금 항아리에 무엇을, 얼마나 담았느냐'고 묻는 것이죠. 이 이야기를 여러 버전으로 각색해서 들려주었습니다.

**- 스스로 '울보 아빠'라고 했는데 언제 눈물을 보였나요?** 부모는 인생 경험이 있기 때문에 아이 앞에 있는 바윗덩어리가 보이지요. 이 길로 계속 가면 분명히 바위에 부딪혀 넘어지고 다치고 피가 날 것을 알기 때문에 필사적으로 말리는 것이죠. 아이가 그 말을 듣지 않고 바위를 향해 달려가 부딪히는 모습을 볼 때, 부모의 눈에서는 눈물이 흐릅니다. 동운이가 연예인이 되겠다고 했을 때도 눈물이 났고, 중간에 연습생을 포기했을 때도 저는 울었습니다.

큰 아이도 고등학교를 자퇴하고 싶다고 한 적이 있습니다. 처음에는 차분히 설득했는데 아이가 뜻을 굽히지 않았어요. 그때도 정말 눈물로

To. 손남신
From. 제우스

아들아.
오늘은 네 첫 콘서트가 일본에서 열리는 역사적인 날이다.
아빠는 사실 네가 일본에서 솔로로 데뷔한다는 얘기를
듣고 처음에는 긴가 민가 했단다.
그러다 마침내 <KIMISHIKA>라는 음반이 나오고
오리콘 차트에서 3위에 올랐다는 얘기를 들었지만 한동안
실감이 나지 않았지. 하지만 일본에서 열리는 첫
콘서트에 참석하고 보니 정말이지 가슴이 떨릴 정도로
벅차구나. 아들아, 장하다. 참으로 장하다.
아들아,
하지만 아빠는 오늘 모진 마음으로 감정을 추스리고 결코
눈물을 보이지 않으려 한다.
그것은 오늘의 콘서트야말로 네가 오랫동안 꿈꿔왔던
솔로가수의 숙원을 마침내 이루는, 참으로 소중하고
뜻깊은 자리이기 때문이다.
돌이켜 생각해보면 너는 이번 솔로 앨범 발매를 앞두고
참으로 고생이 많았다. <KIMISHIKA>가 눈물과 땀방울의
결정체라는 사실을 다른 이들은 몰라도 아빠는 안다.
이 앨범의 프로모션 여행은 한 포털사이트에서 동행 취재를
하면서 동영상을 통해 국내의 팬들에게도 전해졌다.
그런데 3편에 걸쳐 소개되는 프로모션 동영상을 보다가
아빠는 참으로 가슴이 먹먹해졌다.
그것은 일본에서 고군분투하는 네 모습이 그대로 비춰졌기
때문이다. 아빠의 눈에는 시간의 경과와 함께 피로라는
스트레스로 쓰러지기 직전의 상황으로 내몰리는 네 모습이
고스란히 전해졌다. 팬들은 필시 눈치채지 못했겠지만

말이다. 동영상 전편을 통해 웃는 모습을 보이는, 나아가
아픈 모습을 보이지 않으려하는 네 모습을 보며 아빠는
참으로 가슴이 아팠다.
열흘 간의 프로모션을 마치고 귀국한 너는 결국 대학병원
응급실 신세를 질 수 밖에 없었지.
아빠는 네 프로모션 모습을 보며 스스로를 태워 빛을 내는
촛불을 떠올렸단다.
하지만 아들아,
성공이란, 완성도 높은 퍼포먼스란, 고통과 열정, 노력
이라는 거름을 통해 자란다는 사실 잘 알고 있지?
아들아,
너는 가수다.
진정한 가수다.
아빠는 네가 프로가수로 데뷔한 이후에도 보컬레슨을
자청하며 스스로 자신을 채찍질하고 담금질해왔음을 안다.

살인적인 스케줄은 쪼개어 일본어를 공부했음을 안다.
그러한 자세는 능히 칭찬 받을 만하다.
앞으로도 그러한 자세와 마음가짐을 영원히 잊지 않기
바란다.
아들아,
아빠는 확신한다.
네 첫 콘서트는 비록 최고라고는 말할 수 없을지 모르지만
노력과 열정, 도전정신만큼은 베스트라고 말이다.
우리 가족 모두는 네 팬으로, 언제까지고 널 응원하고,
또 응원할 것이다.

울보 아빠.

- 손동운이 일본에서 발라드 음반 'KIMISHIKA'를 내고 단독 콘서트를 열 때 손 교수가 쓴 편지. 이 편지를 번역해 콘서트장에서 사회자가 낭독하자 일본 팬들이 눈물을 흘렸다고 한다.

호소했어요. 아이가 제 진심을 느꼈는지 자퇴 의사를 번복하더라고요. 아이들의 성장 과정을 따라 저 역시 새롭게 성장하는 것 같습니다. 눈물을 부끄러워할 일은 아니라고 생각해요.

**- 자녀들이 어떻게 성장하길 바라세요?** 동운이는 가수로 큰 인기를 끌고 있으니 대단한 성공이라도 한 것 같지만, 실상은 이제 20대 청년에 불과합니다. 아직 빈 항아리를 채워 나가야 할 시기인 것이죠. 현재 모습에 안주해선 안 된다고 생각합니다. 다행스러운 건 동운이는 데뷔 8년차 가수임에도 꾸준히 보컬 트레이닝을 받고, 일본어 등 외국어를 배우는 데도 열심입니다. 뮤지컬 같은 새로운 분야에 도전하는 모습도 기특합니다. 그래서 편지에도 '끊임없이 내면을 성찰하며 잠재력을 끄집어내길 바란다'는 내용을 자주 담습니다.

**- 연예인을 꿈꾸는 자녀를 둔 부모에게 조언 부탁드립니다** 꿈은 판단의 대상이 아닙니다. 그리고 어떤 꿈도 그 자체로 완성형이 아니죠. 자녀가 어떤 꿈을 꾸더라도 그 자체로 인정해주고 올바른 방향으로 가이드를 해주는 게 부모의 역할입니다. 연예인을 꿈꾼다고 '내 눈에 흙이 들어가기 전에는 안 된다'고 반대할 일도 아니고, '한번 시작했으면 무조건 거기서 승부를 보라'고 채근할 일도 아닙니다. 아이에게 재능이 있는지 전문가에게 데려가서 상담도 받아보고, 재능이 있다면 이를 어떻게 펼쳐줄 수 있을지 머리를 맞대고 고민해보길 바랍니다. 하지만 마지막에 걸음을 떼는 건 아이의 몫으로 남겨둬야 합니다.

## about 손일락

| | |
|---|---|
| 1982년 | 경희대학교대학원 관광경영학과 석사 |
| 1992년 | 경기대학교대학원 관광경영학과 박사 |
| 1978~83년 | 신라호텔 · 서울가든호텔 레스토랑 마케팅매니저 |
| 1983~90년 | 부산여대 · 한국관광대학 교수 |
| 1997년 | 한국외식산업연구소 부소장 |
| 2000~02년 | 한일월드컵 교육위원 |
| 1990~16년 현재 | 청주대 호텔경영학과 교수 |

★ **인생의 롤모델** | 부모님. 정의와 사랑을 몸소 실천하신 분들이다. 세자르 리츠. 위대한 호텔리어이며 리츠호텔의 설립자다.

★ **내 인생을 바꾼 습관** | 신문 스크랩. 대학 진학 이후 주제별로 신문 기사를 스크랩해 반복적으로 읽는 습관이 오늘의 나를 있게 했다.

★ **아들에게 추천하고 싶은 책** | 데일 카네기의 『인간관계론』. 나도 세 번 이상 읽었으며, 아이들에게도 세 번 이상 읽도록 추천했다.

★ **좌우명** | 매너는 경쟁력이다.

11개국 1,200여 개 매장 운영하는
식품회사 짐킴홀딩스 김승호 회장

## 스스로 생각하는 능력

## 자신이 진짜 원하는 걸 찾으면
## 실패도 두렵지 않습니다

사업 실패 후 홀로 미국으로 간 아버지는 빌딩 청소부가 됐다. 가족과 재회하기 위해 하루도 쉬지 않고 일했다. 100일간 의자에 앉지 않겠다고 결심하고, 그 결심을 지켰다. 불법체류자 신분이었지만 혹독하게 자신을 채찍질하며 가족과 함께 살 준비를 했다. 7년 후 불법체류자 전면 사면으로 영주권을 얻은 아버지는 가족을 미국으로 데려왔다. 그때 미국으로 건너간 아들은 30여 년이 흐른 후 매출 3,500억 원, 자산 4,000억 원을 소유한 기업인이 됐다. 11개 나라에 1,200여 개 매장을 운영하고 있는 재미 기업인 짐킴홀딩스(JFE) 김승호 회장이다.

김 회장은 이루고 싶은 목표가 생기면 그 목표를 100일 동안 100번씩 쓴다. 그러면 길이 보인다. 가족은 그의 가장 큰 힘이다. "아버지는 저보다 더 저를 믿어주셨어요. 제가 성공했을 때나 실패했을 때나 한결같이."

## 이민 후 20년간 이어진 사업 실패

건축업을 하던 아버지는 자금 부족으로 사업에 실패하고 미국으로 건너갔다. 장남인 김 회장이 16세였던 1980년이었다. 대학에 진학한 김 회장은 등록금을 벌기 위해 끊임없이 아르바이트를 해야 했다. 그러다 대학 3학년 때인 87년 가족과 함께 미국으로 갔다. "한국에서 먹고 살기가 막막했어요. 돈도 없고, 배경도 없고, 사업을 하고 싶은데 도무지 방법이 없을 것 같아 대학을 중퇴하고 미국행을 선택했죠."

처음엔 아버지가 일하는 식료품 가게에서 담배를 팔았다. 그 후 20년간 컴퓨터 조립 회사, 증권거래 회사, 지역 신문사, 이불 가게, 유기농 식품점 등 다양한 사업에 도전했다. 하지만 결과는 신통치 않았다. 김 회장은 '이민 후 20년간은 끝없는 실패의 연속이었다'고 회상한다.

2000년에 운영하던 유기농식품 회사가 실패했을 땐 많이 울었다. 매장을 할부로 인수하고 다달이 갚는 오너 파이낸싱 방식으로 건강식품 매장을 인수했다. 직원 수가 50명이 넘는 꽤 큰 매장이었다. 하지만 2001년 911 테러가 발생하고 소비 심리가 추락하면서 매출이 절반 이하로 떨어졌다. 스트레스로 인한 원형탈모증까지 생겼다. 엎친 데 덮친 격으로 얼마 후 매장 앞 도로 확장공사가 시작됐다. 절반으로 떨어진 매출액이 다시 0을 기록했다.

"망하기 이틀 전, 아버지가 현금 5,000달러를 봉투에 담아 들고 오셨어요. 어머니가 미국에 온 후 조금씩 모아 온 비상금이었죠. 아버지는 내일 닫을지 오늘 닫을지 모르는 회사의 고장 난 문고리를 고쳐야겠다며 장도리를 들고 오셔서 직접 문고리를 수리하셨어요."

결국 직원들에게 마지막 급여를 주고 회사 문을 닫던 날, 아버지는 담담하게 '기운 내라'고 했다. "어차피 우리 가족이 미국에 올 때 빈손으로 오지 않았냐. 몸만 상하지 않으면 된다. 그간 먹고 살아온 게 번 거다"라며 아들을 위로했다.

"그 길로 집에 돌아와 아내의 무릎에 엎드려 소리 내 울었죠. 그랬더니 아내가 '괜찮아. 또 해봐. 내가 식당 종업원이라도 해서 애들하고 먹고살면 돼'라고 하더라고요. 엉엉 울고 다시 시작했어요."

• 아버지 김주옥 씨(앞쪽)와 김 회장. 김 회장은 아버지의 믿음이 가장 큰 응원이었다고 한다.

## 선생님의 작은 관심, 나를 바꾼 삼중당 문고

어린 시절 김 회장은 조용하고 내성적인 아이였다. 스스로에 대한 자신감이 없었고, 학교에선 존재감 없는 학생이었다. 그런 그가 달라진 건 고등학교 1학년 때부터다. 그에게 관심을 가져준 담임 정진호 선생님 덕분이었다.

"어느 날 등굣길 버스 안에서 삼중당 문고 한 권을 주웠어요. 이광수의 『사랑』이었죠. 그 책을 책상 위에 올려뒀는데 선생님께서 보시더니 교무실로 오라고 하시더군요. 혼날 때 말고 다른 일로 교무실에 간 건 그게 처음이었어요."

그에게 선생님은 종이 한 장을 건넸다. 삼중당 문고 중 추천할 만한 책을 적은 종이였다. "초·중·고교를 통틀어 저에게 개인적으로 관심을 가져 준 최초의 선생님이셨죠."

종이에는 『무기여 잘 있거라』, 『금강경』, 『사회계약론』 등 121권의 도서 목록이 적혀 있었다. 책이라곤 읽어본 적 없던 소년은 그때 이후 달

• 대학 시절 김 회장이 한눈에 반한 아내 백미영 씨. 김 회장도 풋풋한 청년 시절의 사진.

라졌다. 1년 동안 그 책들을 모조리 찾아 읽었다. 책을 읽다 보니 하고 싶은 게 생겼다. 생각의 폭도 넓어졌다.

"생각하는 능력이 생기자 사업가가 되고 싶다는 꿈이 생겼어요. 선생님의 사소한 관심 하나가 한 사람의 인생을 바꾼 거예요. 미국에 이민올 때도 이 책들은 챙겨왔어요. 지금까지도 간직하고 있죠."

그때부터 현재까지 그는 지독한 독서광이다. 아무리 바빠도 매년 약 60권의 책을 읽는다. 집에도 소파, 화장실, 침대 머리맡 등 그의 손길이 닿는 모든 곳에 책이 있다. 출장길에도 반드시 책을 챙긴다.

그는 '아들에게 주는 교훈'이라는 글로도 유명하다. "약속 시간에 늦는 사람과는 동업하지 마라, 시간을 지키지 않는 사람은 모든 약속을 지키지 않는다", "가까운 친구라도 남의 말을 전하는 사람에게는 절대 속을 보이지 말아라, 그 사람이 바로 너의 흉을 보고 다닌 사람이다.", "너의 자녀를 키우며 효도를 바라지 말아라, 나도 너를 키우며 너 웃으며 자란 모습으로 다 받았다" 등 그가 2002년 썼던 아들에게 주는 말 26가지는 인터넷을 통해 순식간에 퍼져나갔다.

"약속을 지키지 않는 파트너 때문에 망한 적이 있어요. 제가 살면서 느끼고 알게 됐던 것들을 세 아들에게 알려주고 싶었습니다."

이 내용은 나중에 책 『아들에게 주는 교훈』(개정판 『자기경영 노트』)으로 출간됐다. 그는 "사소한 시간 약속조차 지키지 않는 사람이 사업상 중요한 약속을 지킬 리 만무하다"며 "그런 사람을 조심하라는 의미이자 약속을 지키는 사람이 되라는 이야기를 담았다"고 말했다.

아들에게 주는 교훈

약속 시간에 늦는 사람하고는 동업하지 마라
시간약속을 지키지 않는 사람은 모든 약속을 지키지 않는 것.
어려서부터 오빠라 부르는 여자 아이들을 많이 놓지 말거나
그들 중에 하나는 맏누이가 되는 때문이니 내기가
자는 것이다
목욕할 때는 다리 사이와 발가랑이를 깨끗이 씻거라
치질과 냄새로 고생하는 일이 없을 것이다.
식당에 가서 맛있는 식사를 하거든 주방장에게 간단한
메모로 칭찬을 건네라 주방장은 자기 직업은 행복하게
생각이고 너는 항상 좋은 음식을 먹게 될 것이다
경조사는 아는 한 주변을 위해서 너도 행복하고 세상도 행복해진다
여자아이들에게 거칠게 하지 말거나
어떤 여자 때이는 여자나 신사를 좋아한단다.
양치질은 거르지 말거나 하지만 빡빡 닦지도 말거라
평생 튼튼하고 빛나는 것이 있다.
노래하는 즐거운 것을 부끄러워하지 말거라
친구가 너를 어떻게 하지 않을 것이며 아버지가 즐거워할 것이며
하나님은 찾아오시며 약속 시간에 역시 느긋, 나는 웃음
이해한다 된 사람이 먼데서도 느슨 세게 될 것이다
어려운 많은 하는 사람과 너무 깨의 맞는 사람은
깊게 친해 하지 말거라. 훗일 억부터 따갑지는 만남 떨어주고 있다.
옷을 아침에 입기가 누거나. 입주인 이는 억지로 그래 버리면
평생 뱃속이 편하고 밖에 나가 창피 당하는 일이 있다

• 김승호 회장이 세 아들에게 쓴 편지. 이 편지의 내용은 2002년 '아들에게 주는 교훈'이라는 제목으로 인터넷에 퍼지면서 많은 사람들에게 알려졌다. 이후 이 내용은 동명의 책 『아들에게 주는 교훈』(개정판 『자기경영 노트』)으로도 출간됐다.

## 꿈을 이루는 단순하고도 확실한 방법

김 회장은 좌절할 때마다 걸었다. 걷다 보면 기운이 나고 여러 가지 생각이 떠올랐다. 그러면 다시 시작할 힘이 생기는 것이다. 삶의 의욕을 잃은 사람들을 만나면 그는 무조건 나가서 매일 한 시간씩 걸으라고 조언한다. 걸을 기력조차 없겠지만 그럴수록 더 걸어야 한다는 것이 그의 이야기다.

"저도 실패한 후 그렇게 걸었습니다. 걷다가 눈에 들어온 게 지금 운영하는 글로벌 식품회사인 JFE의 모체입니다. 무작정 사장을 찾아가 내가 당신보다 영업을 더 잘할 듯하니 내게 넘기라고 했죠. 슈퍼마켓 안에 있는 푸드코트에서 스시를 파는 회사였습니다. 당시에는 작은 회사였는데 40억 원을 달라 하더군요. 저는 일단 텍사스 판권을 요구했습니다. 그게 6억 원 정도였습니다. 아내가 모아뒀던 230만 원을 주고 매달 5,000만 원씩 갚겠다고 수표를 끊어줬습니다."

그는 인수한 텍사스 내 매장들을 임대해서 임대 수익으로 매달 5,000만 원씩, 8개월 만에 6억 원을 갚았다. 그러면서 그중 한 개 매장에서 한국식 덮밥과 스시 등 동양 음식으로 구성된 도시락을 판매하기 시작했다. 그 도시락 가게를 각 임대 매장마다 운영하게 해서 프랜차이즈화했다. 그러면서 사업이 급속히 확장됐다. 현재의 도시락 전문점 '스노우폭스'의 전신이다. '사업할 때 무조건 자본금이 있어야 한다는 생각은 잘못된 것'이라는 게 김 회장의 주장이다.

－100일간 매일 100번 쓰기는 어떤 것이죠?    저는 진정으로 바라는 목표

가 생기면 100일간 매일 100번씩 씁니다. 생각보다 쉽지 않은 일이죠. 이렇게 8번을 했는데 8번 모두 성공했습니다. 쓰다가 포기하는 경우도 있는데, 그런 목표는 제가 간절히 원하는 목표가 아니었던 것이죠. 간절히 원하는 목표는 쓰다 보면 방법이 보이고 그 목표를 달성하기 위해 노력하게 됩니다.

어떤 이들은 말이 안 되는 얘기라고도 합니다. 하지만 잘 생각해 보세요. 우리는 누군가의 상상 속에 살고 있습니다. 우리가 사는 건물, 휴대전화, 자동차 모두 누군가 상상해서 만들어낸 것들이죠. 상상하지 않으면 우리는 아무것도 만들 수 없고, 남의 상상 속에서 살아야 합니다. 인수하고 싶은 매장이 있으면 매일 아침 매장 앞에서 "저건 내 거다"를 100번씩 외칩니다.

미국 지도를 사서 점 300개를 무작위로 막 찍은 적이 있습니다. 그리고 이메일 비밀번호를 '매장 300개'로 정했어요. 이메일을 쓸 때마다 내 꿈을 다시 적어보려는 의도였습니다. 5년이 지나니까 정말 매장이 300개가 되었습니다.

그는 해마다 새해가 시작될 때면 명함만한 종이에 목표를 적곤 한다. 그리고 매일 들여다보며 외친다. 그렇게 1년쯤 지나서 보면 놀랍게도 3분의 2 이상이 이뤄져 있다. 그러면 지우고 다시 새로운 목표를 세운다. "지금 제 목표는 포브스가 선정하는 세계 400대 부자가 되는 것입니다. 또 다른 목표는 주변 사람들을 백만장자로 만들어주는 것이죠. 이 목표를 위해 한국의 사업가들과 성공 비결을 많이 나누려고 합니다."

## 풍족하게 키우는 대신 꿈을 키워줘라

그는 아들 셋을 뒀다. 집에서 항상 책을 보는 아버지를 보며 자란 아이들 역시 책을 좋아한다. 아이들이 어렸을 땐 주말마다 함께 캠핑을 다녔다. 그때 다져진 부모와 세 아들의 유대감은 지금까지도 여전하다. 큰아들은 26세, 둘째는 24세, 막내아들은 18세다. 그는 세 아들이 하는 일에 대해서는 간섭하지 않는다. 그의 아버지가 그랬던 것처럼 무조건 믿어주고 인정한다.

뉴욕대 의대를 다니던 큰아들이 6개월 만에 학교를 그만두고 음악을 하겠다고 나선 때도, 대학을 졸업하고는 1년간 거지 생활을 하겠다고 할 때도 그러라고 했다.

• 1997년 김 회장의 미국 휴스턴 집 앞마당. 아이들이 어릴 때는 아무리 바빠도 함께하는 시간을 많이 가지려고 노력했다.

**- 거지로 살겠다는 아들을 왜 그냥 뒀나요?** 왜 거지가 되고 싶으냐 물으니 한번 해보고 싶다는 거예요. 그래서 그냥 알았다고만 했어요. 정말로 7개월 동안 거지 생활을 하더군요. 지하철에서 노래 부르고 노숙하고 그러면서 살았다더라고요. 그러다가 문득 '이렇게 해서 먹고 사는 건 아니구나, 멋있는 삶이라고 생각했는데 아니구나' 하고 깨달았대요. 지금은 뉴욕에서 친구들과 함께 사업을 하고 있습니다. 요즘 아이들은 꿈이 별로 없는 것 같은데, 그럴 때는 기다려줘야 합니다. 꿈이 생기기 전까지는 대부분이 게임이나 하고 친구들하고 돌아다니고 그러는 게 다반사입니다. 부모는 아이가 꿈이 생기려고 할 때 그 꿈을 키워주는 역할을 하면 된다고 생각합니다.

• 김 회장 부부와 세 아들. 윗줄 왼쪽부터 막내 태훈, 첫째 태송, 둘째 태준.

둘째 아들은 세계 3대 요리학교인 일본 츠치요리학교에 다닌다. 다니던 대학을 휴학하고 요리를 배우겠다고 일본으로 갔다. 낮에는 학교 가고 밤에는 일식집에서 막내 보조 요리사로 일한다. 일을 너무 좋아해서 법정 아르바이트 시간인 3시간만 돈을 받고 나머지는 무료로 자기가 좋아서 일을 배우고 있다. 막내는 고등학생이다. 아직 진로를 명확하게 정하진 않았는데 사업을 하고 싶어 한다.

**- 부자 아버지에 대해 아들들은 어떻게 생각하나요?** 아이들이 어릴 때는 계속 사업이 망했으니 풍족하게 키우지 못했습니다. 돈을 벌기 시작했을 때도 학비 외의 용돈은 직접 벌어서 쓰도록 했죠. 경제관념을 어릴 때부터 심어주려고 했습니다.

큰아이는 사업을 시작했기 때문에 저에게 빌려 간 학비를 매달 갚아나가고 있습니다. 사실 아이들은 제가 얼마를 버는지 몇 년 전까지만 해도 몰랐습니다. 작은 집에서 계속 살았는데, 아내가 무슨 바람이 불었는지 2008년에 큰 집을 사달라고 하더라고요. 결혼생활 내내 뭐 사달라는 말이 없던 사람이라 군소리 없이 사줬습니다. 휴스턴에서도 손꼽히는 저택이죠. 그 집을 사고 나니 아이들이 '우리가 이런 집에 살아도 될 정도로 부자냐'고 묻더라고요.

얼마 전에는 막내가 친구 차를 얻어 타고 집에 왔던 모양입니다. 친구가 '너 왜 여기가 너희 집이라고 말 안 했어?'라고 물어서 '그걸 왜 말해야 해?'라고 되물었다고 하더라고요. 셋 다 아버지처럼 성공하고 싶어 하지만, 아버지 덕을 보려고 하지는 않습니다. 얼마 전 첫째와 둘째가 자기들끼리 하는 이야기를 들었는데 어떻게 하면 아버지를 뛰어넘는 사업가가 될까를 놓고 토론을 하고 있더라고요.

**- 자녀들에게 남기고 싶은 최고의 유산은 무엇인가요?** 스스로 생각하는 능력입니다. 제가 공부를 많이 하지 않았는데도 살아남을 수 있었던 건 스스로 생각하는 능력이 있었기 때문입니다. 어느 학교에 들어가든, 어떤 직업을 갖든 중요한 건 스스로 생각하는 것입니다. 독서를 통해 생각하는 능력을 얻게 되면 어떤 문제나 실패 앞에서도 당당하게 다시 일어설 수 있습니다. 꿈을 꾸고 그걸 이루기 위해 노력할 수 있는 기반이 됩니다.

## about 김승호

| | |
|---|---|
| 1964년 | 충남 장항 출생 |
| 1976년 | 서울 미동초 졸업 |
| 1979년 | 중앙중 졸업 |
| 1982년 | 충암고 졸업 |
| 1982년 | 중앙대 영어과 입학 |
| 1987년 | 미국 텍사스주 휴스턴 이민 |
| 2005년 | JFE사 인수후분납조건(오너파이낸싱)으로 6억 원에 인수 |
| 2007년 | 직원 14명, 연 매출 180억 원 돌파 |
| 2010년 | 중국 및 유럽 진출 |
| 2014년 | 호주 진출 |
| 2015년 | 한국 진출 |
| 2016년 현재 | 미국 24개 주, 11개국에 총 1,215개의 매장 운영. 임직원 4,000여 명. 미국 내 식품유통업체 JK959 컴퍼니와 식품제조업체 Blue Egg Inc. 소유. |

★ **인생의 롤모델** | 롤모델은 없다. 존경하는 인물은 노자, 버트런드 러셀.

★ **내 인생을 바꾼 책** | 노자의 『도덕경』

★ **아들에게 추천하고 싶은 책** | 우치무라 간조의 『절제의 성공학』, 버트런드 러셀의 『게으름에 대한 찬양』, 노자의 『도덕경』.

★ **좌우명** | 나는 내 생각의 산물이다.

만화가 장차현실 작가와
다운증후군 화가 딸 정은혜

# 스스로의 힘으로
# 당당하게 살아라

## 사람들 시선 의식하지 말고
## 자기 생각과 감정을 표현하게 지켜보세요

　　이 책은 시중에 나와 있는 컬러링북처럼 복잡하거나 화려하지는 않다. 하지만 사랑스럽다. 다운증후군 화가 정은혜 씨가 그린 컬러링북 『네 마음을 말해봐』다. 장애인인 작가의 눈에 비친 장애 여성들의 몸과 몸짓, 마음에 대한 이야기를 시와 그림으로 표현했다. 은혜 씨의 어머니는 만화가 장차현실 작가다. 작가는 화가가 돼서 자신의 책을 출간한 딸을 보며 '이제야 울게 됐다'고 말한다.

### 발달장애 안고 태어난 은혜, 상처가 된 말들
　　장차현실 작가의 아버지는 그가 고등학교에 다닐 때 돌아가셨다. 삼

남매의 생계는 어머니가 책임졌다. "어머니는 자식들을 위해 무조건 희생하는 분은 아니었어요. 어머니 자신의 삶에서도 중심을 잃지 않으셨죠. 자식에게 기대거나 의지하는 일도 없었고요. 어릴 때는 무심해 보이는 어머니의 태도가 서운하기도 했는데 자라고 보니 저도 엄마의 그런 점을 닮은 것 같아요. 저 역시 살면서 누군가에게 의지하며 살아본 기억이 없네요."

그림 그리는 걸 좋아했던 장차현실 작가는 선화예고 동양화과를 우수한 성적으로 졸업하고 홍익대 동양화과에 입학했다. 대학 졸업 후 바로 결혼을 했고 스물여섯의 나이에 첫째 딸 은혜를 낳았다. 그때까지만 해도 자신이 만화가가 될 거라고는 생각하지 않았다.

1990년 산부인과에서 아기를 낳던 날, 주변 분위기가 이상했다. 의사는 아기에게 장애가 있다고 말했다. 장 작가는 다운증후군이라는 말조차 생소했다. "그냥 정신이 하나도 없었어요. 다운증후군이 뭔지도 모르겠고 그저 너무 두려웠죠. 그때부터 백방으로 뛰어다니며 아이의 병에 대해 공부하기 시작했어요."

표현하기 힘들 만큼 슬프고 아이가 안쓰러우면서도 앞으로 펼쳐질 자신의 인생이 암담하기만 했다. 남편과는 은혜가 여섯 살 무렵 헤어졌다.

아이는 너무 예쁘고 순하고 착했다. 너무 예뻐서 아이를 포기할 생각 따위 들지 않았다. 장 작가는 '주변 시선이 너무 상처가 됐다'고 말한다. "주변 사람들은 걱정한다고 하는 말인데, 그 말 한마디 한마디가 상처로 박혔어요. 그런 말들은 잊히지도 않고 견뎌낼 수도 없는 것들이에요."

"쟤, 말은 할 수 있겠니?" "어머나, 쯧쯧." "혼자 어쩌려고." 화살 같은

• 자신의 컬러링북 『네 마음을 말해봐』를 들고 있는 은혜 씨. 그는 "내 책이 나와서 좋아요"라고 말한다.

말을 뒤로하고, 그는 가족과도 연락을 끊었다. 오롯이 은혜 하나만 보고 살았다. 장 작가는 "누군가에게 의지하는 것도 싫고, 짐이 되고 싶지 않았다"며 "어떻게든 내가 잘 키우겠다는 생각이 들었는데 지금 생각해보면 어린 나이에 어떻게 그랬을까 싶다"고 한다.

### 스스로 세상의 주인이 된 모녀

그림을 그리면서 아이를 키우기란 쉽지 않았다. 게다가 장애아들은 조기교육이 중요하기 때문에 엄마의 손길이 반드시 필요했다. 그래서 선택한 것이 아이가 교육받는 동안 돈을 받고 그림을 그리는 일이었다. 처음에는 일러스트로 시작했다. 110만 원 정도 수입이 들어오면 90만원은 은혜 교육비로 들어갔다.

　은혜가 공부하러 교실에 들어가면 운동장 가에 앉아 기다리며 일기처럼 그림을 그렸다. 그 그림들은 켜켜이 쌓여 책이 됐다. 사람들의 낯선 시선을 이겨내는 자신의 하루하루를 그린 만화였다. 그 만화는 장애아 은혜를 키우며 살아가는 싱글 엄마의 따뜻한 이야기를 담은 책『엄마 외로운 거 그만하고 밥 먹자』로 출간됐다.

　"하루는 은혜가 사람들이 자기를 이상하게 본다는 거예요. 그래서 '그러면 우리 나가지 말까?' 하고 물으니 활짝 웃으며 '아니, 나가자' 그러더라고요. 사람들의 낯선 시선을 멈추게 해줄 방법이 딱히 없었는데 은혜는 괘념치 말자고 했죠. 그때부터 둘이 실컷 나돌아 다녔어요. 사람들의 그런 시선이 무뎌질 때까지, 아니 우리가 세상의 중심이 될 때까지요. 다름을 인정하고 우리가 세상의 중심이 되고 나니 그런 낯선 시선으로부터 자유로워졌습니다."

### 엄마는 언제나 네 의견 존중해

　"발달장애가 있는 아이들은 감정 조절이 쉽지 않아요. 그렇다고 아이를 너무 억압하면 안 돼요. 장애 아이들을 보면 배운 그대로 토씨 하나 틀리지 않고 따라하려고만 하거나 로봇처럼 감정 표현을 전혀 하지 못하고 짜인 대로 생활하는 경우가 많아요. 성이나 분노는 조절할 수 있도록 교육하는 게 맞지만 그 외에 아이가 느끼는 감정들은 풍부하게 표현할 줄 알아야 한다고 생각해요."

그의 말처럼 은혜 씨는 여느 발달장애인과 달리 감정 표현이 풍부하다. 인터뷰 중간 "나 어때요? 예뻐요? 오늘 미용실 가서 머리 했어요"라며 어깨너머로 머리를 넘기기도 하고, 사람들의 시선으로부터 자유롭기 위해 어떻게 했느냐는 질문에 장 작가가 "우리를 세상의 중심에 뒀다"고 답하자 엄지손가락을 척 치켜들며 "역시 장차현실!"이라며 칭찬도 한다.

이렇게 은혜 씨가 자기 생각을 거리낌 없이 표현하기까지는 장 작가의 기다림이 있었다. 장 작가는 훈육에 대한 고민을 가장 많이 했다고 한다. 장 작가의 교육철학은 개인의 의사를 존중해야 한다는 것이다. 자녀에게도 강요하거나 가르치는 일이 없었다. 아이들이 원하면 그때 해줬다. 아이가 화가 났을 때는 기다려줬다. 스스로 깨닫는 것도 교육이라

• 2008년 찍은 장차현실 작가의 가족사진.

고 생각하기 때문이다. 은혜가 감정 조절을 하지 못할 때면 조용히 있다가 왜 화가 났는지 묻고 은혜의 감정을 공감한 후 이해할 수 있도록 설명했다.

장 작가에게는 이제 남편과 아들도 생겼다. 2008년 6월 재혼식이 아닌 '가족식'을 했다. 가족식에는 신부인 장 작가가 전남편과 사이에 둔 딸 은혜와 영화감독 서동일 씨와 그 사이에 낳은 세 살배기 아들 은백이가 함께했다. 이들이 한 가족을 이뤄 사는 것을 지인들에게 알리는 자리였기 때문에 그들은 결혼식이라 아니라 가족식이라고 불렀다.

그날 이후 장 작가의 가족은 여성지를 두루 장식할 만큼 이슈가 됐다. 장애아를 둔 독신녀, 총각 남편이라는 타이틀로 말이다. "우리 집은 우리 사회 일반적인 가정의 모습은 아니에요. 아이들이 어릴 때는 제가 돈을 벌고 남편이 아이들 육아를 맡았죠. 장애를 가진 딸과 비장애인인 아들은 하루에도 열두 번씩 만화 같은 에피소드를 쏟아내며 살았어요." 그들의 이야기는 『작은 여자 큰 여자 사이에 낀 두 남자』, 『또리네 집』이란 제목의 만화책으로 출간됐다.

장 작가의 교육철학은 은혜와 16세 터울인 아들 은백(또리)이에게도 마찬가지로 적용된다. 장 작가는 '아들이 요즘 게임에 빠져 있는데 내버려두고 있다'며 '문제를 스스로 느끼고 헤어 나오려고 할 때 도움을 주자는 게 우리 부부의 생각이다'고 말했다.

아이에게 어떤 방향을 제시하는 것은 결국 나의 경험치에 빗대어 나온 기준을 주입하는 것에 불과하다는 게 그의 생각이다. "제가 살아온 삶 속에서 얻은 경험치가 반드시 더 뛰어나다거나 미래적이진 않죠. 구태의연한 편견일 수도 있기에 아이에게 제 생각을 강요하고 싶지는 않아요. 과거를 살아온 경험만으로 미래를 살 사람의 생각을 짐작할 수는 없다고 생각해요. 어려도 존중해야 한다고 생각하는 이유도 그것이고, 만일 아이가 한계를 보인다면 그것 또한 그 아이의 모습이라고 인정해야죠."

### 행복한 부모 밑에 행복한 아이

은혜가 그림을 그리기 시작한 건 4년 전이다. 은혜가 학교를 졸업하고 집에만 있을 때였는데 장 작가가 화실 아르바이트를 제안했다. 장 작가는 "또래와 교류 없이 집에 있는 게 마음에 걸려서 딸에게 화실 바닥 청소와 아이들 수업을 도와달라고 부탁했는데, 아이들이 그림 그릴 때 귀퉁이에 앉아서 자기도 그림을 그리기 시작하더라고요."

• 경기도 양평에 있는 두 사람의 화실 '소꿉' 전경.

가르친 적이 없는데도 은혜 씨의 그림에는 개성과 힘이 있었다. 그 길로 주변 예술인들을 불러 은혜의 그림을 보여줬다. 한번 앉으면 3시간씩 그림을 그려내는 덕에 그림 수도 적잖았다. 예술인들도 대부분 감탄했다. 지난 2월에는 발달장애여성연구원 '손잡다'의 연구원들이 화실을 찾았다가 은혜의 그림을 보고 '마침 찾고 있던 작품'이라며 대번에 출간 제의를 했다.

은혜 씨는 '그림으로 그리는 건 다 좋다. 사람 그리는 걸 좋아한다. 사람이 예쁘다'고 말한다. 그녀가 그린 그림들은 또래 장애 여성의 몸, 시선 등이다. 자신의 자화상도 있고 '장애 여성의 몸'을 주제로 한 사진전의 작품을 보고 그린 것들도 있다.

"은혜가 화가가 되고 난 후부터 굉장히 많이 달라졌어요. 활기차고 생동감 넘치고 무엇보다 당당해졌어요. 일반인들과 대등하게 이야기하고 자신의 작품에 대한 생각도 전달하려고 하죠. 이렇게까지 달라질 거라고는 생각지 못했는데 엄마의 기다림에 은혜가 멋지게 대답을 해준 느낌입니다."

- **은혜 씨 이야기를 만화의 소재로 삼은 이유는 무엇인가요?** 남들의 눈에는 장애인으로만 비치겠지만 제게는 이 아이가 얼마나 사랑스럽고 예쁜지 모릅니다. 아이의 말 한마디, 하루의 일상이 그대로 만화가 되었죠. 장애에 대해 잘못된 편견들은 바로잡고 장애아를 둔 부모들에게는 혼자가 아니라는 걸 알려 힘을 주고 싶었습니다. 엄마인 나를 하루에도 몇 번씩 놀라게 하는 은혜의 촌철살인 같은 말들에는 가끔 사회에 원망을

• 은혜 씨가 그린 정물화. 그림 왼쪽 하단에 '정은혜 영화배우'라고 사인했다. 은혜 씨는 2005년 국가 인권위가 지원한 옴니버스 인권 영화 '다섯 개의 시선'에서 박경희 감독의 '언니가 이해하셔야 돼요' 편에서 다운증후군 소녀 역을 맡았다. 오른쪽 그림은 은혜 씨의 소녀상.

갖고 삐뚤어지려는 저를 정신 번쩍 들게 하는 순수한 힘이 있습니다.

- **은혜 씨를 키우며 가장 걱정했던 때는 언제였나요?** 어릴 때보다 커서가 더 걱정이었던 것 같아요. 장애인들은 성인이 되면 갈 곳이 없어집니다. 학교를 졸업하고 한동안 은혜가 문을 닫아걸고 방에 앉아만 있던 시기가 있었습니다. 닫힌 문을 바라보면 제 마음이 상자에 갇힌 것처럼 갑갑했어요. 그런데 그 작은 방에서 딸아이는 스스로 헤어 나올 구멍을 찾아 나오더군요. 그게 바로 그림이었어요. 아이가 그림으로 사람들과 소통을 하기 시작한 거예요.

은혜씨 엄마 현실입니다.
지난번에 멀리 운전하고 가는
내 옆에서 무서운 이야기도 해주고
핸드폰 문자도 대신 해주고
먹을 것도 챙겨주고… 고마웠어요.
이젠 은혜씨가 이렇게 커서
내 곁에 있으니 나는 참 든든합니다.
엄마는 그림을 그리는 은혜씨 모습을 보면
참 행복합니다.
은혜씨도 엄마가 늘 불평불만이 많다고
잔소리하지요… 나는 엄마에게 든든한
은혜씨가 이 세상에서 자기권리를 찾고
당당해졌으면 좋겠습니다.
그래서 속상하고 싸우고싶고… 그렇습니다.
그러나 우리는 앞으로 어떻게 될지 걱정하지
말고 오늘 무엇을 하며 지내야
건강하고 행복할 수 있는지… 그런 생각을
더 많이 하고 싶습니다.
은혜씨와 오래도록 행복하게 살고 싶습니다.
그리고 우리가 사랑하는
아빠와 딸기도…

엄마 장차현실
2016. 6. 1

• 장차현실 작가가 딸 은혜 씨에게 쓴 편지. 은혜 씨가 장애에 굴하지 않고 당당하게 살아 가기를 바라는 엄마의 마음을 담고 있다.

화가라는 직업을 가지고 사람을 만나니 아이 스스로 굉장히 당당해지고 자랑스러워합니다. 책이 나오기 전까지만 해도 또래 사촌들이 "대학은 어디로 갈 거니?" "꿈은 뭐니?" "앞으로 계획은 어떻게 되니?" 같은 일상적인 질문을 받을 때 은혜는 그런 질문조차 받질 못했어요. 그런데 은혜에게 꿈이 생겼고 그림으로 사회와 소통할 수 있게 된 거예요. 은혜의 개성 있는 그림이 생동감을 잃지 않도록 그림 그릴 공간을 마련해 주고 지금처럼 은혜만이 가진 시선을 유지할 수 있게 돕고 싶습니다.

**- 장애아를 둔 부모들에게 해주고 싶은 말은 무엇인가요?** 사람들은 제게 20대에 혼자 어떻게 견뎌냈느냐고 묻곤 합니다. 그런데 사실 슬픔을 차곡차곡 쌓아왔을 뿐 견뎌낸 건 아니었어요. 그게 어떻게 견뎌지는 일이겠습니까. 그래도 절대 울지 않았어요. 제가 우는 건 곧 딸에게 "너 때문에 힘들어"라는 말이라고 생각돼 울 수도 없었습니다.

그런데 요즘은 자주 웁니다. 그리고 우는 게 더 이상 은혜에게 미안하지 않습니다. 행복하고 좋아서, 슬픔이 치유되는 과정에서 나오는 자연스러운 감정이기 때문입니다. 은혜가 좋아하는 그림을 찾게 돼서 눈물이 나고, 아들이 씩씩하게 잘 자라줘서 눈물이 나고, 남편이 지금처럼 투닥거리며 잘 지내줘서 눈물이 납니다.

아무도 상상할 수 없었던, 떨쳐버리고 싶은 우리의 그 시간은 사실 아물지 않습니다. 그렇지만 그 텅 빈 것들이 꽉 차면서 차오르는 눈물도 있다는 걸 알게 되었습니다. 다른 장애아 부모들에게, 다름을 인정하고 우리만의 행복을 찾으라고 말하고 싶어요. 부모가 당당하지 못하면 아이는 이유도 모른 채 눈치를 보게 됩니다. 아이가 행복할 수 있도록 부모도 행복해졌으면 좋겠습니다.

**- 딸에게 주고 싶은 '최고의 유산'은 무엇인가요?** 자립적인 삶을 주고 싶습니다. 자신이 원하는 것을 하며 스스로 설 힘을 가진 삶 말이에요. 제 어머니는 항상 자신의 삶에 충실하고 그것을 몸소 보여주셨어요. 저 역시 저의 삶은 제가 책임지려고 했습니다. 은혜도 자신의 삶을 당당하게 살아가길 원합니다. 저는 김봉주 화백께서 은혜에게 선물한 글귀 "은혜 씨, 화가 되세요"라는 말을 좋아합니다. 그래서 늘 마음으로 외칩니다. "은혜 씨, 화가 되세요!"라고 말이죠. 그 말 속에 다 담겨 있다고 생각해요.

**- 은혜 씨가 생각하는 당당한 삶이란 무엇인가요?** (정은혜) 어려서부터 나는 늘 엄마가 좋았어요. 엄마처럼 나도 그림 그리고 책도 내고 살면 좋을 것 같아요. 그림 그릴 때가 좋아요. 내 그림을 좋아하는 사람들을 보는 것도 좋아요. 내 그림을 선물할 수도 있어요. 누군가에게 내가 뭔가를 줄 수 있다는 거예요. 유명해지고 더 많은 그림도 그리면서 나의 삶이 행복해지길 바랍니다.

## about 장차현실

| | |
|---|---|
| 1964년 | 서울 출생 |
| 1976년 | 서울 쌍문초 졸업 |
| 1980년 | 서울 정의여중 졸업 |
| 1983년 | 서울 선화예고 졸업 |
| 1988년 | 홍익대 동양화과 졸업 |
| 1997년 | 페미니스트 저널 이프에 '색녀열전' 연재 |
| 1997~2016년 현재 | 프리랜서 만화가 |

★ **연재물** | 국민일보 '현실을 봐', 인터넷 한겨레 '장현실의 현실을 봐', 우먼타임스 '덕소부인', 여성신문 '작은여자 큰여자' 등

★ **저서** | 『엄마 외로운 거 그만하고 밥먹자』, 『엄마, 힘들 땐 울어도 괜찮아』, 『사이시옷』, 『이어달리기』, 『슈퍼스타 집중이』, 『또리네 집』 등

★ **추천하는 책** | 『그래, 엄마야』. 발달장애인 자녀를 둔 엄마들의 이야기를 묶은 책이다. 모든 엄마들이 공감할 수 있는 이야기가 담겨 있다.

패리스 힐튼이 찾는 셰프
'아키라백' 백승욱

## 자존심을 지키는 겸손한 마음과 행동

## 아들 뜻 존중하는 '오케이 파파'가
## 클린턴의 단골 셰프 만들었다

    1989년, 열다섯 살 소년은 미국 콜로라도 아스펜이라는 낯선 땅에 도착했다. 한국에선 뛰어난 야구 실력과 리더십으로 친구들에게 인기 많던 중학생의 삶은 그 후 180도 바뀌었다. 영어 못하는 동양 소년을 대하는 친구들은 차가웠다. 하지만 소년은 스노보드를 타며 친구를 사귀었다. 세계선수권대회에도 입상하며 스노보드 선수로 승승장구하는 듯했다. 하지만 행복도 잠시, 발목 골절 부상으로 선수 생활을 접어야 했다.
    청년이 된 소년은 요리사의 길을 택했고, 빌 클린턴 전 미국 대통령, 가수 머라이어 캐리, 힐튼 가문의 상속녀 패리스 힐튼을 단골로 둔 유명 셰프로 성장했다. 아키라백, 한국 이름 백승욱의 얘기다. 요리 인생 20년 만에 고국에 자신의 레스토랑을 연 그에게는 항상 롤모델로 삼아온 아버지 백석원 씨, 어머니 강영희 씨가 있었다.

## 미국 이민 후 촉망받는 스노보드 선수로 성장

"아빠랑 승욱이는 어릴 때부터 친구 같은 사이였어요." 어머니 강씨의 얘기다. 80년대만 해도 가장인 아버지는 육아에서 한 발짝 물러나 있는 게 일반적이었지만 백씨는 달랐다. 무역회사에 다니며 외국 출장이 잦았던 그는 개방적인 사고방식의 소유자였다. 남녀 차이를 강조하거나 아버지의 권위를 내세우지 않았다. 설거지 같은 집안일은 기본이고 퇴근 후엔 아들과 권투시합을 하며 시간을 보냈다.

미국으로 이민을 가서 개인 사업을 시작한 후엔 아이들과 더 많은 시간을 함께 보냈다. 하루 24시간이 모자랄 만큼 바빴지만 아들딸과 함께 테니스 치는 시간이 우선이었다. 백씨는 '아이들이 영어를 못해 친구 사귀는 것도 어려워했다. 나도도 함께 시간을 보내야 했다'고 말한다. 영어 공부도 아이들보다 열심히 했다. 승욱 씨는 '아버지는 40대 중반이었지만 누나와 나보다 더 열심히 영어 공부를 했다. 틈만 나면 미국 TV를 보고 또 봤다. 얼마 지나지 않아 미국인 동료와 자유롭게 대화를 나누는 아버지를 볼 수 있었다'고 당시를 떠올렸다.

백씨의 자식 교육은 한결같았다. 성급하게 재촉하지 않고 기다리는 것이다. 한 번도 '이렇게 하라'고 강요하지 않았다. 그저 지켜봤다. 3대째 이어진 교육법이다. "아버지도 제가 어릴 때부터 뭘 하라, 하지 말라

• 세계선수권대회에서 입상할 만큼 실력이 뛰어났던 승욱 씨의 스노보드 선수 시절.

고 한 적이 없었습니다. 저도 그렇게 했죠. 스스로 자연스럽게 자기 일을 해냈고 그럴 수 있다고 믿었습니다."

기부도 마찬가지다. 백씨는 오래전부터 재단을 만들어 방글라데시의 어려운 사람을 돕는 등 꾸준히 선행을 실천했지만 자녀들에게 이를 강요하지 않는다. 자신의 모습을 보고 아이들 스스로 느끼길 바랄 뿐이다. '아버지처럼 살고 싶다'는 승욱 씨의 얘기에 '마음을 넘어 실제 그렇게 하라'며 미소 짓는다.

백씨가 미국 이민을 결정한 이유 중엔 아이들에게 더 좋은 교육을 시키고 싶다는 마음도 있었다. 대학교 등록금과 맞먹는 비싼 학비의 사립고에 보낸 것도 그 때문이었다.

그러나 아들은 공부보다 스노보드에 관심을 갖기 시작했다. 승욱 씨의 실력은 일취월장했고 세계선수권대회에서 5위를 차지할 만큼 촉망받는 선수가 됐다. 스노보드는 훈련이나 장비 구입 등에 많은 돈이 드는 운동이었는데 승욱 씨는 아버지에게 기대지 않고 직접 후원자를 찾았다. 자신의 스노보드 타는 모습을 촬영해 여러 회사에 보내 후원을 받았다. 용돈도 스스로 벌어서 썼다.

### '건강한 음식을 만들라'는 아버지와의 약속

하지만 부상이 승욱 씨의 발목을 잡았다. 세계선수권대회를 준비하다 발목 골절 부상을 입어 더 이상 선수생활을 할 수 없게 됐다. 백씨는 '올 것이 왔다'고 생각했다. 대부분 스노보드 선수들이 나이가 들수록 겁이 생겨 부상이 잦아지고 도전을 주춤하게 돼 결국 선수생활을 접게 된다는 것을 알고 있었기 때문이다.

백씨는 아들이 평범한 학생으로 돌아가거나 자신의 사업을 물려받을 거라 기대했다. 하지만 아들은 엉뚱한 카드를 내밀었다. 요리사가 되겠다는 것이다.

아들의 결정에 늘 '오케이'라고 답했던 아버지는 처음으로 단호하게 '노'라고 얘기했다. 백씨는 '미국에선 선수 출신 사업가가 자신의 전문지식을 살려 사업을 하는 경우가 많고 그래야 성공한다. 아들이 스노보드 선수였던 만큼 내 사업을 물려받거나 같은 분야에서 일하면 쉽게 자리 잡을 수 있겠다고 생각해 요리사는 안 된다고 반대했다'고 말했다.

아버지는 한 달 넘게 아들과 눈도 마주치지 않았다. 늘 아들 편이었던 어머니도 마찬가지였다. 부모의 강한 반대에도 아들은 뜻을 굽히지 않았다. 오히려 자신이 지원했던 일식당의 주인 켄이치 셰프가 '노란 머리카락을 모두 밀고 와야 받아주겠다'고 하자 스스로 머리카락을 밀고 부모님 앞에 무릎을 꿇었다.

결국 아들이 이겼다. 대신 백씨는 조건을 걸었다. '음식은 사람이 먹는 것이니 건강을 해치는 음식은 만들지 말라'는 것이었다. 그리고 "난 가족 부양하느라 먹고살기 바빴지만 넌 하고 싶은 일을 해라. 다만 절대 후회 없도록 최선을 다해라"고 덧붙였다.

아들은 아버지의 말씀을 가슴 깊이 새겼다. 요리할 때 좋은 재료와 위생을 철저하게 지켰고 한 그릇의 요리에도 최선을 다했다.

승욱 씨의 주방에서는 휴대전화를 사용할 수 없다. 음식 만들 때 집중

• 승욱 씨의 주방에선 지각, 휴대전화 사용 모두 금지. 라스베이거스 '옐로 테일' 주방의 모습.

• 승욱 씨의 단골인 힐튼 가문 상속녀 패리스 힐튼과 함께.

해 정성을 쏟아야 하기 때문이다. 1분도 늦는 걸 용서하지 않는다. 주방에서 세 번 잘못하면 짐을 싸야 한다.

### 새벽 5시 출근하며 스시 200개씩 연습

지금은 미국에서 손꼽히는 요리사지만 주방에서의 첫걸음은 가시밭길이었다. 자유로운 생활에 익숙한 그에게 군대처럼 엄격한 분위기의 주방은 적응하기 어려웠다. 승욱 씨가 맡은 첫 번째 일은 초밥용 밥을 짓는 것이었다. 그러나 그가 지은 밥은 쓰레기통에 버려지기 일쑤였다. 식초 비율을 못 맞췄거나 쌀을 잘못 씻어 색이 이상했기 때문이다.

하지만 포기하지 않았다. 남들보다 더 일찍 출근했다. 원래 출근 시간은 오전 8시였지만 그는 오전 5시에 나왔다. 사람들이 출근하기 전에 오전에 해야 할 일을 모두 끝냈다. 남은 시간엔 선배들이 롤 마는 모습이나 칼 쓰는 법, 회 뜨는 순서 등을 곁눈질로 보며 배웠다.

어릴 때부터 뭐든 시작하면 끝을 보는 성격이었다. 야구를 할 때나 스노보드를 탈 땐 날씨가 아무리 나빠도 훈련을 빠지는 법이 없었다. 남들보다 일찍 출근해 하루에 스시 200개씩을 쥐며 훈련했다. 그 결과 6개월 만에 부주방장이 됐다.

아키라라는 이름을 사용한 것은 그때부터다. 승욱이라는 이름을 외국인들이 부르기 어려워해서다. 5년 만에 켄이치의 주방장이 됐고, 켄이치에 이어 미국 일식의 대가로 꼽히는 마사하로 모리모토와 요리 명장 노부 마츠히사의 레스토랑 등에서 일했다. 부지런함과 끈기, 승부욕이 그를 성장시켰다.

2003년엔 '노부 마츠히사' 아스펜 지점의 총주방장을 맡았다. 당시로선 최연소이자 비(非) 일본계 최초의 주방장으로 화제가 됐다. 그곳의 단골이던 빌 클린턴 전 대통령과 부인 힐러리 전 미 국무장관은 정당 주최 행사를 그에게 맡겼다. 심장 수술 후 회복기에 있던 클린턴을 위해 그는 은대구를 미소 소스에 사흘간 재운 뒤 다시 미소 소스를 발라 구워낸 요리를 내놨고, 클린턴은 '기막히게 훌륭한 음식이었다'고 인사했다.

아버지는 아들이 요리사로 이름을 알린 후엔 반대로 아들을 채찍질한다. 혹시 아들이 자만하진 않을까 '늘 겸손해야 한다'고 강조한다. '사람의 입맛이 똑같지 않고 늘 변하는 만큼 지금에 만족하지 말고 꾸준히 공부하라'는 당부도 잊지 않는다. 어머니 강씨는 요즘도 하루걸러 한 번씩 '공부를 게을리 하지 말라'는 메시지를 보낸다. 다 큰 아들에게 공부하란 말이 잔소리로 들릴 법도 한데 승욱 씨는 "매일 듣는 얘기지만 늘 감사합니다. 자만하지 않으려 다른 레스토랑도 많이 찾아다니며 열심히 공부합니다"라며 웃는다.

2007년엔 라스베이거스 벨라지오 호텔의 식당 '옐로 테일' 총주방장이 됐다. 이후 인도·인도네시아의 호텔에 자신의 레스토랑을 낸 데 이어 2016년에는 청담동에 모던 한식당 '도사 바이 백승욱'을 열었다. 뒤이어 서울 남산에 일식당 '아키라백'을 준비하고 있으며, 방콕·싱가포르에도 '아키라백'이라는 이름으로 식당을 오픈할 예정이다.

**- 이미 알려진 아키라백 아닌 백승욱이라는 이름을 내세운 건 모험 아닌가요?**
맞습니다. 상당한 부담이 있습니다. 아마 아키라백이라는 이름을 사용했다면 두세 배쯤 빨리 자리 잡겠지요. 그러나 고국에 내는 첫 레스토랑에서는 제 이름으로 한식을 선보이고 싶었습니다.

'노부'가 일식당이어서 저를 일식 요리사로 아는 사람이 많지만 저의 요리엔 분야가 없습니다. 한식도 제 요리의 기본이죠. 10년 동안 오고 싶었던 한국입니다. 한국 음식이니까 한국에 먼저 여는 게 당연하다고 생각했습니다. 한국에 있는 식자재를 쓰고 제가 자라면서 받은 느낌을 요리에 담습니다. 제가 하고 싶었던 레스토랑의 모습이죠. 제가 만든 음식을 많은 사람이 접할 수 있도록 합리적인 가격으로 선보이고 있습니다. 일주일에 5일만 영업하는데, 임대료와 직원들 월급을 주고 나면 전 월급도 못 가져갑니다.

아마 자리 잡기까지 3~4년은 걸릴 것 같습니다. 요즘 그렇게 오래 기다려줄 투자자는 없죠. 다행히 아버지가 도와주셔서 열 수 있었습니다. 고등학생 때 이후 처음으로 아버지에게 돈을 빌려달라고 했는데 선뜻 주면서 갚지 말라고 하셨어요.

**- 왜 갚지 말라고 하셨나요?** (아버지 백씨) 부담을 주고 싶지 않았습니다. 아들이 하고 싶은 걸 할 수 있으면 좋겠어요. 조건이 있으면 하고 싶은 걸 제대로 할 수 없잖아요. 그동안 많은 투자자와 호텔에서 투자 제안을 받았지만 조건이 맞지 않아 포기했었거든요. 고국에서 요리하는데 돈 때문에 못할 순 없지 않겠어요? 한국에 자신의 레스토랑을 연 아들을

• 그의 요리를 극찬한 빌 클린턴 전 미국 대통령과 함께.

보니 정말 뿌듯합니다.

**– 자녀들에게 늘 '오케이'라고 하셨다던데……** (아버지 백씨) 아이들을 믿었습니다. 가족 여행도 자주 갔지만 중·고등학교 땐 여행 가라고 신용카드를 줬습니다. 제가 해외 출장이 잦아 젊을 때부터 외국에 나갈 일이 많았는데 가서 배우고 느끼는 게 많았거든요. 아이들도 직접 가서 눈으로 보고 배우길 바랐죠. 미국인 친구조차 저를 의아하게 봤지만 제 믿음대로였습니다. 아이들은 카드를 함부로 사용하지 않았어요. 지금도 아이들을

> 사랑하는 아들 승훈에게.
>
> 우선 그렇게 원했던 고국에서 내 은퇴후 있는 식당 "오아"를 열게 됐고 우리 온가족이 기뻐하여 축하 한단다. 너도 이제 음식을 만들기 시작한지 20여년이 되고 머지않아 네 이름으로 식당을 6번째 땄고 조만간 4호 개가 된다니 자랑스럽고 기쁘기 한이 없지만, 한편으로 걱정이 되는거나, 아무쪼록 네가 선택한 그길에서 기쁨과 행복을 찾는 인생이 되길 바라며, 항상 처음 시작할 때의 마음을 지켜 하루가 다르게 변화하는 물결 속에서 이제를 보며 앞은 멀리 보는 깊은 마음을 가지고 계속 공부하는 아들이 되길 바라며… 네 음식이 모두에게 건강을 지키며, 기쁨과 마음의 치료가 된수 있길 바라며, 서는 당연하지만 항상 겸손하는 마음, 남을 배려하는 자세를 가족 모임을 같이 지켜나가길 바란다.
>
> 우리 언제 같이 사랑하자
>
> 아빠/ 엄마

• 아키라백의 부모님이 쓴 편지. 항상 겸손한 마음과 남을 배려하는 자세로 꾸준히 공부해 나가기를 바라는 마음을 담고 있다.

믿어요. 그래서 아이들의 결정에 항상 오케이라고 말할 수 있는 거죠.

**- 여행은 어디를 갔고, 무엇을 배웠나요?** 많은 곳에 갔어요. 그리스, 체코도 중학교 때 다녀왔죠. 드라마 '태양의 후예' 속 그리스도 세 번이나 다녀왔습니다. 사람들의 삶을 보면 시야가 넓어지더군요. 기회도 보이고요. 여기에선 어떤 걸 하면 잘될 거라는 구상도 해봤어요. 무엇보다 예산을 세우고 그에 맞춰 살아가는 것을 배웠습니다. 아버지의 신용카드가 있다고 해서 허투루 쓴 적은 없었어요. 예산대로 아껴가며 여행했어요. 그때 경험이 레스토랑을 오픈할 때도 큰 도움이 되었습니다.

**- 어머니에게 받은 유산은 무엇인가요?** 엄마는 예술적 기질이 뛰어난 분이세요. 특히 18년 전 시작한 그림은 수준급이죠. 어머니의 그림은 저의 요리에 영감을 줍니다. 요리에 예술적 감각은 필수죠. 예전에 선배들이 영감을 얻기 위해 미술 작품 보러 간다고 할 때면 겉멋 부리는 거라고 생각했어요. 그런데 지금은 어머니 그림의 색감이나 패턴을 보면서 제가 생각하지 못한 것을 배울 때가 많아요. 제가 어머니만큼 색과 패턴 같은 미술적 요소를 이해하게 되면 제 요리도 크게 업그레이드될 겁니다. 어머니는 요리 실력도 뛰어나세요. 퓨전 요리에 강한데, 80년대에 이미 갈비찜에 버터를 넣어 미국 사람들 입맛을 사로잡았으니까요.

**- 요리사로서 아들을 인정하게 된 계기가 있나요?** (아버지 백씨) 승욱이가 요리를 하다 20대 후반에 대학에 입학했어요. 요리 지식에 갈증을 느껴

스스로 한 결정이었습니다. 학교라면 그렇게 싫어하던 아들이 스스로 학교에 가서 열심히 공부하는 걸 보고 이제 됐다고 생각했어요. 밤늦게까지 일하고 와서 공부하더라고요. 음식 재료에 한국 고추장을 쓰는 걸 봤을 때도 뿌듯했습니다. 실제 승욱이는 한국 전통 장에 관심이 많습니다. 어린 시절 한국에서의 경험이 요리에서도 드러나고 있어서 정말 기쁩니다.

**- 한국보다 미국에서 더 유명한데 가장 신경 쓰는 손님은 누구인가요?** 부모님이죠. 대통령이나 유명 연예인보다 더 신경이 쓰여요. 두 분은 제 음식을 가장 객관적으로 평가하세요. 물론 특별한 경우가 아니면 앞에서 말씀은 안 하시지만 표정만 봐도 알 수 있잖아요. 무엇보다 가장 존경하고 사랑하는 분들인 만큼 만족시키고 싶습니다.

## about 백승욱(Akira Back)

| | |
|---|---|
| 1974년 | 서울 출생 |
| 1986년 | 서울 학동초 졸업 |
| 1989년 | 미국 이민 |
| 1990년 | 스노보드 시작 |
| 1992년 | 콜로라도 로키마운틴스쿨(사립고) 졸업 |
| 1996년 | 세계스노보드대회 하프파이프 부문 5위 |
| 2003년 | AIC(Art Institute Colorate) 요리학과 수료 |
| | 콜로라도 아스펜 '마츠히사'(노부 운영) 총주방장(최연소·최초의 비일본계) |
| 2007년 | 미 NBC '아이언 셰프' 출연 |
| | 라스베이거스 벨라지오 호텔 '옐로 테일' 오너셰프 |
| 2014년 | 인도네시아 자카르다 MD플레이스 호텔 아키라백 오너셰프 |
| 2016년 현재 | 한국 '도사 바이 백승욱' 오너셰프 |

★ **인생의 롤모델** | 아버지

★ **좌우명** | Just Do It (하면 된다)

방황하는 남학생들의 마음을 여는
지원 인스티튜트 허지원 대표

# 한결같이 우직하게
# 큰 나무 같은 사람이 되라

## 부모가 기분 따라 말 바꾸면 반발심만 커져
## 기준 정하고 원칙 지켜야 합니다

　　허지원 '지원 인스티튜트' 대표는 누구보다 질풍노도의 청소년기를 보냈다. 이혼한 어머니와 아버지에 대한 원망으로 가득했던 시절, 그의 마음은 상처투성이였다. 상처로 들끓는 마음속 불길을 잠재우지 못해 다니던 고등학교를 자퇴하기도 했다. 그런 그를 잡아준 건 어머니의 한결같은 믿음과 그를 위해 기도하는 모습이었다. 어머니는 그에게 큰 나무 같은 사람이 되라고 가르쳤다.
　지난날의 자신처럼 방황하는 청소년들에게 큰 나무가 되고 싶은 게 허 대표의 꿈이다. 힘들었던 지난날의 이야기를 한다는 게 쉽지 않은 일이지만 수많은 이혼 가정 아이들에게 자신의 이야기가 조금이라도 도움이 됐으면 좋겠다고 말한다.

## 밖에선 인기 많은 학생회장, 집에선 문제아

고1 때였다. 아버지가 아들에게 면도하는 방법을 알려주는 TV 광고를 보면서 울기 시작했다. 그동안 쌓인 설움이 복받쳐 올라 눈물이 그치지 않았다. 어머니 아버지는 그가 네 살 때 이혼을 했다. 아버지에 대한 기억은 거의 없었다. 어설픈 면도로 매일 얼굴에 상처를 내고 다니던 때 일이다.

"그 CF를 보면서 그동안 쌓였던 모든 게 터져 버리는 느낌이었어요. 나는 남자가 되어가는데 남자가 되는 법을 알려주는 사람이 없다, 아버지가 있는 아들이라면 의식적, 무의식적으로 당연하게 배우는 것들을 나는 모른다는 생각에 서러움이 밀려왔어요."

그의 사춘기는 전쟁 같았다. 어머니에 대한 원망으로 가득했다. 집에서는 입을 닫았고, 어머니의 말에는 짜증만 냈다. 친구들과는 언제나 거리감을 느꼈다. 부모가 이혼했다는 걸 친구들에게 알리지 않으려다 보니 속내를 털어놓을 수가 없었다. 친구들은 그에게 "넌 네 이야기를 너무 안 해"라고 했지만 자신의 이야기를 시작하면 부모님이 이혼했다는 사실까지 말해야 할 것 같았다.

"중학생이 되면 남자아이들은 그들만의 언어가 생겨요. 가끔은 주먹다짐도 하고, 허세도 부리고, 거친 말투로 싸움도 하면서 친해지는데 저는 그런 것들에 대처하는 방법을 몰랐어요. 친한 친구와도 친밀감을 느낄 수가 없었죠."

그럼에도 불구하고 그는 여전히 공부 잘하고, 인사성 밝고, 친구들 사이에 인기 많은 학생이었다. 고2 때는 학생회장에 당선됐다. 겉으로는 활달하고 문제없는 모범생이었다. 하지만 그의 상처는 매일매일 곪아가고 있었다.

"나 자신이 위선적이라고 느껴졌어요. 언제나 스스로 솔직하지 못하다는 생각을 했어요. 이런 나를 어떻게 해야 하나, 어떻게 살아야 하나를 고민하며 그 해답을 책에서 찾으려고 했죠. 책은 유일한 탈출구였어요."

그런 그를 교사들은 '왜 공부 시간에 책을 읽느냐'며 혼을 냈다. 자신을 이해해 주는 사람이 없다는 생각에 괴롭기만 했다. 마음 둘 곳이 없던 그는 고3 되던 해 4월에 학교를 자퇴해 버렸다.

"엄마도 갖고 싶은 게 있고 하고 싶은 게 있어"

자퇴 후 어머니와의 갈등은 더 깊어졌다. 종일 어머니와 함께 있으면서 사사건건 부딪쳤다. 그때마다 그는 어머니에게 상처가 될 말들을 쏟

• 어린 시절 허 대표의 손을 잡고 활짝 웃고 있는 어머니.

아냈다. '엄마의 선택이 나를 이렇게 만들었다', '다른 애들은 아빠가 있는데 나는 없다'며 모든 것을 어머니 탓으로 돌렸다. '나는 왜 상처받은 채 살아야 하지?' '나는 사랑받을 수 없는 존재인가?' '나는 아무것도 할 수 없어'라는 생각뿐이었다.

그러던 어느 날 흥분한 채 독한 말들을 쏟아내고 있는 아들에게 어머니가 조용히 입을 열었다.

"너도 갖고 싶은 게 있고 하고 싶은 게 있는 것처럼, 엄마도 갖고 싶은 게 있고 하고 싶은 게 있어. 엄마가 일부러 네게 상처 주려고 한 게 아니야. 엄마도 힘들어."

그 말을 듣고 멍하니 서 있던 아들은 조용히 방으로 들어갔다. 그리고는 한참을 울었다.

"머리를 한 대 맞은 기분이었어요. 여느 때처럼 화를 내거나 혼을 냈다면 그렇지 않았을 텐데 엄마가 한 인간으로서 솔직하게 엄마의 고민을 말한 순간 깨달았죠. 엄마도 인간이라는 걸요."

엄한 어머니였다. 기준을 정해놓고 그 기준을 어기면 가차 없이 혼을 냈다. 때로는 회초리를 들기도 했다. 단 한 번도 그 기준을 어긴 적이 없었다. 날마다 새벽 5시면 어김없이 책상에 앉아서 아들과 딸을 위해 기도했다. 아무리 몸이 아파도 기도를 거른 적이 없었다. 암 투병 중일 때조차 그랬다. 그런 어머니의 뒷모습을 배신할 수가 없었다.

"나중에 알고 보니 몸이 너무 아파서 앉을 수 없을 때도 기도를 하셨다고 해요. 누워 계시다가도 제 인기척이 들리면 책상에 앉으셨다고 하더군요. 엄마가 한결같은 모습을 보여줘야 한다고 생각하셨다고요."

어머니는 아들에게 언제나 한결같은, 큰 나무 같은 사람이 되라고 했다. 학교를 그만둔 아들이 집에서 괴로워할 때면 화가인 어머니는 몇 시간씩 꼼짝 않고 그림 그리는 일에 몰두했다. 말보다 행동으로 보여주려고 했던 것이다.

"나중에 알았어요. 기준을 세워서 그 기준에 따라 예외 없이 아이를 훈육하는 게 얼마나 어려운 일인지를요. 어떤 날은 무섭게 훈육하고 어느 날은 그냥 넘어가면 아이의 혼란과 반발심은 더 커집니다. 어머니는 그 기준을 엄격하게 지키셨죠."

## 이혼 부모, 먼저 자신의 상처를 인정하라

그 일이 있었던 후 1년간 독학으로 공부해 서울대 철학과에 입학했다. 스노보드 동아리를 만들기도 하고, 아르바이트로 하숙비를 버는 등 바쁜 나날을 보냈다. 그러면서도 여전히 마음 한구석에 답답함이 있었다. 그 답답함은 3년 선배이자 배우인 허정도 씨를 만나며 풀렸다.

"갑자기 형이 묻더군요. '혹시 나는 사랑받지 못할 사람이라거나 내 인생은 잘될 가능성이 낮아 같은 생각을 하고 있니?'라고요."

그는 허씨에게 모든 이야기를 털어놨다. 허씨는 조용히 그 말을 듣더니 '많이 힘들고 외로웠겠구나'라고 했다. 그 순간 그는 말로 표현할 수 없는 위로를 받았다. 누군가 먼저 그렇게 물어봐 주기를 원했었다는 걸 그때 깨달았다. 책에서 찾을 수 없었던 문제의 해법을 허씨의 위로에서 찾았다. 그리고 항상 자신을 괴롭히던 '정말 나는 안 될까'라는 생각을 다시 돌아보게 됐다.

"형에게 말했어요. 우리 가족은 모두 상처받았다고. 그런데 할 수 있는 게 없다고요. 그러면서 지금 내가 할 수 있는 걸 해야겠다고 생각하게 됐어요. 내 상처를 인정하는 게 그 시작이라는 걸 깨달았죠."

그날부터 그는 어머니가 항상 강조하던 '큰 나무'가 되기로 했다. 자신처럼 상처받은 아이들, 학교에서 거부당한 아이들의 마음을 읽어주기로 했다. 스스로 그런 아이들에게 우직한 나무가 되어주겠다고 생각했다. 대학을 졸업한 후 자신의 이름을 딴 '지원 인스티튜트'를 세워 문제아로 불리는 남자 청소년들에게 컨설팅해주는 일을 시작했다. 공부보다 중요한 게 학습 동기를 심어주는 일이라는 걸 알기 때문이다. 부모의 이혼으로 마음을 닫은 아이, 폭력으로 퇴학당한 아이, 게임에 중독된 아이들이 이곳을 찾는다. 그는 그런 아이들에게 상처를 인정하고 꿈을 꾸는 법에 관해 이야기한다.

- **사춘기 남자아이들은 어떤 특징이 있나요?** 사춘기 남자아이는 자신을 어른, 남자라고 여깁니다. 그래서 남이 시키는 일은 하지 않습니다. 스스로 설득이 돼야 뭐든 하지요. 여자인 엄마는 이해할 수 없는 부분이 있습니다. 진짜 멋진 건 게임 실력이나 허세가 아니라 자신의 꿈을 실현해 나가는 거라는 걸 스스로 느껴야 성장합니다. 남자아이들은 자신이 멋지다고 생각하는 걸 따르는 성향이 있거든요. 무엇보다도 자신의 삶이 얼마나 소중한지를 스스로 깨닫는 것이 중요합니다.

**- 이혼 가정 아이들은 상처가 크지요?** 상처를 인정하는 거, 상처가 없는 사람들이 볼 때는 별거 아닐 수 있습니다. 하지만 상처를 안고 살아가는 사람들은 그 상처를 마주하는 것만으로도 괴롭습니다. 부모가 자신의 상처를 인정하지 않는데 아이가 납득할 수 있겠습니까? 이혼의 이유는 정말 다양하지만 아이가 납득할 수 있도록 진실하게 이야기를 해야 합니다. 어리다고 그냥 넘겨버리면 아이는 '왜?'라는 질문에 대한 답을 찾지 못합니다.

**- 중학생만 돼도 부모와 대화가 안 통한다고들 하지요?** 많은 학부모가 '아이와 대화가 통하질 않는다', '아이가 소통을 거부한다'고 말합니다. 남자아이의 생리를 어머니는 잘 이해하지 못합니다. 많은 아버지가 아들과 대화를 못하는 건 윽박지르거나 무례하다고 혼을 내기 때문입니다. 그건 소통이 아닙니다. 남자아이는 자신을 존중해 주는 사람을 따릅니다. 내가 이해받을 수 있고 그를 통해 내가 발전할 수 있다고 느껴져야 말을 듣는 거지요. 그 외에는 모두 적으로 인식합니다. 무시하거나 부딪히고 싸워야 하는 대상으로 생각하는 것이죠. 존중이란 원하는 걸 같이 고민하고 찾아주는 겁니다. 나이가 많다고 해서 따르지는 않습니다.

**- 한결같은 훈육의 중요성을 특히 강조하시는데……** 한결같다는 게 얼마나 어려운지 저도 사회생활을 하면서 알게 되었습니다. 많은 어머니들이 자신은 한결같다고 생각합니다. 그러나 실은 그렇지 않은 경우가 많습니다. 엄마가 이 학원이 좋다고 해서 다니고 있는데 다른 학원이 더

사랑하는 아들 보아라

엄마는 너에게 무척 실망하며 힘든 하루다
엄마와 한 약속들, 방 정리, 성적향상
화장실 청소까지 제대로 한 것들이 하나도
없구나. 그순간 좋은 말과 흐르는 물처럼
유창한 언변으로 회피하며 자기 편한 것만
찾는 반복된 모습에 엄마는 많이 속상하다.
그리고 또 다시 너는 지금의 상황이 어쩔 수
없는 일이라며 남 탓, 환경 탓을 하고 있구나

엄마가 항상 얘기한 훌륭한 남자는 묵직하고 한결같이
자신의 약속을 지키기 위해 노력하는 사람이다.
하지만 엄마는 항상 불안하고 걱정되는 것이 너에게
그런 모습이 어느 순간부터 잘 보이지 않는다는 것이다.
그럼 빼질거리는 사람 밖에 더 되지 않겠니?

스스로 조성하여야 한다. 묵직하고 한결 같은, 소 같이
곰 같은 자세 없이 무언가를 이루어 낼 수 없다.
순간순간 약사빠르게 행동하며 이룬 결과는 모래성과
같아서 한 순간 이룬것 같고 무언가 해낸 것 같지만
결국 그 본 모습을 드러내게 된다

너는 항상 스스로의 똑똑함으로 무언가를 이루어 낼 수
있다고 하지만 결국 가장 의미있는 가치는 묵직하고
한결같이 오랜 기간 쌓아 있을 때 이루어지는 것이다.
엄마가 항상 얘기한 것처럼 엄마는 니가 태어났을 때
세상에 힘이 되는 큰 나무가 되길 원했다.

너는 그 자리에 오면 큰 나무를 만날 수 있고
힘들때 기대어 쉴 수 있고 맛있는 열매를 사람들에게
나눠줄 수 있는 그런 큰 나무가 되길 원한다.
큰 나무는 하루 아침에 이뤄진 것이 아니다. 수십년, 수백년을
그 자리에서 자신의 자리를 지키고 비가 쏟아질 때나
태풍이 불고 따가운 사막 같이 메말라도 한결같이
자신의 뿌리를 더 내리며 버티고 지켜온 것이다.
엄마는 네가 그런 사람이 되길 바란다.

언젠가 네가 크면서 더 세상을 경험하면서
이 가치가 뭐가 중요한 것인지 깨닫게 될 날이
오리라 믿는다. 네가 엄마를 사랑한다고, 엄마가
해준 것에 감사한다고 말만 하지 말고 진심으로
엄마를 생각하고 엄마가 하고 싶은 것을 찾아가며
너를 위해, 우리 가족을 위해 노력하는 것을 꼭 기억해다오

난 내 아들이 똑똑하고 현명하니 꼭 엄마의 맘을 엄마
보다 더 잘 이해하고 헤아려 실천할 것이라 믿는다.
네가 한 행동을 볼때, 무척 밉고 실망스럽지만
식탁에 네가 좋아하는 낙지 볶음 해 놓았으니 꼭 잘 챙겨
먹고 나가라.

엄마는 항상 내 아들은 믿는다.

아들을 사랑하는 엄마가.

• 허 대표가 고등학교에 다니고 있을 때 어머니가 그에게 준 편지. 어머니는 아들에게 하고 싶은 말이 있을 때면 편지를 쓰곤 했다. 이 편지에는 아버지의 부재를 원망하며 방황하던 시기의 허 대표에게 주는 메시지가 담겨 있다.

좋다는 말을 듣고 갑자기 바꾸면 아이는 무시당했다고 생각합니다. 어떤 날은 욕을 해서 혼이 났는데 어떤 날은 봐주면 아이는 은연중에 부모를 만만하게 생각합니다. '엄마도 그러면서, 뭐' 하는 거죠. 아이에게 안 된다고 한 것은 반드시 안 되는 일이어야 합니다. 부모도 자신에게 관대해서는 안 되고요. 아이의 가치관이 흔들리지 않도록 일관되게 훈육해야 합니다.

**- 상처받고 부모와 대화를 단절한 아이들은 어떻게 대해야 할까요?** 3년 전, 이혼 가정 아이들을 대상으로 봉사 활동을 한 적이 있습니다. 아이들 모두 어린 시절의 저처럼 어른에 대한 원망이 대단하더군요. 게다가 부모를 만만하게 여기고 있었습니다. 많은 이혼 가정 부모가 아이에게 미안한 마음에 무리한 요구나 거친 행동을 용인합니다. 그래선 안 됩니다. 아이가 어리다고 생각하지 말고 솔직히 이야기하는 것이 좋습니다.

상담 대상인 아이가 자신의 부모를 원망할 때면 저 어머니가 제게 했던 이야기를 들려줍니다. '엄마도 사람이다. 엄마도 원하는 게 있고 하고 싶은 게 있다'고 말이죠. 이 말을 하면 상당수의 아이가 충격을 받습니다. 많은 아이가 부모를 원망의 대상으로 여기거나 무조건 자신에게 잘해줘야 하는 '채무이행자'로 생각합니다. 솔직하게 이야기하고 부모가 먼저 행동으로 믿음을 주는 것이 방법입니다.

어머니가 매일 기도하고 매끼 밥을 챙기며 자기 일에 몰두하는 모습을 보여준 건 방황하던 저를 잡아준 힘이었습니다. 그런 우직하고 한결같은 모습이 백 마디 말보다 훨씬 강력한 힘을 갖고 있다고 믿습니다.

## about 허지원

| | |
|---|---|
| 1980년 | 서울 출생 |
| 1993년 | 서울 반포초 졸업 |
| 1996년 | 서울 반포중 졸업 |
| 1999년 | 한영외국어고 중퇴 |
| 2005년 | 서울대 철학과 졸업 |
| 2006년 | 노점상 시작 |
| 2007년 | 지원 인스티튜트 서비스 기획 |
| 2010년 | (주)지원그룹 설립 |
| 2013~16년 현재 | 지원 인스티튜트 대표 |

★ **인생의 롤모델** | 어머니, 배우 허정도, 손정의 소프트뱅크 회장, 리처드 브랜슨 버진그룹 회장, 스티브 잡스 애플 창업자

★ **내 인생을 바꾼 책** | 조셉 머피의 『머피의 100가지 성공법칙』, 최윤식의 『2030 대담한 미래 1·2』, 말콤 글래드웰의 『아웃라이어』

★ **이혼 가정 아이들에게 추천하고 싶은 책** | 필립 체스터필드의 『내 아들아, 너는 인생을 이렇게 살아라』, 말콤 글래드웰의 『아웃라이어』, 조셉 머피의 『머피의 100가지 성공법칙』

★ **자녀교육으로 고민하는 이혼 가정 부모에게 추천하는 책** | 최윤식의 『2030 대담한 미래 1, 2』, 말콤 글래드웰의 『아웃라이어』, 로버트 그린의 『전쟁의 기술』, 스튜어트 다이아몬드의 『어떻게 원하는 것을 얻는가』

★ **좌우명** : 꾸준히 한결같이 나아가자.

4장

# 정직과 성실

## 원망과 고마움은 종이 한 장 차이, 매 순간 감사하며 살아갑니다

'국민 새 박사' 윤무부. 전 세계를 누비며 새를 연구한다. 아들도 아버지와 같은 길을 걷는다. 어린 시절부터 아버지와 함께 새를 보러 다니던 아들은 스무 살이 되자 아버지와 같은 대학, 같은 학과를 선택했다. 아버지는 현재 경희대 명예교수, 아들은 한국교원대 윤종민 박사다. 아들은 아버지를 닮았다. 새를 좋아하고, 열정적이며 끈질긴 성격을 가졌다.

### '새 여행' 함께하던 아이, 아버지와 같은 길 걷는다

조류학자 윤무부 교수 집에는 어디든 새가 있다. 새를 찍은 사진, 새

• 1979년 아내와 정림·종민 남매와 찍은 가족사진.

기념품 등이 집안 곳곳에 놓여 있고, TV 스크린에선 새에 대한 다큐멘터리가 나오고 있다. 벽에는 한 청년이 촬영 장비를 짊어지고 환하게 웃는 사진이 걸려 있다. 어디서 본 듯한 노트북 광고의 한 장면이다.

"얘가 우리 아들 종민이에요. 잘 생겼죠?" 덤덤한 말투지만 아들에 대한 애정이 가득하다. 사진 속 윤종민 씨는 아버지가 졸업한 경희대에서 아버지와 같은 생물학을 전공하고 미국 미시간대와 콜로라도주립대에서 생물학 석·박사를 취득했다. 현재 한국교원대 황새생태연구원에서 근무하고 있다.

아들 종민 씨는 아버지가 하는 강의를 들으며 대학 시절을 보냈다. 수강 신청을 못한 경우에도 아버지의 강의실에 슬쩍 들어와 맨 앞줄에 앉았다. 윤 교수는 "그런 아들이 기특하기도 하고, 긴장되기도 했던 게 벌써 20년 전 일"이라며 웃는다.

## 경쟁력 갖추려면 남들과 똑같이 하면 안 된다

윤 교수의 새에 대한 사랑은 경남 거제도 장승포에서 시작됐다. 윤 교수의 집은 바닷가 시골 마을에 있었다. 대문 열고 나가면 눈앞에 바로 바다가 펼쳐지는 곳이었다. 윤 교수의 아버지는 농사를 짓는 농부이자 고기 낚는 어부였고, 집안에선 목수 역할도 했다.

윤 교수는 7남매 중 넷째로 태어났다. 아버지는 눈치 빠르고 심부름 잘하는 넷째 아들을 언제나 흐뭇하게 바라봤다. 어린 소년에게 최고의 장난감은 바닷가 새떼였다. 하늘을 가로질러 날아가는 새를 바라보며 저 새는 어디로 가는 걸까 상상의 나래를 펴기도 했고, 바닷가에 앉아 있는 새를 쫓아다니며 놀기도 했다. 아버지는 아들을 산과 들로 데리고 다니며 새를 보여주곤 했다. 논병아리, 갈매기, 물오리 같은 새 이름도 아버지로부터 배웠다. 공부 못하기로 소문난 소년이지만 새 이름만큼은 척척 외웠다.

아버지는 그런 아들을 이해해 주는 친구이자 멘토였다. "열 살 때부터 새에 대한 애정과 집착을 보였다고 해요. 그걸 유일하게 이해하고 지지해 준 게 바로 아버지였고요."

눈치 빠르고 궂은일을 도맡아 하는 점이 윤 교수는 아버지와 닮았다. 아버지는 '바보처럼 부지런하기만 하면 안 된다'고 가르쳤다. 성취하려는 분명한 목적의식이 있어야 아침 일찍 눈도 떠지는 거라고 했다. "진짜 교육은 강요하는 게 아니라 왜 그걸 해야 하는지 이유를 설명해 주는 것이죠."

남들과 다르게 행동하는 법도 아버지에게 배웠다. 남들과 똑같이 하면 경쟁력이 없다고 했다.

　윤 교수는 학창 시절 제일 먼저 등교해 화장실 청소를 했다. 시간이 남아 여자화장실 청소까지 하니 교사들이 처음엔 이상한 눈초리로 봤지만 나중에는 모두의 칭찬을 받았다. 윤 교수는 그때 사람들이 필요로 하는 사람이 되려면 사소한 것부터 노력해야 한다는 걸 깨달았다. "아버지는 손해 봐도 남에게 도움이 되는 일을 하라고 가르치셨어요. 그건 제 평생 철학이 됐죠. 종민이에게도 항상 강조하는 내용이에요."

　아들이 학문으로 성공하기 바랐던 아버지는 어린 윤 교수를 데리고 서울로 향했다. 6·25 전쟁 직후 부자는 미군 부대 전용 야간열차를 탔고, 그렇게 서울 유학 생활이 시작되었다. 윤 교수가 한영고에서 3년, 경희대에서 4년 공부하는 동안 어머니와 누나는 주말마다 번갈아 들러 밥을 짓고 청소를 해주고 갔다.

### 비싼 사교육이 좋은 교육만은 아냐

　어린 시절 종민 씨는 윤 교수가 떠나는 '새 여행'의 동반자였다. 새로운 새 서식지가 발견되거나 희귀 새가 나타났다는 소식을 들으면 아버지는 카메라를 들고 바람같이 달려갔고, 종민 씨는 그런 아버지와 함께 전국 방방곡곡을 누볐다. 어린 시절의 그 여행 때문에 가창오리, 휴전선 두루미, 예산 황새, 군산 태극오리 같은 새 이름을 종민 씨는 구구단처럼 외웠다.

　가족들 사이에 마찰이나 갈등이 있을 때도 함께 여행을 하면서 풀었

• 위장막을 치고 며칠이고 밤을 새며 새를 기다리는 윤 교수.

다. "우리 가족은 불만이나 다툼거리가 있을 때면 다 같이 새를 보러 갔어요. 화가 나서 뿌루퉁하다가도 바깥에서 아름다운 풍경을 보면 자연스럽게 풀리곤 했죠. 주변 사람들에게도 자녀들과 여행을 많이 다니라고 합니다. 공부하라는 잔소리보다 스스로 동기를 찾아 공부하게 하는 게 좋습니다."

아이들의 엉뚱한 질문도 그냥 넘기거나 무시하지 않았다. "아이들 질문은 어른보다 날카롭습니다. 가끔 상상도 해본 적 없는 질문을 받으면 당황하게 되죠. 그럴 때 심호흡을 하고 아이가 관심 갖는 내용부터 차근차근 얘기해 줘야 합니다."

아이들은 민들레가 왜 봄에 흰 솜털이 나는지, 꽃은 왜 몇 년이 지나도 늘 처음처럼 노란색인지를 물었다. 그는 잘 모르는 질문이 나올 때도 그냥 모른다고 하지 않고 '봄에 찾아오는 추위가 더 무섭다'거나, '꽃도 아빠랑 엄마를 닮는다'는 식의 창의적인 대답을 해줬다. 늘 인내심과 끈기를 가지고 아이들을 대했다.

"유명한 학교에서 비싼 사교육을 받게 해주는 게 좋은 교육은 아닙니다. 저 역시 아버지가 해주셨던 이야기를 제가 받은 최고의 유산이라고 생각합니다."

### 겸손해야 내려가는 길이 가파르지 않다

윤 교수는 아들이 자신과 같은 길을 가는 건 내심 원하지 않았다. 대학이나 전공을 선택할 때도 관여하지 않았다. 새를 연구하는 게 외롭고

• 종민 씨는 대학에 다닐 때 윤 교수의 조교로 일했다. 부자는 야외에서 새를 촬영하거나 소리를 녹음하며 많은 시간을 함께 보냈다.

긴 여정이라는 걸 누구보다 잘 알기 때문이었다.

"새는 인간의 삶과 전혀 다른 시계에 따라 움직이죠. 사람에 맞추면 새를 알 수 없어요." 새벽에 짐을 싸서 떠나기도 하고, 기약 없이 떠나 일주일이나 한 달씩 돌아오지 못하는 게 새 연구다. '열정을 갖고 결정한 길도 중도에 하차하는 경우가 많은데, 어떻게 아들에게 그 길을 권할 수 있겠느냐'는 게 윤 교수의 생각이었다.

하지만 아들은 아버지와 같은 대학, 같은 전공을 선택했다. 학교 다닐 때 아버지의 전속 조교를 자처했다. 덕분에 대학 시절 내내 친구들과 술을 마시거나 데이트하는 건 꿈도 못 꿨다. 종민 씨는 '그럴 거라고 예상은 했지만 그렇게까지 내 시간이 없을 줄은 몰랐다'고 그때를 떠올렸다.

아들 종민 씨가 유학을 결심했을 때 윤 교수는 단 한 번의 망설임도 없이 "그래라" 했다. 그 길로 1억2,000만 원대 아파트를 팔아 아들 교육비를 마련했다. 가끔 있던 광고 수익료도 모두 아들 교육비로 쓰기 위해 모아뒀다.

경희대 불문과를 졸업한 큰딸 정림 씨가 미국 캘리포니아 UCLA에서 의학통계를 공부하게 해달라고 했을 때도 단번에 허락했다. 아들은 미 시간대에 가고 싶다고 했다. 평소 자녀 교육에 관여한 적이 없는 윤 교수가 그때만큼은 한 가지 조건을 내세웠다. '학비를 대줄 테니 10년 동안 돌아오지 말라'는 것이었다. 10년이라고 한 건 뭐든 하나를 해서 제대로 성공하려면 그 이하로는 안 된다고 생각했기 때문이다.

"한석봉 어머니도 아들에게 10년 동안 산에서 글을 읽으라고 했다지요. 공부든, 영어든, 네트워크든 5년으로는 어림도 없을 거라고 생각했습니다."

아버지는 종민 씨에게 '교수님과 가까이 지내면 더 많은 것을 배울 수 있다, 틈만 나면 논문을 많이 읽어라, 영어 공부를 열심히 하면 더 많은 새를 알 수 있다'는 등의 조언을 했다. 윤 교수는 아들이 해외에서 자신보다 더 많은 것들을 보고 누리기를 바랐다.

콜로라도주립대에서 박사 학위를 취득하고 돌아온 종민 씨는 한국교원대 황새생태연구원에 소속돼 교편을 잡았다. 멸종위기 야생생물 증식·복원에 기여한 공을 인정받아 2016년 환경부장관상도 받았다. 그때 아버지는 축하 인사와 함께 "쉽게 얻어지는 건 없다"며 긴장을 늦추지 말라고 조언했다. 남들보다 빨리 성취할수록 겸손해야 내려가는 길이 가파르지 않다고 거듭 강조했다.

### 가족과 함께하는 이 순간이 고마울 뿐

같은 분야를 다루는 전문가가 한 집에 둘이다 보니 가끔 이견이 있을 때도 있다. 그럴 땐 치열하게 토론을 한다. 토론하고 나면 단순한 부자지간이나 사제지간을 떠나 새를 대하는 평생 동료를 얻은 기분이 든다. 요즘도 두 사람은 만나면 새 이야기를 주로 한다.

"요즘엔 제가 평생 찍은 새 사진, 영상, 새 소리 녹음 파일들을 모아서 온라인 새 박물관을 만들자는 얘기를 하고 있어요. 우리나라에는 새가 360여 종 있는데 그중 300여 종이 5개국을 거쳐 호주까지 이동합니다. 그 다섯 나라가 어디인지, 첫 번째 들른 나라에서 새는 뭘 하고 어떻

> 사랑하는 아들아 !
>
> 어려서 부터 쌍안경을 아빠와 같이 메고 산과 바다
> 들로 다니더니 이렇게 자랑스런 새박사가 되었구나
> 고맙구나.
> 먼 타국 미국에서 10여년 동안 참고 인내하여
> 박사가 되 고국에 돌아와 가정을 이루고 손자, 손녀
> 도 내 품에 안겨준 점도 너무 고맙구나.
> 내가 보기엔 우리 아들 짱이다 !
> 고국에 와서도 열심히 연구하고 학회에 나가
> 발표도 하고,
> 가정을 잘 이루고 사는 모습 또한 고맙구나
> 앞으로도 초심을 잃지 말고,
> 세계적인 새박사가 되려무나.
>
> 2016. 3. 14
> 아빠가 보냄.

- 아들에 대한 고마움과 조류학자로서의 격려를 담은 윤 교수의 편지.(10년 전 찾아온 뇌경색이 완치되지 않아 손이 불편한 윤 교수를 대신해 아내 김정애 씨가 윤 교수의 말을 받아 편지로 썼다.)

게 먹이를 찾는지 그 과정을 정리해서 보여주려고 합니다. 제가 시작하고 아들이 완수할 과제예요."

뇌경색 후유증이 있지만 윤 교수는 여전히 새를 찾아다닌다. 약간의 불편함이 그의 새에 대한 애정을 꺾지는 못한다. 뇌경색이 찾아온 건

2006년 휴전선 근처에 두루미를 관찰하러 갔을 때였다. 오른쪽이 마비돼 움직이지도 못하고, 말도 제대로 할 수 없었다. 윤 교수는 뇌경색 판정을 받고 일주일 후 세상을 떠난 아버지를 떠올렸다. 윤 교수도 오래 살지 못할 거라는 시한부 판정을 받았다. 하지만 그는 포기하지 않았다. 죽을힘을 다해 재활 치료를 했다. 혀 근육 운동, 팔 운동을 하며 몸이 굳지 않도록 안간힘을 썼다. "2년 동안 누워서 왼발로 액셀과 브레이크를 밟는 연습을 머릿속으로 했어요. 지금은 왼발로 운전도 합니다."

윤 교수는 그때 자기를 도와준 건 '천사 아내'라고 말한다. 당장 내일 어떻게 될지 모르는 상황이지만 유머를 잃지 않았고 따뜻하게 그를 지켜봐줬다. 윤 교수는 "아이들이 인내심 많고 늘 성실한 이유는 아마도 제 엄마에게 물려받은 성품일 것"이라고 말한다.

윤 교수 집 거실 벽에는 '탓하지 말고 그러려니 생각하며 사는 날까지 삽시다'라고 적힌 종이가 붙어 있다.

"원망과 고마움은 종이 한 장 차이더군요. 지금은 가족과 함께하는 매 순간과 아들과 새를 보러 언제라도 떠날 수 있다는 게 고마울 뿐입니다."

## about 윤무부

| | |
|---|---|
| 1941년 | 거제도 장승포 출생 |
| 1960년 | 한영고 졸업 |
| 1967년 | 경희대 생물학 학사 |
| 1969년 | 경희대 대학원 생물학 석사 |
| 1993년 | 자랑스런 서울시민 100인 선정 |
| 1995년 | 한국교원대 대학원 생물교육학 박사 |
| 1997년 | 제1회 환경상 환경보전부문 우수상 수상 |
| 2006~16년 현재 | 경희대 생물학과 명예교수 |

★ **인생의 롤모델** | 원병오 경희대 명예교수. 국내에서 가장 오랫동안 새를 연구해 조류학자들에게 귀감이 되는 분이다.

★ **내 인생을 바꾼 책** | 앙리 파브르의 『파브르 곤충기』. 사물에 대해 깊이 있게 생각하는 법을 알려준 책이다.

★ **좌우명** | 어제를 생각하고 내일을 계획하며 살자.

수필가 피천득 선생의 차남
신생아의학의 대부 피수영 교수

# 항상 정직하라, 남에게 관대하라
# 작은 인연을 소중히 여겨라

## 정직하고 욕심 없는 마음이
## 인생을 아름답게 만듭니다

　아버지는 늘 아이처럼 해맑게 웃었다. 춘원 이광수가 지어줬다는 아호 '금아'(琴兒 거문고를 타고 노는 때 묻지 않은 아이라는 뜻)가 그렇게 잘 어울릴 수 없었다. 누군가에게 화를 내거나 싫은 소리를 하는 모습을 보기 어려웠고, 항상 낮고 부드러운 목소리로 대화했다. 아버지는 세 자녀에게 항상 "욕심 부리지 말고, 자신에게 정직하고, 다른 사람에게 관대하라"고 했다. 서울대 명예교수이자 '국민 수필가'로 불리는 피천득 선생과 2011년 서울아산병원을 정년퇴직하고 현재 하나로의료재단 고문으로 일하고 있는 그의 차남 피수영 교수 얘기다.
　피천득 선생은 수필 '인연', '은전 한 닢', '오월' 등에서 잔잔한 일상을 담담하고 부드러운 어조로 그려내 많은 사람에게 사랑받고 있다. 그는 떠났지만 그의 작품은 여전히 대중의 마음을 따뜻하게 위로한다. 그리고 그의 가르침은 아들을 거쳐 손자에게로 이어지고 있다.

### 신생아의학 명의 된 수필 속 '아이'

'피씨가 희성이긴 하지만 어찌하여 역사에 남은 이름이 그다지도 없었던가. 알아보니, 피씨의 직업은 대개가 의원이요. 그중에서는 시의(임금, 왕족을 진료하는 의사)도 있었다는 것이다. …… 의학을 공부하는 우리 '아이'는 옥관자는 못 달더라도 우간다에 가서 돈을 많이 벌어 가지고 올 것이다.'

• 피수영 교수가 항상 지갑 속에 넣어 갖고 다니는 아버지 사진.

피천득 선생이 1965년에 발표한 수필 '피가지변(皮哥之辨)'의 일부다. 이 수필에 등장하는 '아이'가 바로 피수영 교수다.

서울대 의대를 다니고 있던 수필 속 22세 의대생은 이제 73세가 됐다. 지난 50여 년의 세월 동안 그는 대학을 졸업하고 군대를 마친 후 미국으로 건너가 의술을 배웠고, 다시 한국에 돌아와 신생아의학 분야의 명의가 됐다. 미국에서 의사 생활을 시작해 2011년 서울아산병원에서 정년퇴임 할 때까지 그의 손을 거친 미숙아만 1만 명을 훌쩍 넘는다. 2000년에는 국내 의료진과 함께 468g의 초미숙아를 성공적으로 살려내기도 했다. 보통 임신해서 37주 미만에 태어나는 아이들을 미숙아로 분류하는데 2.5kg 이하 신생아는 저체중아, 1.5kg 이하 신생아는 극소 미숙아로 분류한다.

그가 의사가 된 건 유년시절의 기억 때문이다. 그가 아플 때마다 진료해준 사람이 한국 소아과의학의 산증인이라 불리는 이국주 서울대 소아과 교수다. 이 교수는 피천득 선생과 경기고 동창이다. 그 인연으로 이국주 교수는 어린 시절 피 교수의 주치의가 됐고, 병원을 찾을 때마다 친절하게 진료해주는 이 교수를 보면서 그는 의사의 꿈을 키웠다.

"이 교수님과의 인연으로 소아과의사가 되었습니다. 원래는 외과의사가 되기를 희망했는데, 서울대에서 인턴을 할 때 이 교수님이 저를 부르시더니 '피군은 소아과의사가 돼야 해' 하고 딱 잘라 말씀하시더라고요. 아버지 같은 분의 말씀을 거역할 수 없어 그대로 소아과를 선택하게 되었습니다."

미국 유학시절 세부 전공을 정할 땐 서울대병원장을 지낸 스승 홍창

• 6·25전쟁이 끝난 후 다시 서울에 올라와 찍은 삼 남매 사진. 왼쪽부터 수영, 세영, 서영 씨.

의 교수가 신생아의학에 도전해보라고 조언했다. 소아심장의학과를 전공하려다 홍 교수의 권유로 신생아의학을 선택했다. 1980년대 후반까지 국내에서는 신생아의학에 대한 연구가 거의 이뤄지지 않고 있었다.

"결국 두 분과의 인연이 오늘날의 저를 있게 했습니다. 아버지가 평소에 '인생은 작은 인연들로 아름답다'는 말씀을 자주 하셨는데, 이제 와 돌이켜보면 우리의 인생을 완성시키는 게 작은 인연들이 아닐까 싶습니다."

### 욕심부리지 말고 정직한 삶을 살아라

피천득 선생은 부유한 집안의 외아들로 태어났다. 하지만 6세, 10세 때 각각 아버지와 어머니를 여의면서 가세가 기울기 시작했다. 친척들에게 재산을 빼앗기면서 가난한 유년시절을 보내야 했다.

"보통 궁핍하게 자라면 물질적인 부분에 집착하기 마련인데, 아버지는 정반대였습니다. 평생 부를 축적하는 데 관심이 없으셨죠. 마음이, 정신이 풍요로웠기에 가능했던 일이라고 생각합니다."

 피천득 선생이 세상을 떠날 때 살았던 반포동 아파트가 그의 검소하고 소박한 삶을 잘 보여준다. 그곳에는 변변한 가구나 장식품도 없었다. 빛바랜 책이 쌓인 책장과 사랑하는 사람들의 모습을 담은 액자가 놓여 있을 뿐이었다. 지인 중에는 피천득 선생의 작품만큼이나 그의 소탈한 인품을 존경하는 사람이 많았다.

 "아버지는 '적당히 가난하고, 적당히 부자여야 마음이 편하다'는 얘기를 자주 하셨습니다. 말뿐 아니라 스스로 그런 삶을 행동으로 옮기셨죠. 늘 소박하고 검소하게 살려고 했고, 작은 일에도 항상 감사하는 마음을 가졌습니다. 누가 꽃 한 송이를 선물해도 진심으로 크게 기뻐하시는 것을 느낄 수 있었습니다."

 마음만 먹으면 큰돈 벌 기회는 많았다. 중국 상하이에 있는 후장대에서 영어영문학을 전공한 덕분에 일제 강점기 이후 미 군정 때 선생의 능력이 빛을 볼 수도 있었다. 미군 사령관의 눈에 들기도 했다. 외국에서 공부하고 온 사람은 꽤 있었지만 피천득 선생처럼 영어로 공문을 쓸 수 있는 사람이 별로 없었기 때문이다. 당시 조선은행(현 한국은행)이 관사를 내주고 이사급으로 대우해 주겠다고 제안해 오기도 했는데 선생은 대학에 남는 걸 선택했다. 후학을 양성하는 일이 돈을 버는 것보다 훨씬 더 가치 있다고 여겼기 때문이다.

 그는 자녀들에게 항상 '정직하게 살아라. 부정한 행동을 하면 안 된다'고 강조했다. 6·25전쟁으로 온 가족이 부산으로 피란을 떠났을 때도

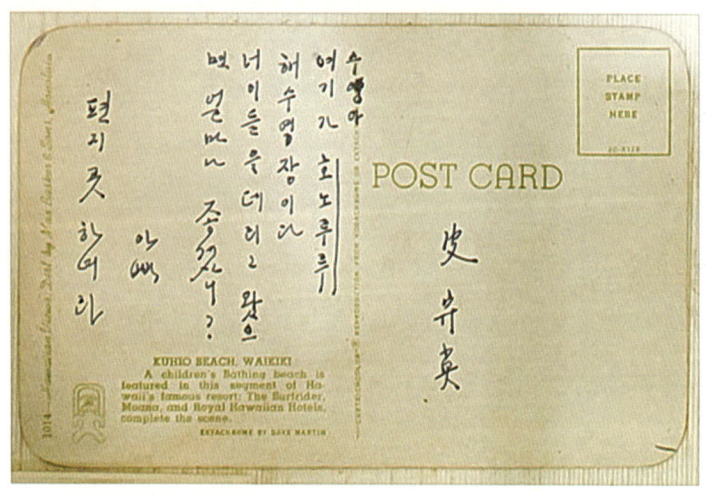

• 피천득 선생이 차남 수영 씨에게 보낸 엽서.

마찬가지였다. 먹을 것이 부족하고 모두가 힘들던 시절, 당시 대학 입학 시험 출제위원을 맡은 피 선생에게 한 학부모가 '내 아이를 잘 봐달라'는 의미로 쌀 한 가마니를 선물했다. 피 선생의 가족들 역시 삼시 세끼를 제대로 못 챙겨 먹는 상황이었다.

"항상 배가 고팠던 터라 그 쌀이 엄청나게 크게 느껴졌습니다. 하지만 그 쌀로 밥을 해먹는 꿈같은 일은 일어나지 않았습니다. 그 쌀을 받는 게 올바르지 못한 행동이라고 여긴 아버지가 받은 쌀을 돌려줬으니까 말이죠."

― 정직하게 산다는 건 말처럼 쉬운 일이 아닌 것 같습니다만······ 아버지가 평소에 도산 안창호 선생을 존경했던 것도 그가 진실한 삶을 살았기 때

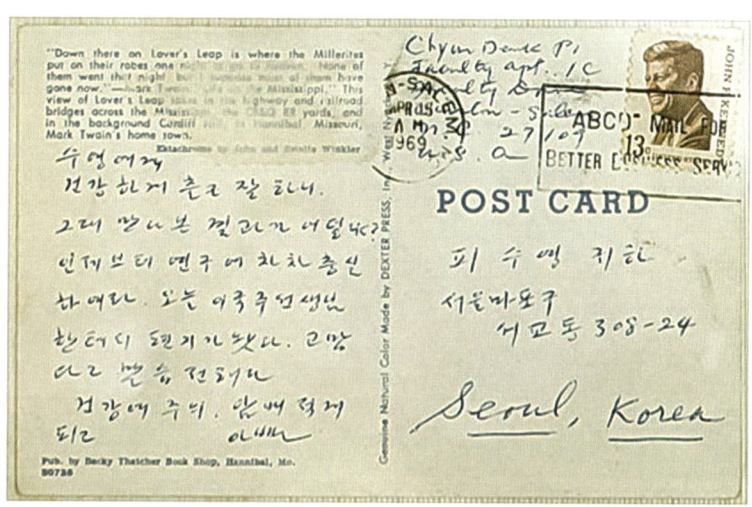

• 피천득 선생이 차남 수영 씨에게 보낸 엽서. 아들의 건강과 진로를 염려하는 내용이다.

문입니다. '인생을 살다 보면 부득이하게 선의의 거짓말을 할 수도 있지 않으냐'는 아버지의 질문에 안창호 선생은 '만약 거짓말을 하지 않으면 동지에게 큰 해가 돌아갈 때만 거짓말을 해야 한다'고 답했다고 합니다. 아버지는 이 얘기를 평생 가슴에 담고 스스로도 그런 삶을 사셨습니다. 저희들에게 늘 자상하고 따뜻한 아버지였지만, 정직하지 못한 행동을 했을 땐 따끔하게 혼을 내기도 했습니다.

- **실제로 그런 경험이 있나요?** 의과대학 2학년 때 일입니다. 당시에는 부모에게 교재 값을 부풀려 받은 뒤에 이를 용돈으로 쓰는 대학생이 많았는데 저도 그 중 하나였습니다. 예컨대, 10만 원 하는 원서의 가격을 30만 원으로 속여 아버지에게 돈을 받은 후 20만 원을 남기는 식이죠.

• 피천득 선생(가운데)이 1989년 여름 손자들과 함께 찍은 사진. 왼쪽부터 피수영 교수의 첫째 아들 윤범, 피서영 교수의 아들 스테판 피 재키브, 피수영 교수의 둘째 아들 윤성 씨.

다른 사람에게 큰 해를 끼치는 게 아니니 잘못된 행동이라는 생각을 안 했습니다. 그런데 학생 책값으로는 터무니없이 비싸다고 여긴 아버지가 서점 사장에게 따져 묻는 바람에 사실이 밝혀지고 말았죠.

서점 사장이 '요즘 대학생들 다 그런다'며 나쁜 일이 아니라고 했지만 아버지는 노발대발하셨습니다. 새벽 2시에 자는 저를 깨워서 혼을 내셨죠. '왜 정직하지 못하게 사느냐. 부모가 등록금을 안 내줬느냐, 용돈을 안 줬느냐'고 하셨습니다.

다음 날 시험이었는데 잠도 못 자고, 공부도 못해 결국 전부 다 재시험을 봐야 했어요. 그때 제대로 배우고, 이후에는 정직하게 살려고 노력하고 있습니다.

## 타인에게 늘 너그러운 마음을 가져야 한다

피천득 선생은 항상 '다른 사람에게 관대하라'고 가르쳤다. 피 교수가 미국 미네소타의 한 병원에서 근무하면서 같이 일하는 동료 때문에 힘들다고 하니 피 선생은 '그를 용서하라'고 조언했다. 당시엔 의사가 진료를 담당하는 환자 수에 비례해 월급을 받던 때였는데, 동료 의사 하나가 욕심을 부리면서 혼자 환자를 독점하려고 했던 것이다. "아버지랑 통화할 때 이런 일을 얘기하면서 그 사람 흉을 봤더니 '다른 사람 미워하지 말고 이해하라'고 하셨어요. 저는 아버지처럼 친절한 성향이 아니에요. 그래서 제게 그 얘기를 자주 하셨는지도 모르겠습니다."

피 교수의 아들 윤성 씨가 기억하는 할아버지도 '타인에게 항상 너그러운 마음으로 대하던 모습'이었다. "할아버지는 항상 겸손하고 신사적인 태도를 가지셨어요. 집 밖에 나갈 때는 영국신사처럼 양복 차림에 페도라 모자를 쓰고, 지팡이를 챙기셨죠. 평생 술과 담배를 멀리하고 사소한 일에 감사하며 사셨던 할아버지의 모습이 지금도 생생합니다." 윤성 씨는 시카고대 로스쿨을 졸업한 후 미국에서 변호사로 활동하고 있고, 그의 형 윤범 씨는 뉴욕대에서 영화를 전공하고 현재 이탈리아 볼로냐대에서 경제법으로 박사과정을 밟고 있다.

의사인 피 교수를 포함해 그의 삼 남매는 제각각 다른 길을 걸어가고 있다. 첫째 세영 씨는 동국대 연극영화과를 졸업한 후 연극배우, 성우, 라디오 DJ로 활동하다 은퇴 후 캐나다에서 사업을 했고, 막내 서영 씨는 현재 미국 보스톤대에서 물리학과 교수로 재직 중이다. 서영 씨의 아들 스테판 피 재키브는 바이올리니스트로 활동하고 있다. 서영 씨는 피천득 선생의 수필에 여러 차례 등장해 궁금증을 자아내기도 했다.

**- 딸 서영이에 대한 사랑이 각별했던 것 같아요** 예전에는 아버지에게 딸만 있다고 생각하는 이들도 있었습니다. 아버지 글에 딸 얘기가 자주 등장하니 그럴 수밖에 없었죠. 1996년 아버지의 작품 중에 81편만 따로 추려 엮은 수필집 『인연』에서는 '서영이'라는 장을 따로 만들었을 정도입니다. 아버지가 어렸을 때 부모님을 잃고 고아나 다름없이 컸기 때문에 그런지 서영이에게서 어머니의 모습을 찾으려고 했던 것 같습니다. 원래부터 작고 귀엽고 아름다운 걸 선호하는 편이시기도 했고요. 돌아가시기 전에 한 인터뷰에서 '딸에만 편애한 걸 후회한다'고 말씀하셨는데, 제가 옆에 있어서 그렇게 말씀하신 게 아닐까 싶더라고요.

**- 아버지와 피 교수님의 관계는 어떠셨나요?** 2007년 97세로 돌아가실 때까지 '아빠'라고 불렀습니다. 한 번도 '아버지'라고 부른 적이 없었죠. 한번은 같이 택시를 타고 가는데 기사가 우리가 무슨 관계인지 묻더군요. 아버지를 너무 편하게 대하니까 이상했던 모양이에요. 모르는 사람이 보기에는 버릇없다고 느낄 정도였죠. 초등학교 때도 학교에서 받은 빵을 아버지 연구실로 갖고 가서 함께 나눠 먹었던 기억이 있습니다.
아버지는 언제나 속마음을 털어놓을 수 있는 좋은 친구였고, 훌륭한 조언자였습니다. 미국에 있을 때도 국제전화비가 한 달에 500달러(약 60만 원)도 넘게 나올 정도로 자주 통화를 했죠. 당시 월급이 800달러였으니 60% 이상을 전화비용으로 쓴 거예요. 아버지는 서영이와 통화하느라 월급의 3분의 1을 썼다던데, 어쨌든 저는 수시로 아버지에게 전화를 했습니다.

**- 유명한 아버지를 둔 게 부담스러운 적은 없었나요?** 아버지의 글 중에 '반사적 광영(反射的 光榮)'이라는 게 있습니다. 남의 광영에 힘입어 영광을 맛보는 걸 말하죠. 저는 오히려 아버지로 인해 혜택을 누릴 수 있어 행운이라고 생각합니다. 누군가 저를 '우리나라 신생아의학의 대부'라고 소개하면 대부분의 사람은 악수를 청하지만, '피천득 작가의 차남'이라는 말을 덧붙이면 사람들의 눈빛이 달라집니다. 90도로 깍듯하게 인사하는 사람도 있어요. 아버지가 대중들의 마음속에 크게 자리 잡고 있다는 사실이 느껴질 때가 많습니다. 뿌듯하고 감사한 일이죠.

• 1998년 아버지 피천득 선생(가운데)의 미수(米壽, 88세)를 기념해 가족들이 한자리에 모였다.

- 이제 산수(傘壽·80세)를 바라보고 계신데…… 결혼을 늦게 한 탓에 아직 손자는 없지만 할아버지가 됐어도 충분한 나이죠. 하지만 여전히 아버지가 보고 싶습니다. 지갑 속에 넣어놓은 아버지의 사진을 꺼내보며 그리움을 달랠 때가 많아요. 사진 속 아버지는 여전히 아이같이 환하게 웃으며 저를 바라보고 계시죠.

　나이를 먹으니 죽음에 대해 생각할 때가 종종 있습니다. 죽으면 아버지 곁으로 가고 싶지만, 가능할지 모르겠어요. 만약에 신이 존재하고, 천당이라는 곳이 있다면 아버지는 그곳에 계실 거라고 100% 확신해요. 하지만 제가 천당에 갈 자격을 갖췄는지에 대해서는 자신이 없어요. 남부끄럽지 않은 인생을 살려고 노력했지만 아버지에게는 여전히 부족한 아들일 테니까요. 그만큼 아버지는 타의 모범이 되기에 전혀 모자람이 없는 분이셨어요. 남은 인생 동안 아버지의 가르침처럼 작은 인연들을 소중히 여기며, 정직하고, 다른 사람에게 너그러운 삶을 살고 싶습니다.

## about 피수영

| | |
|---|---|
| 1941년 | 서울 출생 |
| 1961년 | 서울사범대부속고 졸업 |
| 1967년 | 서울대 의과대학 졸업 |
| 1970년 | 서울대 대학원 소아과학 석사 학위 취득 |
| 1972년 | 서울대 대학원 소아과학 박사과정 수료 |
| 1968~72년 | 서울대 의과대학 부속병원 소아과 레지던트 |
| 1978~80년 | 미국 유타대 부속병원 신생아학 연구원 |
| 1980~95년 | 미국 둘루스클리닉 신생아과 과장 |
| 1985~95년 | 미국 미네소타대 의과대 임상부교수 |
| 1995~2001년 | 서울아산병원 신생아과 과장 |
| 1995~2011년 | 울산대 의과대학 소아과 교수 |
| 2000~11년 | 서울아산병원 소아과 교수 |
| 2002~03년 | 서울아산병원 진료부원장 |
| 2012~16년 현재 | 의료법인 하나로의료재단 고문 |

★ **인생의 롤모델** | 아버지 피천득

★ **내 인생을 바꾼 영화** | 〈황금연못(On Golden Pond)〉

★ **아들에게 추천해주고 싶은 책** | 피천득의 『A skylark』, 2001년 출간된 영문판 시·수필집으로 아버지의 철학이 잘 드러나 있다.

교사의 길 지킨 어머니가 멘토,
'젊은 거장' 피아니스트 손열음

# 누구와도 비교하지 말고
# 너만의 열매를 맺어라

## 순위에 초연해 일희일비 안 하는 마음에서
## 경쟁보다 몰입의 즐거움 배웁니다

아이는 세 돌이 되기 전에 혼자 한글을 뗐다. 누가 시키지 않아도 손에서 책을 놓지 않았다. 라디오에서 음악이 흘러나오면 동요든 가요든 가곡이든 한 번 듣고 정확하게 따라 불렀다. 피아노를 가르치려 했지만 학원마다 아이가 너무 어리다고 거절했다. 얼마 되지 않아 집 앞 상가에 피아노 학원이 새로 생겼다. 이곳에서 아이가 처음 피아노를 배우기 시작했다.

다섯 살, 만으로 세 돌 반이 막 지났을 때다. 피아노를 배운 지 한 달쯤 됐을까. 피아노 선생님이 집으로 뛰어왔다. '절대음감이다'며 '악보를 보는 대로 쳐댄다'고 놀라워했다. 피아니스트 손열음의 어린 시절 이야기다.

손씨의 어머니 최현숙 씨는 '열음이의 재능을 발견했을 때, 놀라움과 책임감을 동시에 느꼈다'고 말한다. 아이의 재능을 사장하지 않고 꽃피워야 한다는 사명감을 느꼈다. 우공이산(愚公移山·우직한 사람이 산을 옮긴다)이라는 말을 좋아하는 최씨는 서두르지 않았다. 아이를 다그치고 몰아세우는 대신, 천천히 멈추지 않고 나아가게 도왔다. 고등학교 국어 교사인 자기 일도 놓지 않았다.

'젊은 거장'으로 성장한 딸은 "제가 자식을 낳으면 엄마와 똑같은 방법으로 키우고 싶어요. 여자로서도 엄마로서도 정말 멋있어요"라고 말한다.

## 열 살 때 차이콥스키 콩쿠르도 홀로 가

피아니스트 손열음은 차이콥스키 콩쿠르와 인연이 깊다. 그의 존재가 대중에게 처음 알려진 게 1997년 러시아에서 열린 '차이콥스키 청소년 콩쿠르'에서다. 초등학교 5학년, 만 열 살 나이에 참가해 최연소로 2위에 올랐다. 그것도 1위가 없는 2위였다. 2011년엔 성인의 모습으로 '차이콥스키 국제 콩쿠르' 무대에 다시 섰다. 준우승과 함께 최고연주상을 받았다. 2015년 조성진이 '쇼팽 콩쿠르'에서 한국 최초로 우승을 거머쥐기 전까지 국제 콩쿠르에서 국내 피아니스트가 거둔 최고의 성적이 손열음의 것이었다.

1997년, 천재 소녀의 화려한 데뷔를 알린 러시아 대회에는 손열음 혼자 참석했다. 참가자 중 손열음이 가장 어렸고, 옆자리에 엄마가 없는

• 어린 시절 손열음과 30대 시절의 어머니 최현숙 씨. 최씨는 "열음이는 유난히 말귀를 잘 알아들어 어릴 때부터 친구처럼 지냈다"고 말한다.

참가자도 손열음뿐이었다. "엄마가 학교 선생님인데, 콩쿠르 일정이 딱 개학 직전부터 학기 초까지 가장 바쁜 기간과 겹쳤어요. 바쁜 엄마에게 같이 가자고 하는 게 무리였기 때문에 제가 혼자 갈 수 있다고 했죠. 사실 외환위기(IMF)로 아버지 사업도 위태로웠던 시기라 경비도 부족했고요."

비행기로 모스크바에 도착하면 국내선으로 환승해 상트페테르부르크 공항에 내려 다른 나라 참가자들과 함께 버스를 타고 대회장으로 이동해야 하는 코스였다. 러시아어는커녕 영어도 못 하는 초등학생 여자 아이가 혼자 찾아가기엔 쉽지 않은 여정이었다.

어린 딸이 외국 무대에 나가 고군분투해 상을 받았다면 여느 어머니

• 2015년 여동생 새은 씨의 미국뉴욕주립대 졸업식에 참석한 최현숙 씨와 손열음 씨. 이 둘은 세월이 지날수록 서로를 '가장 친한 친구'라 표현한다.

라면 눈물부터 흘릴 법도 하다. 손열음은 '내가 2등을 했다고 전화했을 때도 엄마는 차분했다'고 기억한다. 어머니 최현숙 씨는 "열음이가 혼자 잘 견뎌준 것이 대견하고 고마울 뿐, 상을 받은 것 때문에 기분이 더 좋아진다거나 상을 못 받았다고 속상하다거나 그런 건 없었어요"라고 말한다.

손열음은 '우리 엄마는 원래 그런 분'이라며 '무슨 일이 있어도 대담하고 이성적인 태도를 잃지 않는다'고 말한다. "제가 음악이란 남과 경쟁하는 것이 아니라 나에게 몰입하는 일이라 생각하게 된 것도 결과에 일희일비하지 않는 어머니 덕분이에요."

## 자식 위해 희생하는 엄마가 아니라서 더 좋았다

최씨는 35년째 교편을 잡고 있는 베테랑 국어 교사다. 일주일에 세 번은 오전 7시에 출근해 야간 자율학습 감독까지 마치면 오후 11시가 넘어야 겨우 집에 들어오는 치열한 워킹맘이었다. 손열음은 어릴 때부터 '엄마는 바쁜 사람'이라는 생각이 머리에 박혀 있었다고 한다.

대개 아이가 예술 분야에 영재성을 보이면 엄마가 24시간 아이와 동행하며 일정을 관리해주는 경우가 흔하다. 영재성이 사그라지지 않으려면 체계적인 교육과 훈련이 필요하고 때에 맞춰 대회에도 내보내 기량도 검증해야 하니 엄마의 손길이 필요하다고 생각하기 때문이다.

최씨 역시 '꼭 필요한 순간이 오면 직장을 그만두고 아이에게 도움을 주는 게 맞다고 생각했다'고 말한다. 만 세 살 때부터 동네 피아노 학원에 다니기 시작한 아이의 실력이 일취월장하고 1년 만에 독주회 무대에 설 정도의 수준에 이르자 최씨의 고민도 깊어졌다. 여섯 살이 되자 학원에서도 '더 좋은 스승이 필요하니 서울에서 개인 레슨을 받으라'고 권하며 전문가를 소개해줬다. 최씨는 학교 수업 일정을 조정해 일주일에 한두 번씩 강원도 원주에서 서울까지 차를 몰고 아이를 데리고 다녔다.

장거리 레슨을 받은 지 1년쯤 지났을 때, 최씨는 아이를 위해 직장을 그만둬야 한다면 지금이 적기다 싶었다. 딸을 불러 앉혀놓고 진지하게 물었다. "엄마가 이제부터 학교 그만두고 열음이랑 종일 같이 다닐까? 레슨 받으러 갈 때 만나는 다른 애들 엄마처럼 말이야." 일곱 살짜리 어린 딸은 단호한 목소리로 "싫어"라고 말했다. 엄마가 '선생님'인 게 좋다는 것이다.

최씨는 그 뒤로 한 번도 학교를 그만둬야겠다는 생각을 안 했다. 대신 딸을 위해 '더 좋은 선생님'이 되기 위해 노력했다.

손열음은 주위에서 엄마를 '훌륭한 선생님'이라고 말하는 게 어린 시절 자부심이었다고 말한다. 그의 집에는 늘 엄마의 제자들이 찾아왔다. 대학생도 많았고, 졸업한 지 오래된 어른들도 자주 들렀다. 방학 때면 엄마가 가르치고 있는 학생들이 집에 놀러와 같이 공부하기도 했다. "그런 모습을 보면서 늘 '나도 엄마 같은 사람이 되고 싶다'고 생각했어요. 그때 만약 엄마가 나 때문에 학교를 그만뒀다면, 평생 엄마에게 빚진 것 같은 마음에서 자유롭지 못했을 것 같아요."

• 손열음의 가족. 어머니와 손열음이 오른쪽, 앞은 둘째 여동생 새은 씨. 왼쪽엔 아버지, 뒤쪽은 남동생 의연 씨다. 삼남매 이름은 모두 어머니 최현숙 씨가 지었다. 열음은 '열매 맺음'이라는 의미의 한글이다. 새은은 '새로운 은혜', 의연은 '의연한 믿음'이라는 의미를 담았다.

## 천재가 아니라 피아노에 재능이 있는 아이일 뿐

손열음은 엄마에게 가장 감사한 일로 '나를 평범하고 무던하게 키워준 것'을 꼽았다. 사실 손열음은 '평범한 사람'이 아니다. 혼자 한글을 깨치고 절대음감을 지녔으며, 초견 능력이 탁월해 악보를 한 번 보고 바로 암기해 연주가 가능하다. 어린 시절 그는 국제 대회마다 '최연소 우승자'란 타이틀로 불렸고, 성인이 된 뒤엔 '강렬한 타건과 화려한 테크닉' '깊이 있고 풍부한 음악적 해석' 등 온갖 미사여구가 따라붙는 천재 피아니스트다.

천재라 불리는 딸을 대하는 최씨의 태도는 그저 담백하다. 손열음은 "엄마에게 저는 그냥 '피아노에 재능이 있는 아이'일 뿐"이라고 말한다. "엄마는 기본적으로 피아노를 잘 치는 거, 공부를 잘하는 거, 사진을 잘 찍는 거 모두 똑같은 재능이라고 생각해요. 제가 피아노를 잘 친다고 다른 부분까지 남보다 낫다고 부풀려 평가해준 법이 없었죠."

국제 콩쿠르에서 1등을 하는 날이나, 국내 콩쿠르에 나가 입상도 못한 날이나 딸을 대하는 엄마의 태도는 한결같았다. 대회를 앞두고 있다고 해서 연습량을 무리하게 늘린 적도 없고, 좋은 성적을 받았다고 연습을 빼주거나 옷을 사주는 등 상을 주는 법도 없었다. 최씨는 "대회나 순위와 상관없이 그저 매일 연습할 분량을 꾸준히 지키게 한 게 내가 한 일의 전부"라고 말한다.

연습도 무리하게 시키지 않았다. 하루 3시간 정도 꾸준히 피아노를 연주하는 정도로 연습량을 정했고, 그것도 하기 싫은 날은 만화책 보면서 슬슬 요령도 피워가며 할 수 있게 됐다. 아이의 일거수일투족을 지켜보고 훈육하는 대신, 큰 그림을 그려놓고 그 안에서 자유를 누리게 풀어 두는 게 최씨의 양육방식이었다.

손열음이 중학교를 졸업 후 곧바로 한국예술종합학교에 진학했을 때의 일이다. 친구들이 서로의 연주 실력을 비교하고, 좀 더 잘하는 학생은 추앙하고 실력이 부족한 학생은 스스로 위축되는 모습을 보고 충격을 받았다. 그는 연주를 잘한다는 건 그냥 기술이 좋은 것일 뿐인데, 그게 그 사람의 전부인 양 판단하며 우월감을 느끼거나 열패감에 빠지는 모습이 너무 이상했다고 떠올렸다. "제가 성격이 무던한 편인데 그 성격이 단지 내가 타고난 게 아니라, 순위에 초연하고 매사 저를 과대평가하지 않았던 엄마 덕분이라는 생각을 하게 되었어요."

**- 아이를 키울 때 평정심을 유지하는 건 어려운 일인 듯해요** (어머니 최현숙) 교사 생활을 오래 한 덕분인 것 같아요. 교사가 되고 처음 발령받은 곳이 남자 중학교였습니다. 엄마들이 아들에 대해서는 특별한 관심을 쏟는 일이 많지요. 그렇게 애지중지 키운 아이가 중학교에 와서 사춘기를 겪으면 더 철저하게 부모에게서 독립하려는 모습을 보입니다. 엄마의 관심이 컸던 아이일수록 더 엄마를 귀찮아하고 떨어지려고 애를 쓰더라고요. 엄마는 그 모습이 섭섭해서 학교에 찾아와 눈물을 쏟고 상실감에 빠지게 됩니다. 그 모습을 보며 내 아이를 키울 때 과도한 관심을 주는 것보다 적정한 거리를 유지해야겠다는 생각을 많이 했습니다.

**- 아이와 엄마 사이의 적정한 거리란 무엇인가요?** (손열음) 엄마는 한 번도

저와 동생에게 뭘 강요한 적이 없어요. 우리에게 굉장히 따뜻하게 해주고 긴밀한 관계지만, 우리만의 세계에 엄마가 들어온 적이 없었죠.

이런 일도 있었어요. 독어독문과에 다니는 남동생이 독일에 있는 제 집에서 1년 반 정도 지낸 적이 있어요. 학교까지 휴학하고 독일에 와 있으면서 그냥 집에만 있는 모습이 안쓰러워서 조심스럽게 '미술관이나 음악회라도 가봐'라고 했는데 동생이 스트레스를 받더라고요. 엄마에게 그 얘길 했더니 '애를 그냥 두던가, 그렇게 신경 쓰이면 한국에 보내라'고 하시는 거예요. 그냥 본인이 하고 싶은 마음이 들 때까지 시간을 주는 게 엄마의 방식인 거죠. 사실 엄마가 저에게도 늘 그렇게 시간을 주셨던 거죠.

(어머니) 엄마는 절대 아이의 속도보다 앞서 나가면 안 된다고 생각해요. 반드시 지켜야 할 울타리를 넓게 쳐두고, 그 안에서는 조금 요령도 피우고 게으름도 부릴 수 있게 눈감아 주는 게 좋지요. 엄마 눈에는 답답할지 모르지만, 아이는 조금씩 자기가 스스로 일어설 힘을 기르고 있는 거라 믿습니다.

- **열음 씨의 조기 유학을 생각해 본 적은 없었나요?** (어머니) 열음이가 서울의 유명 예술중·고교에 학창시절을 보냈다면 비슷비슷한 재능을 가진 아이들 사이에서 경쟁 때문에 많은 스트레스를 받았을 거예요. 그리고 사실 중학교 때까지는 아이가 피아노를 탁월하게 잘 친다고 생각하지 않았어요. 물론 내 눈에는 진짜 잘 치는 거고 만족스러웠지만 국내 콩쿠르 나가 상을 자주 타는 아이가 아니었기 때문에 객관적으로는 보통 수

갓 서른을 넘기고 자금의 열음 나아올 모았을 때

이미 애어른이 있던 네 새배기의 손을 잡고 초산나머아오작면엘 갔던 날은 너도 기억하지?
하나님께서 특별한 선물과 무거운 숙제를 함께번의 주셨구나 했을 때부터
유난히 말귀를 잘 알아들어 엄마의 세상을 스폰지처럼 빨아들였을 때부터,
선잠 깬 아이였어도 투정 한 번 안 부리고, 잠 여러 났던 마음의 떨어질 두려움까지도
이성과 논리로 이해하려고 애를 쓰면서 혼자 감으로, 꿈으로 묻어버리던 너의 어린 성정이,
전에는 '참 그릇에 걸맞는 성품도 주셨구나' 했는데,
이제는 생각날 때마다 안쓰러움으로 가슴이 먹먹해지는구나.
난 언제나 객관적 잣대를 들이대는 냉정한 엄마였잖아.
'이런 재능을 주셨으니 어떻게 살아야지' 라는 명제를 앞에 놓고
그 동안 함께 기도하며 참으로 오랜 시간을 잘 견뎌온 것에 대해 감사하자.

혼자만 잘하겠다고 싸우며 덤벼들지 않았던 것이 감사하고,
이제쯤이면 더 이상 힘들어서 못 하겠다 지쳐 쓰러져 않을까 걱정할라치면
어느새 생생하게 리셋되어 무대를 강약하며, '내 열정을 의심하지 마' 외칠 때마다
나는 그 어느 관중보다 깊이 감동했고,
아무리 바쁜 일정 속에서도 다섯 식구 기념일 꼭 챙기면서 여름·겨울 여행지 찾아 가족 여행
끌고 다닐 때 고맙고, 어엿한 엄마의 음악 멘토로 세상 담론에 귀기울여 공감해 주면서
깊은 속내 풀어낼 수 있는 친구 되어줄 때 정말 감사하단다.

이제 서른 살이 되었다고
아름다운 음악으로 세상과 사람들을 행복하게 하는 일에 뜻을 세워 나간다 할지라도
이제는 그 어떤 명제보다, 그것들 가운데 열음 자신이 즐겁고 행복한 삶이 우선되길 바란다.
무엇보다 잘먹고 편히 잘수 있는 환경을 주면서 건강을 유지해 가면서
우리의 기도대로 '영혼까지, 아름다운 한국의 소리를 찾아 전하는 삶'이 되기를 바란다.
하루하루 주시는 은혜를 사모하고, 날마다 감사 넘치는 날이 되기를 기원한다.

엄마가

• 어머니 최현숙 씨가 손열음에게 쓴 편지.

준인가 보다 생각했어요. 원주는 제 고향이고 시골이라, 열음이가 피아노 치는 걸 보는 사람마다 격려해주는 분위기였죠. 시기와 질투, 경쟁심 대신 격려와 칭찬 속에 학창시절을 보낸 게 열음이에게도 좋은 영향을 끼쳤을 거라고 생각합니다.

(손열음) 저는 원주에서 자란 게 정말 행운이라고 생각해요. 피아노를 치면서 한 번도 누구와 비교당해 본 적이 없었으니까요. 내가 잘하는지, 못 하는지에는 전혀 관심이 없고 오로지 악보만 보고 열심히 연습할 수 있었죠. 남들이 어떻게 하는지 전혀 몰랐어요. 제가 피아노 연주를 고통스러워하지 않고 즐기고 좋아할 수 있었던 건 원주에서 생활한 덕분인 것 같습니다.

- **열음 씨의 사춘기는 어땠나요?**   (어머니) 열음이는 사춘기가 없었어요. 아마 대화를 많이 한 덕분이 아닌가 싶습니다. 우리는 굉장히 대화가 많은 모녀예요. 초등학교, 중학교 시절 내내 일주일에 한두 번씩 아이를 서울까지 데리고 다니면서도 별별 이야기를 다 했어요. 라디오에서 나오는 음악에 대한 각자의 감상평도 얘기해보고, 서로의 학교생활에 관해 이야기를 들려주며 왕복 4시간 내내 대화를 이어나갔습니다. 이때의 습관이 지금도 이어지는 것 같아요. 열음이와 대화를 할 때 유의했던 점은 있어요. 너의 재능만이 특별한 것이 아니고, 다양한 사람이 다양한 능력을 펼치며 살아간다는 걸 강조하며 타인에 대한 존중을 심어주려 했습니다.

(손열음) 어릴 때는 엄마가 '무조건 내 편'이 아니고, 선생님처럼 냉철하고 객관적인 얘기만 하는 게 서운했던 적도 있어요. 나는 엄마 딸이지

학생이 아닌데, 엄마는 내 이야기에 한 번도 감정적으로 치우치는 법이 없었어요. 엄마의 그런 면에 서운했던 건 어릴 때 잠깐이었고, 저도 나이가 먹다 보니 인간 대 인간으로 엄마를 바라보면 멋있고 대단하다는 생각이 들어요. 저라면 엄마처럼 못할 것 같아요.

**- 직장을 그만두지 않은 걸 후회한 적은 없나요?** (어머니) 정말 아이가 나를 필요로 하는 순간이 오면 직장을 그만두고 도움을 주겠다는 마음은 지금도 변하지 않았습니다. 여태 그 순간이 오지 않았을 뿐이죠. 오히려 제가 일을 놓지 않았던 게 아이의 성장에 도움을 준 게 아닌가 하는 생각도 듭니다. 열음이는 제가 레슨을 데리고 다니거나 콩쿠르에 동행하는 걸 당연하게 받아들이지 않았어요. 엄마가 바쁜 일정을 쪼개 자신을 돌본다고 생각해 오히려 고마움을 느꼈죠. 또 엄마가 따라다니지 않으니까 필요한 순간에 도움을 주는 분들이 나타나 아이를 이끌어준 것 같아 감사할 때가 많습니다.

(손열음) 엄마가 저 하나만 바라보고 저를 위해 희생하는 것보다, 엄마도 자기 분야에서 성공하는 모습을 보는 게 좋았습니다. 만약 저를 위해 엄마의 인생을 내려놨다면 그 부담감은 견디기 힘들었을 것 같아요. 그리고 제가 다른 아이들보다 엄마의 보살핌을 덜 받은 것도 아니에요. 레슨 받는 날이면, 엄마는 수업을 오전에 다 끝내고 저를 데려다줬어요. 오히려 동생들이 저 때문에 엄마의 관심을 못 받은 것 같아 미안할 때가 많아요. 동생들에게 더 관심을 두고 잘해주고 싶은 것도 이런 이유 때문이에요. 엄마가 저에게 해준 모든 것이 감사합니다.

## about 손열음

| | |
|---|---|
| 1986년 | 강원도 원주 출생 |
| 1993년 | 강원도 원주초 입학 |
| 1997년 | 러시아 차이콥스키 청소년 국제 콩쿠르 최연소 2위 수상 |
| 1999년 | 오벌린 국제 콩쿠르 최연소 1위 수상 |
| | 대한민국 장한청소년 문화적 감성 부문 대상 수상 |
| 1999년 | 강원도 원주여중 입학 |
| 2000년 | 이화경향음악콩쿠르 1위 수상 |
| 2001년 | 독일 에틀링겐 국제 피아노 콩쿠르 최연소 1위 수상 |
| 2002년 | 서울 한국예술종합대학 입학 |
| | 이탈리아 비오티 국제 콩쿠르 최연소 1위 수상 |
| 2003년 | 한국음악협회 한국음악상 신인상 수상 |
| 2004년 | 금호아시아나문화재단 제1회 금호음악인상 '금호음악인상' 수상 |
| 2005년 | 루빈스타인 국제 피아노 콩쿠르 3위 수상 |
| 2006~16년 현재 | 독일 하노버국립음악대학 최고연주자과정 재학 중 |
| 2009년 | 반 클라이번 국제 피아노 콩쿠르 2위 수상 |
| 2011년 | 제14회 차이콥스키 국제 콩쿠르 2위 수상 |

★ **존경하는 인물** | 엄마. 내가 부모가 된다면 엄마가 나를 키운 방식 그대로 나의 아이도 키우고 싶다.

★ **좋아하는 책** | 토마스 만의 『파우스트 박사』. 토마스 만과 같은 대가들이 음악을 어떻게 이해하는지 볼 수 있는 작품이다.

고졸 순경 출신으로 치안정감에 오른
이금형 전 부산지방경찰청장

# 하루하루 매순간 최선을 다해라

책 읽는 부모 옆에서 자연히 공부하는 아이들,
잔소리할 시간에 자녀와 교감하세요

고졸 순경으로 시작해 여성 최초의 치안정감이 되기까지, 이금형 전 부산지방경찰청장의 삶은 매 순간이 자신의 한계를 시험하는 무대였다. 여성, 고졸, 순경 출신이라는 한계는 그에게 항상 커다란 벽이었다. 처음부터 '여성 최초 치안정감' 같은 거대한 것을 목표한 게 아니다. 그저 매일매일을, 매 순간을 최선을 다하며 버텼다.

그런 상황 속에서도 세 딸을 수재로 키워냈다. 경찰 이력만큼이나 '엄친딸 엄마'로도 유명하다. 그 배경엔 '자립심'을 강조한 그의 교육철학이 있었다. 2014년 공직에서 은퇴한 뒤 서원대 경찰행정학과 교수로 후학을 양성하고 있는 그는 일과 육아 두 마리 토끼를 모두 잡은 특별한 케이스다.

최고의 유산 311

## 아버지 장례식 날 치른 경찰 면접시험

"금형아, 아버지는 네가 경찰이 된 모습을 누구보다 좋아하실 거야. 합격해서 좋은 모습 보여드리자." 후두암으로 5년간 투병하다 돌아가신 아버지의 발인 날이었다. 인생은 참 얄궂다. 아버지가 마지막 길을 떠나는 날 경찰 취업 면접이 잡혔다.

이 교수의 어머니 한동봉 씨는 그에게 장례식장에 오지 말라고 했다. 하늘이 미웠다. 이 교수는 면접장에 안 가려 했다. "그래도 아버지 마지막 가는 길인데……." 어머니 한씨는 조용하고 담담하게 이 교수를 안았다. "괜찮아, 금형아. 넌 할 수 있을 거야." 면접을 보고 집에 돌아오니 선산에 아버지의 봉분(封墳)이 만들어져 있었다. 황토색 흙으로 덮인 봉분을 바라보며 하염없이 울었다. '아버지, 저 잘할게요.' 그는 그렇게 1977년 순경으로 경찰 조직에 발을 들였다.

처음부터 경찰을 꿈꿨던 건 아니다. 고등학교 때까지 그림을 꽤 잘 그렸다. 미대를 가고 싶었다. 어렸을 때는 집안도 부유했다. 이 교수는 머슴을 몇 명 부릴 정도로 형편이 넉넉했다고 기억한다. 아버지는 건축 사업을 했다. 집안의 땅을 팔아 사업에 투자했지만 결과는 그리 좋지 않았다.

그런 와중에 그가 중학교 2학년 때 아버지가 후두암에 걸리면서 가세가 기울기 시작했다. 아버지가 돌아가실 때까지 5년간의 투병 생활이 이어졌다. 어머니 한씨는 5남1녀를 키우면서 한결같은 태도로 집안을 지키는 기둥 역할을 했다. 그는 '어머니도 부잣집에서 나고 곱게만 자란 분이었는데, 증조부모, 조부모와 아버지까지 다섯 분의 병 수발을 하면서 한 번도 싫은 내색을 안 하고 꿋꿋하게 집안을 꾸려가셨다'고 떠올린다.

• 남편 이인균 씨와 어린 시절 세 딸.

**- 어머니께서 주신 가장 큰 가르침은 무엇인가요?** 아버지가 투병을 시작하면서부터 학교 수업료를 삼촌이 대신 내줘야 할 정도로 형편이 어려워졌습니다. 한겨울에도 냇물 얼음을 깨고 맨손으로 빨래해야 했죠. 그런 상황에서도 어머니는 항상 긍정적이고 성실했습니다. 늘 그 자리에 서서 집안을 지키는 기둥이었어요. 지금도 큰오빠가 어머니를 모시겠다고 여러 번 얘기해도 선산을 지키겠다고 청주 집을 떠나지 않으십니다.

자식 교육에 대해서도 남달랐습니다. 어머니 당신은 안 먹고 안 입어도 자식 교육만큼은 포기하지 않으셨어요. 저의 미술 공부를 위해 돈을 꾸어 물감을 사주고 대회에도 나갈 수 있도록 뒷바라지해주셨어요. 그때만 해도 여자는 고등학교에 잘 안 보내려고 했던 시절입니다. 그만큼 시골 동네는 보수적이었어요. 하지만 우리 어머니는 그런 편견에 연연하지 않으셨죠. 여자도 사회에서 할 일이 있다고, 네가 하고 싶은 일을 찾으라고 늘 말씀하셨어요.

웃어른 병 수발을 다 들면서 어려운 집안을 꾸려간다는 게 어디 보통 일입니까. 그런 상황에서도 어머니는 미소를 잃지 않고 정말 열심히 사셨어요. 그런 하루하루가 쌓여 5남1녀가 무탈하게 컸습니다. 하루는 작지만 매일 매일이 쌓여 정말 값진 결과를 만들어낸다는 사실을 어머니의 삶에서 느꼈습니다. 그런 어머니께 부끄럽지 않은 딸이 되고 싶었어요.

### 경찰대 출신 제치고 경감 승진시험 전국 수석

경찰로 일한 38년, 13,870일. 누구보다 치열했다. 매 순간 최선을 다 했다. '여자라서 안 돼'라는 말을 듣는 게 죽기보다 싫었다. '여성 차별은 부당하다'고 항의한다고 쉽게 바뀔 현실이 아니었다. 실력으로 입증해

• 동국대 대학원 박사 수료식에서 친정어머니 한동봉(왼쪽) 씨, 시어머니 정진순 씨와 함께.

야 했다. 행동으로 호소했다.

둘째 딸 진아를 임신한 상태에서 토막살인 사건 피해자의 지문을 채취한 적도 있었다. 역한 냄새가 진동했다. '남자라고 역하지 않을까. 여자라고 시체가 더 역한 냄새를 풍기지는 않는다'고 생각하며 이를 악물었다. '여자 외과의사는 임신했을 때 사람 배를 가르고 수술도 하잖아. 지문을 채취하는 일쯤이야'라고 생각하니 마음의 동요가 가라앉으며 차분해졌다. 잘린 손목의 손가락을 깨끗이 닦아내고 지문선을 드러나게 해 지문을 채취했다.

2000년대 초엔 경찰청의 여성정책실을 맡았다. 신설 부서였기 때문에 업무 공간 마련부터 예산 확보까지 모든 과정이 '맨땅에 헤딩'하는 격이었다. 그때 얻은 별명이 '이핏대'다. 예산과 인력을 따기 위해 경찰 내 관련 부서는 물론 국회나 청와대를 쫓아다니며 '핏대'를 올리며 떠든다고 붙은 별명이다. 근 한 달을 그렇게 관련 부처를 쫓아다니다 나중에는 성대결절로 목소리가 안 나올 정도였다. 그는 그렇게 '여자라서 안 된다'거나 '여자니까 맡으라'는 편견에 맞서 발로 뛰며 자신을 증명해갔다.

이 교수는 경찰 조직 내에서도 지독한 공부벌레로 통했다. 경감 승진 시험을 준비할 때 일이다. 고졸 순경 출신이라는 한계는 여성이라는 벽 못지않은 벽이었다. 경찰대 등 인맥과 학연으로 묶인 경찰 조직 내에서 아무도 그를 스터디그룹에 끼워주지 않았다. 남들은 쉽게 구하는 승진 시험 합격 선배들의 요약 노트도 그에겐 차례가 돌아오지 않았다. 오기가 발동했다.

직접 요약 노트 세 권을 만들었다. 그 노트를 들고 경찰대 출신 동료와 간부후보생 동료들을 찾아다녔다. "여기, 내가 만든 요약 노트다. 살펴보고 마음에 들면 함께 공부하자." 그렇게 직접 부딪치며 스터디그룹을 만들었다. 그해 경감 승진시험에서 쟁쟁한 경찰대 출신들을 다 제치고 전국 수석을 차지했다.

그는 38년 경찰 인생을 '높은 계단에 오르는 과정'에 비유하곤 한다. "계단 끝을 바라보고 있으면 저기까지 언제 올라가나 한숨이 나오죠. 하지만 발끝에 집중해 한 계단 한 계단 오르면 어느새 정상에 도착해요. 처음부터 '여성 최초'라든가 '경찰청장'과 같은 거대한 목표를 생각했다면 진작에 지쳐 포기했을 겁니다." 어머니 한씨의 삶에서 얻은 깨달음이었다. "어머니는 오늘 할 일을 내일로 미루는 분이 아니었어요. 매일 매일을 정말 힘차게 사셨죠. 그런 삶의 태도가 저한테도 고스란히 이어진 것 같아요. 어머니처럼 복잡한 생각 말고 '오늘 하루에 충실하자'라고 마음먹으면 섭섭함을 떨치고 맡은 일에만 집중할 수 있었어요."

## 대를 이어 효과 본 녹음기 공부법

그는 '엄친딸 엄마'로도 유명하다. 첫째 딸 이소라 씨는 최연소로 행정고시에 합격해 방송통신위원회 서기관으로, 둘째 딸 진아 씨는 카이스트 박사를 졸업 후 미국 코넬대 의과학센터 연구원으로, 셋째 정아 씨는 레지던트 2년 차 치과의사다.

그는 아이들에게 그 흔한 과외 한 번 시켜 본 적이 없다. 초등학교 4학년부터 동네 보습학원만 보냈을 뿐이다. 그런데도 신기하게 세 딸 모두 중학교 내내 전교 최상위권을 놓친 적이 없다. 첫째 소라 씨와 진아 씨는 과학고를, 셋째 정아 씨는 외국어고를 졸업했다.

새벽별 보고 출근해 달빛을 받으면서 집에 오는 게 일상이었던 그였다. 좋은 학원 정보, 대학 입시 정보를 얻는 건 꿈도 꾸지 못했다. 그는 아이들 앞에서 딱 한 가지 원칙을 지켰다. 늘 공부하는 엄마의 모습을 보여줬다. 공부하라는 잔소리도 한 번도 하지 않았다. 이 교수는 35세에 방송통신대 법학과에 입학해 6년 만에 생애 첫 학사모를 썼다. 그리고 동국대 대학원 행정학 석사를 거쳐 53세에 같은 대학원 경찰행정학 박사 학위를 받았다.

그는 항상 녹음기를 들고 다녔다. 책을 읽어 녹음한 뒤에 집에서 설거지할 때도, 아침밥을 준비할 때도, 차 안에서 이동할 때도 항상 틀어 놓고 들었다. 일과 학업을 병행하면서 시간을 단축하기 위한 그만의 요령이었다.

세 딸은 이런 엄마의 모습을 보면서 컸다. "어릴 적 엄마에 대한 기억은 늘 공부하는 모습이었어요. 동생과 함께 신나게 놀다가도 그런 엄마가 신기해 엄마 주변으로 옹기종기 모여들곤 했죠.' 큰딸 소라 씨의 기억 속에 남아 있는 엄마의 모습이다. 이 교수는 공부할 양이 많을 때는 아이들을 데리고 경찰청 과학수사과로 주말에도 종종 출근했다. "자장면 먹으러 가자고 하면서 자주 데리고 나갔어요. '여기가 엄마가 일하는 곳이야. 구경해 볼래?' 하고 아이들을 사무실에 풀어 놓고 저는 조용히 앉아 공부했죠. 그리고 조금 지나면 신기하게도, 아이들이 여기저기 기웃거리다가 제 옆으로 와서 앉아요. 엄마가 뭐 하나 구경하는 거죠." 그렇게 엄마 옆으로 모여든 아이들은 엄마를 따라 책을 꺼내 들고 공부를 시작했다.

**- 공부하라는 잔소리를 전혀 안 했나요?** 제가 공부를 왜 하게 됐는지를 곰곰이 돌아봤습니다. 누가 하라고 해서 했던 공부가 아니었죠. 제 삶은 늘 부족한 무언가를 메꾸기 위한 도전이었습니다. 여성, 고졸, 순경이라는 벽은 언제나 제 앞을 가로막았습니다. 전 그 벽을 깨야 했어요. 그래서 절박했습니다. 공부해야 할 이유가 있었단 얘기죠.

아이들의 입장에서 생각해 봤습니다. 아이들에게 공부를 하고 싶은 이유가 뭘까. 자식은 부모의 거울이라고 합니다. 부모의 행동을 보고 따라 하죠. 엄마에게 인정받고 싶어 하는 본능이 있으니까요. 그 본능을 일깨워주면 되겠다고 생각했을 뿐입니다. 공부하라는 말 백 마디보다 엄마가 공부하는 모습을 보여주면 되는 것 같습니다.

**- 엄마와 자녀가 함께 성장한다는 느낌 말인가요?** 그렇습니다. 엄마는 아이 뒤에서 등을 밀어주는 존재가 아니라 앞에서 본을 보이면 되는 존재예요. 자녀의 등을 떠밀 필요도, 잡아끌 이유도 없다고 생각해요. 한 발 앞에서 기다려주면 되는 거죠. 노력하는 엄마의 모습은 아이에게 좋은 자극제가 됩니다. 책을 읽는 엄마의 진지한 표정은 아이들의 호기심을 자극하죠. 아이들은 실컷 뛰어놀다가 엄마 옆으로 모여듭니다. 동화책이든 만화책이든 상관없습니다. 우선 엄마 옆에서 책을 꺼내 들게 하는 게 중요해요. 그게 습관이 되면 공부가 되는 겁니다. 늘 시간이 부족한

워킹맘에게 사회인으로서 자신의 경쟁력을 키우면서 동시에 아이와 교감을 만들 수 있는 좋은 방법입니다.

**- 공부가 습관이 됐다고 모두 성적이 좋을 수는 없잖아요?** 노력뿐 아니라 결과에 대한 책임감도 깨우치게 해줘야 합니다. 성적 문제로 딱 한 번 둘째 아이를 크게 혼낸 적이 있습니다. 시험을 앞두고도 공부에는 관심이 없고, 대충대충 준비하더군요. 그것도 그냥 두고 봤습니다. 전 아이들이 높은 성적에 우쭐하는 게 아니라 시험을 통해 공정한 경쟁이란 것을 배우기를 원했습니다. 노력한 만큼 결과가 뒤따른다는 이치 말입니다.

그런데 둘째 아이가 노력은 하지 않고 성적이 떨어졌다고 억울해하는 거예요. "넌 울 자격도 없다"고 크게 혼냈습니다. 성적이 떨어진 게 문제가 아니었어요. 최선을 다하지 않고 요행을 바라서는 안 된다는 점을 알려주고 싶었습니다. 아이가 처음에는 다독여주지 않는 엄마에게 실망한 눈빛을 보이더니 다음 시험부터는 진지하게 노력하는 모습을 보이더군요. 아이가 힘들어한다고 무조건 다독여만 주는 건 좋은 방법이 아닙니다.

**- 녹음기 공부법을 아이들도 따라 했다고요?** 엄마가 집에서 항상 녹음기를 틀어 놓고 들으니까 아이들도 자연스럽게 그게 습관이 되었어요. 첫째는 과학고를 준비할 때 학업량이 갑자기 늘어 부담이 커지니까 교과서 내용을 녹음해 등하굣길에 반복해서 듣더라고요. 카이스트 시절 행정고시를 준비할 때도 같은 방법을 썼고요. 막내도 고등학교 3학년 때

엄마 보석들에게

엄마는 항상 너희들을 보면 미안하고 고맙단다.
너희들이 엄마를 필요로 하는 시간에 곁에 있어주지 못했는데도 잘 자라주어서..

화가를 꿈꾸며 그림그리기를 좋아하고 얌전한 소녀였던 엄마의 인생은
경찰이 되고, 세아이의 엄마로 너희들을 키우면서 거의 투사^^ 같았단다.

엄마가 살아보니 인생은 힘들고 괴로운때를 어떻게 살아내느냐에 따라
달라지는것 같다. 직장, 육아, 가사등으로 힘들고 괴롭다고 도기하고,
원망하고 억울해 하면 더 힘들어진단다.
엄마가 지금의 자리에 올수 있었던것도 힘든 시간들을 버티며, 이겨내자
노력했기 때문인것 같다.

그리고 꿈과 목표를 갖고 미래를 향해 정진하길 바래.
엄만 화가를 꿈꾸다가 경찰이 되고는 프로경찰을 꿈꾸었단다. 비록 화가가
되지는 못했지만 경찰조직에서 창의성을 발휘하며, 이론과 실무를 겸비한
프로경찰이 되었단다.

엄마가 퇴직후 시간이 있다보니 각자 위치에서 열정적으로 살고 있는 딸들에게
잔소리 같은 편지를 쓰게 되는구나.
끝으로 너희를 엄마보다 더 사랑하시며 키워주신 할머니 은혜 잊지말고,
병상에서 쇠약해지신 할머니께 가끔씩이라도 찾아뵙고, 이제 너희들이 꼭
안아드리면 할머니께서 행복해 하실것 같구나.
우리딸들은 지금까지 처럼 앞으로도 잘 할것이라 본다. 엄마가 응원할께~~
                                    언제나 너희 편인 엄마가 ♡♡♡

- 이금형 교수가 세 딸에게 쓴 편지. 딸들이 꿈과 목표를 갖고 성장해 나가기를 바라는 마음을 담고 있다.

부터 지금까지 자기 목소리로 책 내용을 녹음해서 듣습니다. 책을 또박또박 읽으면서 머릿속에 한 번 각인이 되고, 반복해 들으면서 자연스럽게 외워져 시간도 줄일 수 있고 효과도 좋은 방법이랍니다.

**- 육아는 시부모님께 도움을 받으셨다고요** 네, 전 참 복이 많은 사람입니다. 항상 바쁜 저와 남편의 빈자리를 시부모님께서 메꿔주셨어요. 남편 이인균 씨는 삼성 공채로 입사해 이마트 부사장까지 올라갈 정도로 바쁘게 살았습니다. 시부모님의 도움이 없었다면 경찰을 계속하지 못했을 거예요. 할머니 할아버지 손에 자란 것은 아이 인성에도 참 좋은 영향을 줬던 것 같습니다. 동네 사람들이 항상 우리 아이들이 인사를 제일 잘한

• 2003년 충북 진천경찰서장으로 일할 때 찍은 가족사진. 아랫줄 오른쪽이 이금형 교수, 왼쪽 위부터 첫째 딸 소라 씨, 셋째 딸 정아 씨, 둘째 딸 진아 씨, 남편 이인균 씨, 시어머니 정진순 씨.

다고 칭찬하곤 했습니다.

시어머니는 자신의 모든 시간을 아이들에게 헌신할 정도로 손주에 대한 애정이 각별했습니다. 하지만 항상 아이들에게 한 가지 원칙을 꼭 지키셨습니다. 간식거리가 있을 때 아이들이 먼저 음식을 들면 "할머니 먼저 줘야지"라고 조용하면서 인자하게 주의를 주셨어요. 그럼 아이들은 할머니께 먼저 간식을 건넵니다. 그렇다고 해서 할머니가 그걸 먼저 드신 것도 아니에요. 그러면 꼭 다시 "그래, 우리 착한 애기들" 하면서 아이들에게 다시 돌려주곤 하셨어요. 그런 환경 속에서 자연스럽게 웃어른에 대한 공경을 배운 것 같습니다.

3대가 모여 살았던 환경이 워킹맘인 저와 아이 사이의 균형을 찾아줬다고 생각합니다. 현실적으로 워킹맘이 일과 육아 모두를 완벽하게 해낸다는 건 무리한 욕심입니다. 어느 정도 짐을 나눠야 엄마도 아이에 대한 욕심을 내려놓을 수 있습니다. 아이를 위해 희생하고 있다는 생각에 사로잡히면 잔소리가 늘고 아이와 갈등만 늘어납니다. 워킹맘은 시간이 생명인데, 잔소리할 시간에 아이들과 조금이라도 교감을 할 수 있는 대화를 나누는 게 낫지요.

저희는 큰아이가 중학교 2학년 때 사춘기를 좀 심하게 겪었습니다. 진지하게 경찰을 그만둬야 할까 고민했지요. 아이에게 물었더니 뜻밖의 대답이 나왔습니다. "난 경찰로서 열심히 노력하는 엄마가 좋아요. 엄마는 경찰일 열심히 하세요. 저도 걱정 끼쳐드리지 않고 공부 열심히 할게요." 그 말에 저도 다시 용기를 냈습니다. 아이들도 멋지게 자기 분야를 개척해가는 엄마를 응원한답니다.

## about 이금형

| | |
|---|---|
| 1958년 | 충청북도 청주시 출생 |
| 1977년 | 청주대성여자상업고 졸업, 순경 입직 |
| 1997년 | 한국방송통신대 법학과 졸업 |
| 2001년 | 동국대 대학원 행정학 석사 졸업 |
| 2006년 3월~07년 1월 | 서울 마포 경찰서장 |
| 2008년 | 동국대 대학원 경찰행정학 박사 졸업 |
| 2011년 5월~12년 10월 | 제6대 광주지방경찰청장 |
| 2013년 4월~13년 12월 | 제38대 경찰대학 학장 |
| 2013년 12월~14년 12월 | 제24대 부산지방경찰청장, 경찰 명예퇴직 |
| 2015~16년 현재 | 서원대 경찰행정학과 석좌교수, 청소년 폭력 예방재단 고문, 양성평등 교육원 초빙교수 |

★ **인생의 롤모델** | 미국 하원 의장을 지낸 낸시 펠로시. 네 아이를 키운 뒤 정계에 입문한 그는 '사회의 모든 역할은 엄마 역할의 확장이다'라는 신념으로 사회적 약자를 위한 법 제정에 앞장섰다.

★ **내 인생을 바꾼 책** | 고 안병욱 선생님의 에세이집 『인생론』. "내 안에 빛이 있으면 스스로 빛나는 법이다"라는 문구를 가장 좋아한다. 고졸 출신 여경이라도 실력을 갖추면 된다는 자신감과 철학을 갖게 해주었다.

직영 지점 115개, 연봉 1억 직원만 200명
준오헤어 강윤선 대표

## 먼저 연락해라

## 돈을 양보하는 것이 사람을 얻는 것, 돈보다 사람과 잘 지내라

'인사를 잘하자. 청소를 잘하자. 먼저 전화하는 사람이 되자.' 준오헤어 강윤선 대표의 집 거실에는 이 세 문장이 쓰여 있는 크리스털 액자가 있다. 그가 세 자녀에게 강조하는 삶의 태도다. 가난했지만 늘 '사람은 경우를 지켜야 한다'던 어머니가 강 대표에게 늘 하던 말이기도 했다.

강 대표는 열네 살 때부터 일해야 했다. 중학생이 된 친구들이 학교로 향할 때 그는 미용실에서 일했다. 일 나간 어머니를 기다리며 물릴 만큼 수제비를 먹었다. 하지만 단 한 번도 기죽지 않았다. 어머니의 든든한 믿음과 애틋한 지원이 있었고, 그 때문에 강 대표는 늘 당당했다. 강 대표는 '내 딸에게도 어머니가 내게 주셨던 마음을 물려주고 싶다'고 말하고, 그의 딸 김기정 씨는 "어머니는 내 인생의 롤모델"이라고 말한다.

## 흙수저로 태어나 세 자녀 금수저로 키웠다

강 대표의 어린 시절 학력은 초등학교 졸업 후 미용전문학교를 나온 게 전부다. 배움에 대한 아쉬움은 그로 하여금 평생 책을 가까이하게 만들었다. 미용학교를 졸업한 뒤 서울 돈암동에 열었던 작은 미용실은 이제 청담동에 있는 5층짜리 고급 헤어 살롱과 8층짜리 뷰티 아카데미로 성장했다. 준오헤어의 직영 지점은 현재 115개. 1억 원 이상의 연봉을 받는 직원도 200명이 넘는다.

그래서 강 대표는 늘 바빴다. 액자에 삶의 태도를 새겨놓은 것도 그 때문이다. 자녀들을 만나 이야기할 시간이 많지 않았다. 이것만큼은 마음에 새겼으면 하는 내용을 아이들이 언제나 볼 수 있도록 적어 놓았다.

"인사를 잘하면 어디 가도 대우를 받을 수 있어요. 예의 바른 사람에겐 누구나 좋은 인상을 받으니까요. 또 성공한 사람 치고 청소 안 하는 사람이 없어요. 세 번째 '먼저 전화하는 사람이 되자'는 사실 제가 가장 못하는 거예요. 남에게 먼저 연락한다는 건 용기가 필요한 일이잖아요. 먼저 연락해서 사람들을 만나고 챙기는 용기를 아이들이 가졌으면 해요."

강 대표는 24세에 지금 준오헤어의 CFO를 맡고 있는 남편 김현철 씨와 결혼해 딸 하나와 아들 둘을 뒀다. 두 아들 원규 씨와 민규 씨는 미국에서 공부 중이다. 딸 기정 씨는 미국에서 대학을 마치고 돌아와 현재 서울대 대학원에서 MBA 과정을 밟고 있다.

## "난 크림빵 싫다"며 늘 양보하던 어머니

강 대표는 '흙수저'의 전형이었다. "태어날 때부터 가난했다"고 말할 정도로 어린 시절의 기억은 가난, 그 자체였다.

생계를 책임지던 어머니는 늘 해가 져야 집에 들어왔다. 손엔 늘 찌그러진 '삼립 크림빵' 두 개가 들려 있었다. 공사장에서 간식으로 먹으라고 인부들에게 나눠준 것이었다. 강 대표와 오빠는 크림이 도톰하게 들어간 크림빵을 서로 차지하려고 싸웠다. 강 대표가 "엄마는 왜 빵 안 먹어?" 하고 물으면 어머니는 늘 "난 빵을 안 좋아한다"고 했다.

"그땐 그 말이 정말인 줄 알았어요. 나중에 철이 들고 난 뒤에야 우리를 위해 먹고 싶은 걸 참고 가져오신 거라는 걸 알았죠. 저 같으면 '너희 주고 싶어서 먹고 싶은 거 안 먹었다'고 했을 텐데, 엄마는 단 한 번

• 강윤선 대표(오른쪽)가 딸 김기정 씨가 공부하고 있는 서울대를 찾았다. 강 대표는 이날 "딸과 함께 이런 시간을 보내는 건 처음"이라며 활짝 웃었다.

최고의 유산

도 그렇게 말씀하신 적이 없어요. 그저 묵묵히 우리가 먹는 걸 바라보셨죠."

허리가 아파 일을 할 수 없는 아버지 대신 어머니가 평생 일을 했다. 특별한 기술이 없던 어머니는 공사장에서 잡부로 일했다. 아스팔트 도로포장 공사나 건설 현장에서 일했다. 그런 어머니의 모습을 보면서 강 대표는 '기술이 있어야 한다'고 생각했다. 미용 기술을 배운 것도 그 때문이었다.

어머니가 잡부 일로 버는 돈은 많지 않아 집안 형편은 늘 빠듯했다. 언니와 오빠는 객지에서 일하며 돈을 벌었다. 강 대표도 14세 되던 해부터 작은 회사에 들어가 잔심부름을 했고 미용전문학교를 나온 후엔 미용실에서 직원으로 일했다.

남의 미용실에서 일하던 강 대표는 23세에 독립해 돈암동에 자신의 미용실을 차렸다. 돈이 없어 5부 이자 사채를 내서 어렵게 얻은 가게였다. 빚은 이후 2년 동안 매일 일수를 찍으며 갚았다. 다행히 가게가 잘돼 미용실은 2년 만에 5곳으로 늘었다.

미용실은 잘됐지만 힘들었다. 일이 너무 많아 늘 잠이 부족했다. 어머니는 강 대표의 지원군이 돼줬다. 아이들을 돌봐주며 저녁이면 미용실에 나와 청소를 해줬다. 그러면서 어머니는 딸에게 늘 '자라'고만 했다. 잠이 부족한 딸이 안쓰러웠던 어머니가 할 수 있는 유일한 말이었다.

자식에게 살갑지 않았던 어머니가 손주들만큼은 극진히 돌봤다. 강 대표는 '덕분에 우리 아이들은 사랑을 듬뿍 받고 자랄 수 있었다'고 말한다. 강 대표의 큰딸 기정 씨는 할머니 얘기가 나오자 눈물부터 글썽였다. "할머니는 우리를 늘 예뻐하셨어요. 무한한 사랑이 이런 거구나 싶었죠. 엄마의 빈자리는 잘 느끼지 못할 정도였어요."

### 가난했어도 더 가난한 이웃 챙긴 어머니

어머니는 제대로 된 교육을 한 번도 받지 못한 분이었다. 한글도 80세에 교회에서 처음으로 배웠다. 강 대표는 80세 노모가 처음으로 자기 손으로 쓴 "윤이야 사랑해"란 메모를 보고 감동받았던 순간을 아직도 잊지 못한다. "일을 너무 많이 해 허리가 기역자로 휘셨어요. 요양병원에 들어간 후에야 글을 배우셨고, 종이접기 놀이 같은 걸 하면서 즐거워하셨죠. 그런 모습을 보면서 '우리 엄마도 좋은 집에 태어났으면 참 좋았

• 80세에 처음 한글을 배운 어머니는 강 대표의 이름 '강윤선'을 써서 보여주곤 했다.

• 강윤선 대표의 가족 사진. 남편 김현철 씨와 딸 기정 씨, 아들 원규 씨, 민규 씨와 함께했다.

을걸' 하는 생각을 했어요."

가난하고 배우지 못한 어머니였지만 딸은 어머니가 늘 훌륭하다고 생각했다. 사람 사는 방식을 제대로 가르쳐 주셨기 때문이다.

어머니는 아무리 힘들어도 힘든 내색을 하지 않는 사람이었다. 평생 '힘들다'는 말을 한 번도 입 밖에 꺼낸 적이 없었다. 상냥하거나 살가운 편은 아니었지만 자녀에게 화를 내거나 야단친 적이 없었고 아버지와도 부부싸움 한 번 하지 않았다. 늘 덤덤했다. 그래서 강 대표는 '어머니는 원래 그렇게 안 힘든 사람인 줄 알았다'고 말한다.

무뚝뚝했지만 언제나 자식들을 믿고 지지하는 어머니였다. 강 대표가 10대였을 때 한 남자가 동네까지 따라온 적이 있었다. 그 모습에 동네 사람들이 수군거리는 소리를 들은 어머니는 "따라오는 남자도 없는 게 바보지"라며 한마디로 정리했다. 강 대표는 "어머니의 그런 모습이 지금 절 이렇게 당당하게 만들었어요"라고 말한다. 어머니의 믿음 덕분에 힘든 일이 있어도 금방 기운을 차릴 수 있었다.

그러면서도 늘 주변 사람들을 챙겼다. 가족뿐 아니라 동네 불쌍한 사람들을 데려다 밥을 해 먹이고 형편이 더 어려운 친척을 데려다 몇 달씩 같이 살기도 했다. 초등학교 시절 강 대표는 공주가 그려진 분홍색 자석 필통이 가지고 싶었지만 어머니는 그걸 사주는 대신 무지 공책을 여러 권 사서 강 대표 또래의 동네 아이들에게 나눠줬다.

"저는 그게 늘 불만이었어요. 그 돈을 모아서 내 필통을 사주면 될 텐데 엄마는 왜 안 그러는지, 어릴 때는 이해가 안 됐어요. 하지만 나이가 들어 회사를 운영하면서 그 이유를 알 것 같아요. 내 자식만 중요한 게 아니라는 뜻이셨던 거죠."

어머니는 돈보다 더 중요한 게 사람들과 잘 지내는 것이라고 가르쳤다. "사람들과 잘 지내라" "싸우지 마라"고 당부하면서 입버릇처럼 1,000원을 나눠 가질 때 어떻게 해야 하는지를 말해주곤 했다. '1,000원을 세 명이 나눠 가질 때 두 명은 300원을, 한 명은 400원을 가지게 된다면 너는 꼭 300원을 가져오고 400원을 남에게 줘라'는 거였다. 지금도 강 대표가 리더십 강의를 할 때 종종 하는 이야기다. '네가 네 걸 다 사랑하는 딸 기정!

딸 엄마야
요즘 늦은 나이에 커 공부하느라 힘들지
대학 졸업하고 직장 다니다가 학교에
들어 가서 공부 한다는 것이 쉽지 않을 텐데
열심히 공부 하느라 지친 모습으로 학교에
가는 모습에 측은하기도 하지만 한편으로는
자랑스럽기도 하구나
벌써 기정이가 자라서 시집 갈 나이가
된건에 엄마는 깜짝 놀라서……

기정아
어느 책에서 봤는데 사윗감 데려온
올 때 세 가지 물어보고 오케이 하라고
하더구나
1. 아침에 일찍 일어 나는가?
2. 늘 배우고 책을 읽는가?
3. 약속을 잘 지키는가?

엄마는 기정이가 남자친구 소개할때면
이 세가지를 물어보고 싶구나
이 중에서 2번째 늘 배우는가? 책을 읽는가?
지금과 달리 다른 삶을 살고 싶다면
계속 배우고 새로 만나는 사람을 달리
만나보는 용기 그런 것이 중요한것 같다
엄마가 잔소리만 한것 같구나
고픈마음 고픈마음 현판에 있는 글을 바꿔서
이렇게 써봤다
" 기정이가 엄마에게 답하는 것은
실은 어마 어마한 일이다
엄마의 행복이 오기 때문이다 "
끝으로
엄마 딸로 태어나 줘서 고맙다
사랑해 ^^
           예쁜엄마 ㅋㅋ 윤선이가

• 강윤선 대표가 딸 기정 씨에게 쓴 편지. 딸에 대한 사랑과 말로는 하지 못했던 결혼 걱정을 담았다.

가져가려고 하면 사람들과 잘 지낼 수가 없다. 잘 지내려면 반드시 양보해야 한다'는 게 어머니의 가르침이었다. 이는 강 대표가 회사를 경영하는 원칙이 됐다. 직원들에게 더 주고 자신은 덜 가져가는 것 말이다.

2년 전 95세로 돌아가시기 전까지도 어머니는 꼿꼿했다. 병원으로 강 대표 가족이 찾아가면 늘 "돌아갈 때 청소하는 아줌마랑 일하는 사람들에게 인사하고 가라"고 말했다. 가족들이 간병인에 대한 불만을 이야기하면 오히려 "그 사람들이 얼마나 힘든지 아냐"며 "병원 사람들에게 함부로 하지 마라"고 호통을 쳤다. 그러면서 늘 하는 말이 "사람은 경우가 있어야 한다"였다.

## 아이는 스스로 커야 한다

강 대표는 밖에서 뭔가 좋은 걸 알게 되면 집에 와서 바로 실천했다. 아이들이 어릴 땐 온 가족이 모여 일주일 동안 한 일, 그 일을 하고 느낀 점, 그리고 앞으로의 계획에 대해 이야기 나누는 시간을 가졌다. 당시 아들 원규 씨는 "오늘 한 친구를 만났습니다(한 일), 친구가 참 못생겼다고 느꼈습니다(느낀 점), 앞으로 그 친구와는 안 놀겠습니다(앞으로 할 일)"라고 발표해 웃음바다가 된 적도 있었다.

강 대표의 교육철학을 한마디로 정리하면 '자기 양육'이다. 자신이 스스로의 힘으로 자립했듯 자신의 아이들과 직원들이 스스로를 양육해 성장하길 바란다는 의미다. 사업하느라 바빴을 텐데 어떻게 자녀들을 키웠느냐는 질문에 강 대표는 늘 '방임했다'고 대답한다.

"전 아이들에게 해준 것이 별로 없어요. 방임했죠. 아이들은 스스로 커야 하는 거고 제가 해줄 수 있는 일은 그럴 수 있도록 도와주는 일이잖아요. 저는 그저 잘 선택할 수 있도록 길을 보여준 것밖에 없어요. 제가 유일하게 아이들에게 해주려고 애쓰는 건 사회에서 만난 여러 분야의 훌륭한 사람들을 만날 기회를 만들어 주는 거예요."

- **흙수저에서 성공한 기업가가 된 비결은 무엇인가요?** 아무리 생각해도 하나밖에 없는 것 같아요. 전 사람을 좋아해요. 손님도 직원도 모두 좋아해요. 미용실이 이렇게 잘된 건 손님이 많이 찾아준 덕분이고, 지점이 115개까지 늘어난 건 직원들이 회사와 함께해서잖아요. 그 바탕에 서로 좋아하는 마음이 있다고 생각합니다. 손님이 가게에 오는 게 너무 고마워서 돌아가는 길에 비가 오면 손님을 버스정류장까지 모셔다 드리곤 했습니다. 직원들이 다른 곳에 안 가고 남아 있어 주는 것도 정말 고마운 일이지요. 그들이 이 회사와 함께한다는 것만으로도 저는 무조건 잘해야 한다고 생각합니다.

- **아이들에게 공부에서 중점을 둔 부분은 무엇인가요?** 아이들을 모두 미국으로 유학을 보냈습니다. 애들을 미국에 보내야겠다고 생각한 건 영어 때문이었어요. 제가 영어에 한이 맺혔어요. 어릴 때 영어 공부를 못했더니 나이 들어 아무리 애를 써도 영어가 안 됩니다. 우리 아이들은 모두 영어를 아주 잘합니다.

• 사람은 늘 배워야 한다는 말을 귀에 못이 박이도록 했지만 기정 씨는 엄마의 잔소리가 한 번도 거슬리지 않았다고 한다. 엄마가 늘 공부를 하고 있었기 때문이다.

딸 기정 씨는 강 대표에 대해 '친구 같은 엄마'라고 말한다. "엄마는 우리와 장난도 치고 농담도 하며 친구같이 대하셨죠. 그러면서도 엄한 데가 있고, 사람은 늘 배워야 한다는 말을 귀에 못이 박이도록 했어요. 어릴 때는 공부하라는 말도 많이 들었어요. 하지만 거슬린 적은 없어요. 왜냐하면 엄마가 늘 공부하고 있었으니까요. 엄마는 지금도 늘 손에서 책을 놓지 않아요. 집에서도 얼마나 바쁜지 몰라요. 아침에 일어나면 늘 새벽부터 인터넷 강의를 듣고 계세요. 그러다 러닝머신 위에서 운동하고, 또 조금 있으면 책을 보고 계세요. 부지런한 엄마를 보면서 저도 닮고 싶지만, 사실 잘 안돼요."

- 아직도 공부의 끈을 놓지 않고 계시다면서요?   저는 너무 공부가 하고

싶었어요. 절실했죠. 기댈 곳이 없다는 걸 알고 있었거든요. 지금도 한양대 사이버대 상담심리학과에 다니고 있어요. 배우면 배울수록 즐겁고 제가 커가는 느낌이 들어요. 아이들도 그걸 느꼈으면 하는 바람이에요. 또 다른 이유는 제가 바쁜 엄마라서요. 아이들에게 늘 미안해요. 제가 채워줄 수 없는 걸 배움을 통해 얻었으면 좋겠어요.

## about 강윤선

| | |
|---|---|
| 1960년 | 서울 출생 |
| 1973년 | 서울 미동초 졸업 |
| 1978년 | 무궁화기술고 졸업 |
| 1982년 | 성신여대 앞 '준오미용실' 개점 |
| 1986년 | 같은 동네에 첫 번째 직영점 개점 |
| 1990~96년 | 영국 비달사순 아카데미 수료 |
| 1992년 | '준오 아카데미' 설립 |
| 1998년 | 한양대 대학원 경영 컨설트 과정 수료 |
| 1999년 | 대전보건대 초빙교수 |
| 2002년 | 헤어살롱에 전문 경영인 시스템 도입 |
| 2003년 | 영국 로얄 알버트홀 헤어쇼 |
| 2005년 | 안양과학대 겸임·전임강사, 세계 10대 헤어 브랜드 선정 |
| 2007년 | 청와대 특강, '인터내셔널 트렌드 비전 어워드'에서 한국 최초로 골드 트로피 수상 |
| 2008년 | 한성대 예술대학원 겸임교수 |
| 2009~14년 | 경복대 겸임교수 |
| 2011년 | 보건복지부 장관상 수상 |
| 2011~16년 현재 | 서경대 대학원 특임교수 |

★ **좌우명** | 즐겁게 살다 의미있게 죽자.
★ **인생의 롤모델** | 카이스트 배상민 교수. 늘 롤모델이 바뀌는데 요즘엔 디자인으로 세상을 이롭게 만들자는 배 교수의 철학에 동감해 롤모델로 꼽고 있다.

## 무슨 일을 하건 건강이 기본,
## 큰일하려면 시간 약속부터 지켜라

　서울대 경제학과 이준구 교수. 그는 정년퇴임을 하고 현재는 명예교수로 일주일에 한 번씩만 강의한다. 하지만 그의 강의는 퇴임 후 더욱 빛을 보고 있다. 한국형 온라인 무료 강좌인 'K-MOOC'에서다. 2015년 10월에 서비스를 시작한 지 7개월 만에 K-MOOC 이용자는 100만 명이 넘었는데, 그중에서도 가장 많은 인기를 끌고 있는 게 바로 이준구 교수의 '경제학 들어가기'다. 현재 강좌의 수강신청 누적 건수는 13,000여 건으로 1위다.
　그는 경기중·고를 거쳐 서울대에 진학했다. 고등학교와 대학교를 수석으로 졸업했다. 그리고는 미국 아이비리그인 프린스턴대에서 경제학으로 석사와 박사 학위를 취득했다. 1980년 뉴욕주립대 올버니 캠퍼스에서 교수 생활을 시작했고, 84년부터 지금까지 32년간 모교인 서울대에 재직 중이다.

이준구 교수는 재정학과 미시경제학의 권위자다. 그가 저술한 미시경제학·재정학·경제학원론 관련 교과서는 89년 이후 35만 권이 넘게 판매됐다. 학생들 사이에 인기가 좋아 팬클럽이 있을 정도다. 2007년에는 정부 정책에 대해 쓴소리를 하면서 대중적 인지도가 높아졌고, '강남 좌파 교수'라는 별명도 얻었다.

### 다음 날 먹을거리 걱정하던 어린시절

그의 경력을 보면 대부분 사람들은 '부잣집 자제'거나 '고생 모르고 자란 온실 속의 화초'라고 생각한다. 하지만 유년시절 그의 집은 끼니를 걱정해야 할 정도로 가난했다. 사업하던 아버지는 6·25전쟁 때 부산으로 피란을 떠나면서 일자리를 잃었고, 이후 그가 중2 때까지 약 10년 동안 실직 상태를 면하지 못했다. 아버지 대신 세 자매를 부양한 건 간호대학을 졸업하고 조산원을 운영하던 어머니였다.

어머니가 한 달에 몇 명의 신생아를 받아내느냐에 따라 집안 형편이 달라졌다. 신생아가 10명 넘게 태어날 때는 여유가 있었지만, 한 달에 3명도 안 될 때는 당장 다음 날 먹을거리를 걱정해야 했다. "그 상황에서도 배운 게 있어요. '하늘은 무너져도 솟아날 구멍은 있다'는 겁니다. 굶어 죽으라는 법은 없더군요. 다음 날 먹을 식량 걱정을 하면서 잠이 들면 그날 새벽에는 반드시 '애가 태어날 것 같다'고 우리 집 문을 두

• 경기고 졸업식 때 4개의 메달을 받은 이준구 교수(가운데 아래)가 친구들과 함께 기념촬영을 했다.

드리는 사람들이 있었거든요."

집안 형편은 여유롭지 않았지만 학군에 따라 서울 5대 명문학교 중한 곳인 혜화초교에 들어갔다. 당시에는 중학교 입시가 있던 때라 경기중학교 합격생을 얼마나 배출했느냐가 학교의 평판을 결정했는데, 혜화초는 당시 경기중 입학생 420명 중 40명 정도를 보내는 곳이었다. "혜화초에는 혜화동과 명륜동 1~3가에 사는 학생들이 섞여 있었어요. 1가는 부자동네, 2가는 중산층이 많았지만, 제가 살던 명륜동 3가는 산동네를 끼고 있어 가난한 동네로 분류됐죠. 선생님이 수업 중에 떠드는 애한테 주소를 물어 '명륜동 3가 산다'고 답하면 '그럴 줄 알았다'고 할 정도였으니까요."

사교육은 물론, 엄마들의 치맛바람이 기승을 부릴 때였다. 가난했던 그의 집은 그럴 형편이 안 됐지만 그의 성적은 사교육을 받는 아이들보다 뛰어났다. 초등학교 2학년 때와 6학년 때 담임 선생님께 귀여움을 받은 게 계기가 됐다. 총친이었던 2학년 담임은 그에게 전 과목 '수'를 줬고, 6학년 때 선생님은 치맛바람 일으키는 엄마를 둔 애들보다 그를 더 예뻐했다. 선생님의 신뢰를 얻으니 공부를 더 열심히 하게 됐다. 사교육을 안 받아도, 엄마가 극성을 떨지 않아도 반에서 1등을 했다. "스스로 자랑스럽게 여기게 됐죠. 이때 이룬 성취가 제 인생에 중요한 역할을 했습니다. 좋은 분들을 담임선생님으로 만난 것 자체가 큰 행운이었다고 생각합니다. 제가 대학교수로 근무하면서 학생들과 소통에 발 벗고 나선 것도 그때 받은 도움을 다른 사람들에게 돌려주고 싶었기 때문입니다."

## 자녀교육은 욕심 부려도 맘대로 안 돼

공부를 열심히 한 이유는 또 있다. 아버지의 교육열이다. 집은 가난했지만 아버지의 교육열은 지금의 대치동 부모 못지않았다.

당시 경기중은 수재들이 모인 곳이었다. 그런 곳에서 좋은 등수를 받는 건 어려운 일이었다. 들어가자마자 덜컥 반 1등을 했지만 계속 1등을 유지하는 건 쉽지 않았다. 하지만 첫 시험에서 1등 성적표를 받은 아버지는 2등 성적표를 갖다 드려도 만족할 줄 몰랐다. 중2 때는 반에서 4등을 했다가 집에서 쫓겨나기까지 했다.

**- 쫓겨나서 어디로 갔나요?** 숙부님 댁으로 피신해 있었어요. 3일이 지나니까 누나가 데리러 오더라고요. 사춘기 때라 예민했을 텐데도 반항할 생각은 아예 못 했어요. 어렸을 때부터 심성이 순한 편이었죠. 아버지의 기대가 부담스러웠던 적은 있었지만 부모님이 우리 삼남매를 위해 얼마나 노력하는지 알고 있었기에 불만은 없었습니다. 특히 조산원을 운영한 어머니는 낮에는 물론 한밤중에도 자신을 필요로 하는 곳으로 달려가셨죠. 그런 모습을 볼 때마다 '부모님을 기쁘게 해드리고 싶다'는 생각을 했어요.

**-고등학교를 수석 졸업하셨다고요?** 고등학교 1학년 때는 전교 7등을 했고, 고2 여름에 전교 1등을 했어요. 이것도 운이 좋다고 생각하는 부분 중 하나예요. 고1 때까지 성적을 깎아 먹은 과목이 음악·미술·체육이었어요. 필기시험을 아무리 잘 봐도 실기평가에서 사교육 받은 애들을 따라잡을 수가 없더라고요. 세 과목은 늘 70점대를 벗어나지 못했죠. 음·미·체가 전 과목 평균을 3점 이상 떨어뜨렸어요. 하지만 고2 때 우연히 반장이 된 이후 선생님들이 예체능 실기 점수를 후하게 줬습니다. 이후로는 전교 1등을 했죠.

**- 아버지가 공부를 가르쳐 주기도 했나요?** 전혀요. 초등학교 때 문제를 풀면 답을 맞춰준 적은 있었어요. 하지만 모든 공부는 혼자 힘으로 했죠. 고2 때 영어회화 레슨 1년 정도 받은 걸 제외하면 사교육은 한 번도 받지 않았습니다.

• 미국에서 귀국하고 처음 찍은 가족사진. 당시 혜원 씨는 6세, 윤복 씨는 4세였다.

그래서 제게 공부를 좋아했냐고 묻는 분들이 있는데, 그런 사람은 세상에 없죠. 누가 '공부가 재미있다'고 하면 거짓말이라고 생각해요. 저 역시 부모님한테 효도하고 싶고, 실망 드리고 싶지 않아서 열심히 했을 뿐이에요. 하지만 밤잠을 설쳐가면서 공부한 적은 없어요. 그렇게 하면 오히려 효율이 떨어진다고 생각해요.

**- 아버지처럼 교수님도 교육열이 높은가요?** 엄한 아버지 밑에서 커서 그런지 오히려 반대예요. 욕심이 없었던 건 아닌데, 뜻대로 안 되더라고요. 둘 다 미국에서 공부할 때 태어나 사교육을 받거나 할 수 있는 환경이 아니었어요. 첫째는 공부를 곧잘 해 큰맘 먹고 직접 가르치려다가 실패

했죠. 중2 때 미지수의 방정식을 설명하다가 '넌 이것도 못하느냐'고 했더니 닭똥 같은 눈물을 뚝뚝 흘리더라고요. 그 외에도 비슷한 경험이 많습니다. 초등학교 때는 천자문을 익히게 하려다 하루 만에 그만뒀고, 하와이로 교환교수를 가게 돼 미리 영어 좀 가르치려다가 일주일도 안 돼 포기했죠. 제가 원래 집요한 성격이 못 됩니다. 제 자신이 스트레스 받으면서까지 하고 싶지는 않았던 거죠. '하기 싫은 거 억지로 시키지 말자. 행복하게 살면 그만이다'는 생각에 다 포기했습니다.

― 하지만 두 자녀 모두 훌륭하게 컸는데, 비결은 무엇인가요?

첫째는 서울대를 나와 프린스턴 대학원에서 석·박사를 했고, 둘째는 고려대를 졸업했습니다. 특별한 방법은 없습니다. 늘 연구하고 공부하는 모습을 보인 거 외에는 별거 없어요. 아내도 극성스러운 성격이 아니에요. 우리 둘 다 공부 잘하는 것보다 좋은 습관을 기르는 데 더 신경을 썼습니다.

## 50만 해도 되면 굳이 100을 하지 않아요

그가 평소 중요하게 여기는 좋은 습관은 크게 다섯 가지다. 시간 약속 잘 지키기, 끼니 거르지 않고 건강한 음식 잘 챙겨 먹기, 운동 꾸준히 하기, 휴식 잘 취하기, 스트레스 받지 않기다. 그는 이를 자녀들뿐 아니라 제자들에게도 전파하려고 노력 중이다. 2007년부터 2015년까지 8년 동안 홈페이지에 올린 '제자들에게 보내는 편지' 곳곳에서도 이런 내용을 찾을 수 있고, 아홉 번째 편지의 마지막 문장은 '올바른 습관을 몸에 익힌 사람들은 별로 힘 들이지 않고 사회에서 훌륭한 성공을 거둔다'는 내용이다.

**- 무엇보다 시간 약속을 중요하게 여기신다고요……** 제 수업을 들은 학생들은 알 거예요. 출석을 부를 때 지각하는 학생들은 이유 불문하고 결석 처리하고, 리포트를 예정된 날짜보다 늦게 내면 아무리 내용이 훌륭해도 감점을 합니다. A·B·C 등급으로 매긴다고 했을 때 사흘 늦게 내면 0점으로 처리하죠. 시간 약속을 지키는 건 굉장히 사소하지만 가장 중요한 습관이라고 생각합니다. 학교 다닐 때 강의 하나 시간 맞춰 못 듣고, 리포트 하나 제 날짜에 못낸 사람이 사회에 나가서 큰일을 할 수 있을까요? 아닐 가능성이 더 크다고 봅니다.

**- 시간 약속을 중시하는 건 어릴 때부터 습관이 된 건가요?** 네, 집안 내력입니다. 조부모님, 부모님, 우리 부부, 아이들 등 4세대를 합쳐 시간 약속 제대로 안 지키는 사람이 단 한 명도 없습니다. 증조할아버지와 관련한 일화도 있죠.

당시 할아버지는 충남 서천에 살면서 전북 군산으로 일을 보러 다녔는데, 서천에서 군산을 가려면 나룻배를 타고 강을 내려가야 했답니다. 나룻배가 출발하는 시간이 오전 9시라고 하면 할아버지는 오전 6시에 일어나서 준비하고 7시 30분이면 강가에 가서 배를 기다렸다 하더라고요.

사랑하는 혜원, 윤복에게:

너희들이 걸음마를 뗄 때가 어제 같은데 벌써 어른이 되었구나.
건강하고 바르게 커줘 너무나 고맙다.
너희들과 함께 보낸 시간이 우리에게는 너무나 소중한 추억이야.

매일을 보람있게, 행복하게 산다면 더 이상 바랄 게 없어.
높은 지위, 많은 돈 같은 건 별로 중요하지 않아.
정말로 중요한 것은 내면의 충실함이지 외면의 화려함이 아니야.
마음속 깊이 행복을 느낄 수 있다면 그것이 최고의 삶이야.

부모로서 살아가는 자세에 대해 한 가지 충고를 해도 될까?
'정직'과 '성실'이라는 두 단어를 항상 마음속 깊이 품고
살기를 바래.
하나 더 욕심을 낸다면, 이웃을 따뜻하게 배려하는 마음도
꼭 가져줬으면 해.

우리가 너희에게 좋은 부모가 되어 주었는지 잘 모르겠네.
그러나 한 가지 사실만은 자신 있게 얘기해 줄 수 있어.
한결 같이 너희들을 마음속 깊이 사랑하고 있다는 사실 말이야.
이 사랑이 손톱만큼도 변하지 않으리라는 것 또한 분명해.
오늘도 너희들이 편안히 잠자리에 들기를 마음속으로
기도하며 하루를 마감한단다.

　　　　　　　　　너희들을 너무나도 사랑하는 아빠가.

- 이준구 교수가 자녀들에게 쓴 편지. 정직하고 성실한 삶의 자세를 강조하고 있다.

• 이준구 교수가 2004년 서울대에서 경제학원론 강의를 열정적인 모습으로 하고 있다.

**－제자들에게 보내는 편지에 건강과 관련한 내용이 많더라고요?** 아무리 대단한 업적을 이뤄도 건강을 잃으면 아무 소용이 없잖아요. 큰딸이 초등학교 1학년 때 학교에서 가훈을 써오라고 해서 정한 게 '몸 튼튼히, 마음 바르게'였습니다. 서울대에 진학해도, 대기업에 입사해도 건강하지 않고, 인성이 훌륭하지 않으면 절대 성공한 인생이라고 할 수 없죠.

**－교수님은 어떤 습관 갖고 있나요?** 제 스스로 중요하다고 생각하는 건 지키며 살고 있습니다. 무엇보다 성인이 된 후 지금까지 제때에 끼니를 챙겨 먹지 않은 적이 거의 없습니다. 독일 베를린으로 출장 갔을 때 딱 한 번 저녁을 늦게 먹었던 게 기억에 남습니다. 운동도 꾸준히 합니다. 일주일에 두 번씩 테니스를 꼭 치고, 그렇지 못할 상황이면 30분 이상 산책을 하죠. 또 하루에 7시간 이상 꼭 잡니다. 잠이 안 올 때도 누워서 휴식을 취합니다.

미국으로 유학 갔을 때 압박감에 쉴 수가 없었어요. 휴식 시간 없이 매일 공부만 했죠. 주말에 한 번 아내와 함께 장 보러 가는 시간을 제외하고는 도서관에서 살았어요. 그러다가 한 번은 이틀을 내리 잠만 잤어요. 무리해서 공부한 게 탈이 난 거죠. 그때 휴식의 필요성을 절감했습니다. 이후에는 주말에 쇼핑도 가고 TV도 보면서 쉬었고, 한국 돌아올 때까지 한 번도 안 아팠어요.

**- 스트레스를 안 받는 비결이 있으세요?** 욕심을 안 부리면 됩니다. 저는 50만큼만 일해도 되면 50만큼만 해요. 굳이 100이 되려고 애쓰거나 무리하지 않습니다. 그래서인지 살면서 피곤함을 느낀 적이 거의 없어요. 술, 담배를 안 하고 일주일에 6일은 집에서 식구들과 함께 저녁을 먹습니다. 매주 일요일 오전에는 아내와 함께 마트에 가고요. 미국으로 유학을 떠난 1976년부터 지금까지 줄곧 해온 일이죠. 카트를 끈 횟수만 2,000번 정도 될 거예요. 행복은 멀리 있지 않습니다. 소소한 일상에 만족하는 게 행복이죠.

**- 화단을 가꾸는 것도 그 때문인가요?** 그렇습니다. 서울대 사회과학대 건물 1층에 내 손으로 직접 가꾼 야생화 화단이 있습니다. $132m^2$(40평) 규모 아파트의 작은 방 크기 정도예요. 1995년 3월에 황무지였던 곳을 일구고, 모종을 사다 심었어요. 지금은 제법 울창해졌습니다. 초롱꽃, 피나물, 까치수염, 어성초 등이 무성하게 자랐죠. 수업에 들어가기 전에 잠깐 바라보고 있노라면 저절로 힐링이 됩니다.

**- 자녀들이 좋은 습관을 기를 수 있도록 어떻게 도왔나요?** 원래 잔소리를 하는 편이 아니에요. 케이크나 떡볶이로 식사를 대신하면 '밥을 잘 챙겨 먹어야 한다'고 말한 정도죠. 우리 부모님처럼 나도 행동으로 보여줄 뿐이에요. 부모가 먼저 좋은 모습을 보이면 아이들은 저절로 따른다고 믿습니다.

## about 이준구

| | |
|---|---|
| 1962년 | 서울 혜화초 졸업 |
| 1965년 | 서울 경기중 졸업 |
| 1968년 | 서울 경기고 수석 졸업 |
| 1972년 | 서울대 경제학과 졸업(상과대 수석) |
| 1978년 | 미국 프린스턴대 경제학 석사 학위 취득 |
| 1981년 | 미국 프린스턴대 경제학 박사 학위 취득 |
| 1980~84년 | 미국 뉴욕주립대 조교수 |
| 1984~2015년 | 서울대 경제학과 교수 |
| 1999~2000년 | 제15대 한국재정학회 회장 |
| 2003~04년 | 한국경제학회 이사 |
| 2015~16년 현재 | 서울대 명예교수 |

★ **저서** | 『미시경제학』, 『경제학원론』, 『재정학』, 『이준구 교수의 쿠오바디스 한국경제』, 『36.5℃ 인간의 경제학』

★ **인생의 롤모델** | 모든 사람과 책과 경험에서 배울 게 있다고 생각한다.

**최고의 유산**

초판 1쇄 발행 2016년 7월 21일   초판 5쇄 발행 2016년 9월 30일
지은이 중앙일보 강남통신 팀   펴낸이 김영범

펴낸곳 토트 · (주)북새통
주소 서울시 마포구 방울내로7길 45 (우)03955 대표전화 02-338-0117 팩스 02-338-7160
출판등록 2009년 3월 19일 제 315-2009-000018호 이메일 thothbook@naver.com

© 중앙일보 강남통신 팀, 2016
ISBN 979-11-87444-00-8 13370

잘못된 책은 구입한 서점에서 교환해 드립니다.